# PROMENADES
# EN TEMPS DE GUERRE
## CHEZ LES KABYLES.

Alger. — Typ. BASTIDE.

# PROMENADES

# EN TEMPS DE GUERRE

## CHEZ LES KABYLES

PAR

**UN JUGE D'ALGER EN CONGÉ**

POUR CAUSE DE SANTÉ.

―――

ALGER
CHEZ TOUS LES LIBRAIRES.
―
1860

Alger, le 13 Mai 1857.

**Mes chers Amis,**

Depuis quelque temps j'étais fatigué, affligé et même inquiété d'une étrange indisposition. Dès que j'avais mangé, en mangeant même, je me trouvais pris de maux de tête qui m'assombrissaient l'humeur et me donnaient presque le spleen. Que faire? ne pas manger : régime creux, négatif, auquel personne n'a encore pu s'accoutumer, je crois, j'ose même l'affirmer, sans de graves inconvénients, comme celui, par exemple, de mourir de faim ; triste, mauvais remède. Manger, c'était retomber dans mon mal. Dans cette alternative cruellement piteuse ou piteusement cruelle, comme vous voudrez, et bien aussi embarrassante et délicate que celle où s'est trouvé jadis ce nigaud, cet âne d'âne de Balaam, sans autre comparaison, entendez-vous bien, et ne voulant pas finir aussi bêtement que lui, je courus chez M. le docteur Foley lui exposer mon affligeant désagrément. M. le docteur me fit asseoir dans un grand fauteuil de cuir, de couleur sombre, où l'on enfonce, grosse sellette médicale, confidentielle et confessionnal des misères et afflictions et affections du corps, en un coin de son cabinet, aux murs tapissés et peu agréablement ornés de toutes sortes de spécimens du genre humain, pas flattés, depuis l'embryon, aux poings dans les yeux fermés, depuis l'écorché, qui vous fait suer, etc., jusqu'...... etc.; de livres où sont contenues, et trop bien imagées, toutes les maladies, avec, plus ou moins, les manières de les guérir; de tableaux où l'on se voit, je veux dire où l'humanité se voit, en toutes sortes d'états, mauvais états; d'affreux faisceaux, d'effrayantes panoplies d'instruments coupant, tranchant, fendant, sciant, piquant, extrayant, extirpant, injectant, seringuant, pompant, sondant, trépanant, lithotritiant, rasant, etc.; pointus, cornus, crochus, obtus, etc.; aux formes dont le mystère vous fait venir la chair de poule et vous fait froid dans le dos. Là, dans ce sanctuaire scientifico-chirurgico-médical, le docteur me tâta le pouls, me fit tirer la langue, pas trop longue, cependant; puis, s'étant recueilli un instant, me dit ces paroles profondes d'expérience et de science du corps et du ..... humains : « Allez vous promener. » O doctissime... doctor..., me donneriez-vous bien un certificat en belle et bonne et due forme, constatant, comme quoi, que, etc..., car, si, en fait, je suis atteint d'une affliction ou affection, en droit, légalement parlant, je ne le suis pas, et il me faudrait une pièce probante à l'appui, une pièce médico-légalement motivée et de M. le docteur émanée. C'est d'ailleurs d'une bonne règle d'administration judiciaire et, par conséquent, d'un bon exemple à suivre. Et M. le docteur de me donner un certificat en bonne, belle et due forme; et, sur le vu dudit, M. le procureur général, enfin édifié, et en sa responsabilité rassuré, un petit congé pour cause de santé; et le plus affable et bienveillant des secrétaires généraux de préfecture un passage de première classe sur le *Tartare* pour un barbare, comme n'aurait pas manqué de dire feu père

Destouches, le plus madrigaliste, de son vivant, des présidents de l'Algérie et autres lieux; et, cela nonobstant, que Dieu veuille bien avoir son âme; et M. le chef d'état-major de la marine, celui qui a de si beaux, si bons ornements de famille, un bon à expédier pour m'expédier, et voilà, n'est-ce pas, bien des façons pour envoyer les gens se promener; moi, ma foi, je n'en fais pas tant, assurément.

La mer avait été mauvaise la veille; j'espérais qu'elle le serait encore et comptais même profiter de cette circonstance pour me purger à fond et gratis. Je ne suis point avaricieux, mais je déteste de dépenser mon argent en consommations en général, et surtout en consommation pharmaceutique en particulier, et vous? O contretemps! il faisait, quand je m'embarquai, le plus beau temps du monde pour se promener sur la terre et sur..., et, au lieu d'une purgation, je trouvai à bord un fort bon déjeûner, avec vins fins, un surtout, d'un blanc roux, doré, onctueux et aux gouttes plus limpides et plus brillantes que le cristal de ses jolis petits verres, un vrai velours, un véritable baume sur l'estomac; bon à la bouche, bon au cœur; je ne me rappelle pas son nom, et n'y tiendrais même pas trop, si ce n'était pour savoir où en trouver du pareil. Je crois qu'il est natif d'Espagne. En ce pays, ce qui est bon est bon ; les femmes, par exemple... et les femmes et le vin... c'est déjà quelque chose, ce me semble, qu'en pensez-vous ? le tout en compagnie d'un loup de mer, aussi aimable à table que rude marin au banc de quart ; d'un magnifique et corpulent douanier, homme de poids dans son métier, d'un colonel d'étalons, poil ras, gris pommelé, grand connaisseur de la chose, voyageant aussi pour le sentiment, le sentiment chevalin, de deux très-jeunes colonels russes, pas cosaques du tout, venant du Caucase visiter le Djerdjera, deux voisins voisinant ; d'un chevalier belge ayant visité les Saints-Lieux, etc. ; mais... pas de dames et encore moins de demoiselles !... pas même l'apparence de demoiselles !!!

Nos deux jeunes colonels, dont un porte des lunettes vertes — c'est peut-être un sournois — nos deux jeunes colonels voudraient bien assister, en amateurs, à la grande campagne de la grande armée de la grande Kabylie, huit à dix lieues carrées, plus ou moins, un peu plus un peu moins, en définitive, en réalité plus haute que grande, contre pas de gros, ni petits canons, pas de bataillons, encore moins d'escadrons, pas même de pelotons, pas de bastions, les Kabyles n'ayant pas d'officiers du génie, que nous sachions, pas de gros, ni petits caissons, etc. ; mais, pas moyen. M. le maréchal gouverneur comte Randon, ou de Randon, ou Randon comte, à l'armée, ne veut pas d'étrangers. Coup, trait de haute et fine politique. M. le comte se proposant, dit-on, de faire de grandes choses militaires, de très-grandes choses militaires ; pensant, sans doute, que vaux mieux tard que jamais, quoique bien des gens, il est vrai, de bon sens, pensent, au contraire, que vaut mieux jamais que si tard, que trop tard ; M. le comte se proposant donc de faire des choses militaires et de grande guerre, dans un petit pays, des grandes choses comme on n'en voit peu, des grandes choses comme on n'en voit guère, des grandes choses, en un mot, comme on n'en voit..., et sachant bien, prévoyant bien, à l'avance, qu'on ne lui donnera pas de brevet d'invention, garanti ou non, pour cela, pour lesdites choses, ne veut pas que nos finauds de Moscovites ne pénètrent, sans en avoir l'air, sans faire semblant de rien, le fin secret, la fine malice du tout, et ne l'emportent avec eux pour....pour s'en servir, ou plutôt, ne pas s'en servir, en cas de besoin. « Ah oui ! vraiment....» On est fin ou on ne l'est pas, et l'on est très-fin. Et voilà pourquoi nos deux jeunes militaires, malgré les bésicles de l'un d'eux, voyagent en bateau au lieu de voyager à cheval, à mulet ou même à méhari échassier. Cependant on avait bien fait, délicatement fait les choses avec M. le comte Randon ; car, au lieu de lui envoyer deux grands colosses, deux grands géants de cosaques, offusquant, on lui envoie deux jolis, deux gentils cadets russes, comme lui tout petits, mais bien appris.

Voici Dellys, avec ses jardins anciens, aux beaux et bons raisins. C'est une ville maritime sans port ni rade, du moins sûre. J'y descend, espérant y trouver une réponse électro-télégraphique à une lettre que j'ai laissée à Alger ; car nous avons aussi, en Afrique, nos télégraphes électriques, dus aux combinaisons de l'air (1) le grand moteur et organisateur de cette grande chose en Algérie. Je rencontre Royer ; il est en tournée forestière ; il a fait son chemin ; il est maintenant sous-inspecteur des forêts à Alger. Vous rap-

---

(1) M. LAIR, inspecteur général des lignes télégraphiques en Algérie.

pelez-vous de lui ? Quand, enfant, nous allions passer le jeudi aux fonds de Toul, aux fameux fonds de Toul, à une lieue et demie de Nancy, aux baraques, comme on appelait ce lieu alors ; il nous conduisait à la tendue aux sauterelles, chercher des fraises, des noisettes, etc. C'était alors un beau jeune homme ; maintenant il est un peu étoffé. Sa position est belle ; cependant comme l'homme n'est jamais content, il nourrit sans cesse un rêve, un dada : il adore en expectative, et dans l'horizon du soir ou au moins de l'après-midi de sa vie, la croix d'honneur, comme ferait un adorateur du feu, du grand astre. Il est vrai qu'il a plus de vingt ans de bons services en Afrique. En causant de notre enfance et de notre mère, qu'il se rappelle très-bien, le temps a passé vite.... le *Tartare* est parti sans m'attendre.

O *Tartare*! tu es donc barbare envers tes amis aussi ; tandis que Kabyles, *manefguis*, insoumis, ne sont tartares, je veux dire barbares, eux, qu'envers leurs ennemis. Je piquerais bien une tête pour le ratrapper à la nage, car il ne va pas vite, ayant debout le vent, mais, pour ce faire, il faudrait nécessairement, indispensablement un peu plonger, et je ne puis souffrir d'avoir de l'eau dans le dos, dans les poches, dans les chaussures ; outre que cela est gênant il ne serait pas dans les convenances, même les moins strictes, pour un juge, de rentrer à bord, mouillé, trempé, imbibé, les vêtements sur la peau collés et le chapeau sur le nez infusé ; d'un autre côté, et quoiqu'il n'y ait pas de dames ni de demoiselles à bord, je ne puis pas, en vérité, décemment y remonter comme un Triton habillé ou un indigène des îles de l'Océanie, même paré. Que devenir? Allons chez M. le commissaire de la marine, M. Barbier père, vieux marin de quatre-vingts ans, mousse lors de la campagne d'Égypte ; maître-timonier sous le premier empereur ; il connaît un certain sidi Khaled, marabout fort renommé et vénéré, qui loge sa sainteté sur le bord de la mer, à quelques lieues de Dellys, et que je ne serai pas fâché de visiter. Cela tombe bien ; justement un bateau pêcheur va partir pour ce point. Après donc m'être provisionnellement ou mieux, par provitionnelle précaution, convenablement et solidement lesté la cale, le fond de cale, chez le prévoyant et hospitalier marin et avoir bu à la santé de sa vieille compagne, excellente femme, excellente mère, je m'embarque. A peine quelques coups de rames nous ont-ils poussé en mer, que la balancelle, arrondissant sa blanche voile en cou de cygne, sous une fraîche brise, vent arrière, nous emporte rapidement vers le sidi marabout. Cette fois le hasard me sert mieux qu'à mon départ d'Alger; car la mer étant devenue fort houleuse, j'en profite pour me purger à fond, d'après la vieille méthode, mais sans le désagréable et nauséabond émétique, sans petits papiers médicalement pliés, sans petites bouteilles aux perfides douceurs; en un mot, sans recettes aucunes et surtout mémoires d'...... de pharmaciens; j'allais dire d'apothicaires, mais je me suis retenu à temps, diable! de la prudence, pas de facéties, pas de plaisanteries, mêmes légères, à l'encontre de nos insidieux et insinuants praticiens; doucement; on ne sait pas où, ou plutôt, comment on peut se trouver; je ne veux pas, je n'ai pas envie de me les mettre tous à dos.

Je laisse à droite, à distance, l'emplacement couvert de ruines, de la ville romaine, supposée être ou plutôt avoir été *Rusucurum*. Il se termine en promontoire dans la mer; à la pointe est une petite île. Il paraît qu'une petite jetée la reliait à la ville et formait ainsi le port. Si ce point, qui, je crois, a été découvert par M. J. Barbier, est, comme il le prétend, à l'abri des vents, je suis étonné qu'on n'en ait pas fait un petit port de commerce pour les villages populeux des environs et de relâche pour le cabotage pendant les gros temps, Dellys étant, dans ces circonstances, inabordable. Je crois qu'il n'en coûterait pas grand'chose. Rien n'échappait aux Romains.

Après environ trois heures de traversée de cap en cap, en ligne directe, droite, comme la corde d'un arc tendu, je double, c'est-à-dire mon bateau double une montagne, qui s'avance dans la mer, et vient aborder au fond d'une petite crique; c'est celle de mon marabout.

Tout près de l'endroit où je débarque, sur le haut du rivage escarpé, voici le marabout de sidi Khaled. C'est une petite maison, de forme carrée, un peu plus longue que large, sans étage, couverte d'un toit, à deux pentes, en tuiles, semblables aux nôtres. Sa porte n'est pas fermée à clé; chacun peut entrer la nuit, le jour, et s'y reposer. On y trouve une cruche, pour boire, quelques ustensiles en terre cuite et des tapis de sparterie, le tout au service de tous. A l'extérieur et contre le mur, du côté de la terre, est un arbre, aussi marabout, chargé de chiffons d'étoffe accrochés à ses branches en *ex voto* et offrandes. Ce marabout a une spécialité, au dire de M. J. Barbier, qui le tiendrait des Kabyles, a une spécialité fort utile et curieuse, surtout pour un criminaliste, et que lui envierait même le plus fin juge d'instruction. Les Maures de Dellys viennent en bateau apporter du sel, pour approvisionner les populations voisines. Ils déposent dans le marabout une mesure remplie et une mesure vide et s'en vont à la pêche ou repartent pour Dellys. Les Kabyles descendent de leurs villages, voient la marchandise, et, si le taux leur convient, prennent le sel, mais laissent à sa place l'équivalent en blé ou en orge, équivalent indiqué par la mesure vide. Or, la plus grande bonne foi, la plus grande loyauté président à ces marchés muets. C'est qu'aussi sidi Khaled, quoique mort depuis un temps immémorial, ou plutôt son esprit, veille sans cesse à ce qu'il en soit ainsi et punit même très-sévèrement le vol, la fraude ou la mauvaise foi.

Ainsi, un jour, certain Kabyle, sans foi ni loi, incrédule en son marabout, ou espérant qu'il n'en serait pas vu s'en vint, par un épais brouillard, prendre furtivement et frauduleusement une grosse pierre de sel, puis s'en fut la cachant sous son burnous et la pressant contre son sein, afin que personne ne s'aperçût de rien. Mais ne voilà-t-il pas qu'en toute hâte chez lui arrivé et rentré, voulant se décharger et mettre chose en sûreté, le sel diabolique dans les côtes lui était entré, et si bien, si bien entré, que le malheureux le lendemain fut trouvé, au sel passé et trépassé, sans avoir pu, malgré cela, se conserver.

Un autre Kabyle, poussant devant lui, poussant sa jument, aux tellis de chardons frauduleusement gonflés, pour menteusement simuler grosse charge de bon blé, bonne jument, s'il en fut, dans le pays bien connue, marchant vite, marchant bien, lourde charge portant bien, et par-dessus son maître, en bon chemin, c'est-à-dire en *mauvais chemin*, et de plus chaque an pour poulain lui donnant petite mule ou petit mulet drolatiquement fringant, au marabout arriva et entra; et la bonne bête chargea d'autant de sel qu'elle en pouvait porter, sans tout-à-fait sous le poids plier; puis s'en retourna sans autre prix laisser, que grimaces et façons de voleur, vilainement effronté. Or, au sortir de là, sur sa bête il grimpa et de prendre le galop il la força ; mais à peine eut-elle fait quelques pas, que tout-à-coup, que soudainement elle s'arrêta, sans vouloir avancer, avancer plus qu'un cheval d'airain n'eût fait, et comme si une barrière, sous son nez effrayé, du fin fond de la terre se fût vite élevée, se fût incontinent dressée. Alors la peur le gagna et sa jument il talonna ; il talonna, il talonna, et le diable seul sait ce que peut Arabe ou Kabyle talonnant, talonnant cheval, âne ou mulet ; car, fussent-ils de pierre ou de bois faits, ils n'en prendraient pas moins pour cela le mors aux dents furieusement ; que véritablement il faut le voir pour le croire, assurément. Mais cette fois-là, ce fut en vain qu'il talonna, qu'il talonna, qu'il talonna, car la pauvre bête se cabra, et puis tomba et resta là, couchée, de moulte mort subitement et fatalement frappée, et le sel, aussitôt, à sa place fut retrouvé, bien mesuré, comme s'il n'en eût bougé et que rien ne se fût passé.

Enfin, un autre jour encore, un certain sournois y vint en tapinois échanger son blé gâté contre du sel nettoyé ; mais l'Aïd Kebir arrivée, voulant saler son mouton, de l'année provision, par la vertu du marabout, qui n'avait pas de gros verrous, le sel en vers blancs se trouva changé, et qui fut bien attrapé : c'est le voleur, qui fut volé.

Je vous raconterais bien d'autres histoires, exemples de la vigilance et de la sévérité de feu sidi Khaled; elles sont encore plus étranges et plus extraordinaires, quoique toujours véridiques; je vous les raconterai une autre fois, quand je les saurai, et un soir qu'il fera bien noir.

Celles-ci doivent vous suffire pour comprendre comment les choses, pourquoi les choses se passent ici, chez le sidi marabout, comme aux temps de l'âge d'or. C'est qu'aussi c'est une terrible chose qu'une justice muette, elle bavarde trop chez nous, une justice muette, invisible, inévitable, suivant fatalement le coupable, comme son ombre, et le frappant partout et sans rémission. C'est à en déchirer et jeter au feu les codes criminels, à congédier les bons gendarmes, à supprimer la correctionnelle et tous ses accessoires, etc.

Le respect pour la propriété d'autrui est tel dans ce lieu, qu'il y est passé presque à l'état de culte. Il y a déjà assez longtemps, la mer ayant, par un de ses refoulements furieux, lancé sur le rivage une longue pièce de bois, épave d'un pauvre bâtiment brisé par la tempête, et le marabout, ou du moins sa toîture, se trouvant en ce moment en réparation, la pièce fut recueillie et employée comme poutre ; bien que beaucoup trop longue, bien que dépassant d'un grand bout le rebord du toît ; elle ne fut pas cependant raccourcie. Elle existe encore maintenant telle qu'elle, sortant du mur et se prolongeant au dehors, comme un support d'enseigne, de la spécialité du saint. Elle a été laissée intacte, afin de pouvoir être rendue, restituée au propriétaire, pour le cas où il viendrait la réclamer. Il n'est pas encore venu et ne viendra pas, selon toutes probabilités, de longtemps, étant lui-même au fin fond de la mer englouti, et dans le ventre d'un poisson et même de plusieurs poissons enfoui, où et d'où il a, selon les lois de nature, bien des transformations subi, qui le rendront méconnaissable jusqu'au jugement dernier, à ses parents et à ses amis, à son père, à sa mère et à ses plus intimes amis et amies ; mais la poutre attendra ainsi jusqu'à ce qu'elle soit pourrie.

La morale de tout ceci, ou du moins un des côtés de tout ceci, est que le Kabyle, voire même *manefgui*, est susceptible de toute croyance ayant le bien pour souci, et qu'il en soit toujours ainsi, dans les affaires du pays, des hommes, des femmes, des garçons, des filles et des enfants aussi.

Des pêcheurs maures, dont le bateau à voile est amarré au rivage, nous vendent du poisson. Il était temps, car le poisson était vidé, nettoyé et prêt à entrer en marmite infidèle. Il passera dans la nôtre, cela ne doit pas lui être indifférent; en tous cas, cela ne nous l'est pas, à nous, indifférent.

Mes marins allument du feu et ont bientôt préparé une espèce de soupe aux poissons à leur manière, assez bonne du reste. Nous nous installons sur un tapis de sparterie, moi au haut bout, en plein air, près des murs protecteurs du marabout, sous le bout de la fameuse poutre, espèce d'enseigne, à la sécurité, autour de la marmite-soupière, qui est posée au milieu. Comme ces repas de pêcheurs se font sans cuillers ni fourchettes, chacun trempe, chacun à son tour trempe son pain dans la sauce, ou plutôt le bout de son pain dans le bouillon et le retire, comme il ferait d'une cuillerée de soupe, puis attrape ensuite avec le pouce et la pointe de son couteau ou le bout de son pain, un morceau de poisson. Potage, premier service; poisson, second service; œufs frits pour rôti, attention délicate et maternelle de Mᵉ B...; il n'y a que les mères pour cela et aussi les épouses, quand elles y pensent. Car au fond du bateau s'est trouvé un couffin, panier flexible de feuilles de palmier-nain, contenant des œufs, du beurre frais, deux pains longs, d'un bon poids, un morceau de fromage de Gruyère; deux fortes bouteilles de vin d'Espagne et... une petite poêle; il ne manquait que le feu; quant au reste... l'appétit... on le possédait sur ou plutôt en soi; toutes provisions improvisées à la hâte, au moment du départ. Dessert : fromage, figues, raisins secs et fèves vertes, dites de marais, qu'apporte Bousnia, caïd des environs, de Tark-cept.

L'équipage du bateau est un peu hétérogène. Le patron propriétaire, Luidji Borge, est un petit finaud de Maltais, à figure de loutre. Ils sont bons à tout, ces Maltais, mais surtout infatigables et hardis marins de petits bâtiments. S'ils savent lancer et diriger une embarcation, ils savent aussi, au besoin, lancer et entraîner un cheval sur les champs de course; ainsi un de nos meilleurs gentlemens jockeys d'Alger, sinon le meilleur, est le fameux Maltais François Mame. Il est marié; ils le sont presque tous. Ils épousent de très-jeunes filles, ce qui donne à la race cette grande et étonnante vitalité, qui la caractérise et lui imprime son cachet de moralité; car, pour les peuples, c'est le mariage, et surtout le mariage entre jeunes gens, qui est le cachet, le sceau de la moralité et de la vitalité. La femme et les enfants de mon patron ne sont pas à Malte, comme cela arrive quelquefois, mais bien à Alger; c'est une garantie. Deux des hommes sont nés dans les îles Baléares, mais habitent depuis leur enfance Alger, ou plutôt les barques du port, François Seba, patron de la barque, et Santo Jacmeo. Celui-ci a une bonne expression de physionomie. Il est sourd et muet de naissance, ce qui ne l'empêche pas d'être un très-bon et très-expérimenté pêcheur. Il connaît les pronostics du temps, aussi bien et mieux même qu'un baromètre. Il flaire d'avance les changements et les variations du temps. Il scrute l'horizon, le ciel et les airs de la mer d'un coup d'œil sûr. Il a pour tout cela des instincts mystérieux, des secrets d'observations de poissons et d'oiseaux de mer. Il a une sœur à Alger, sourde comme lui, et, ce qui est bien plus extraordinaire, cette infirmité, si infirmité il y a dans ce cas, étant très rare chez les femmes, fort heureusement ma chère Léonie, muette aussi, comme lui.

Le quatrième, Joseph Mol, est un Sicilien, encore jeune, à figure un peu équivoque, pas trop bonne, pas trop mauvaise ; d'où sort-il ?

Mes marins pêchaient au cap Matifou ; le vent les a poussés à Dellys ; ils y ont trouvé la mer poissonneuse et sont restés dans ces parages temporairement, mangeant ou salant le poisson qu'ils ne vendent pas. C'est du moins ce qu'ils disent. Ils sont du port d'Alger, car notre port a déjà sa petite marine, marine qui s'est formée, se recrute, se soutient et s'entretient d'elle-même, sans aucun secours artificiel, comme tout ce qui a en soi viabilité. Elle rapporte même à la ville d'assez beaux revenus. Elle compte au moins deux cent soixante-dix bateaux à voiles, dont beaucoup sont pontés, et plus de onze cents marins pêcheurs de nationalités diverses : quatre cents Napolitains, deux cents Sardes ou Siciliens, deux cents Espagnols des îles Baléares, cent soixante Maltais, quatre-vingts Maures d'Alger. La plupart d'entre eux finissent par devenir Algériens. Les Napolitains ont, en fait, le monopole de la grande pêche, c'est-à-dire de celle qui se fait avec plusieurs bateaux à la fois et avec d'immenses filets ; beaucoup sont venus avec femmes et enfants et engins, traversant la Méditerranée sur leurs bateaux pontés. Les autres, comme les miens, pêchent à la ligne, ou aux petits filets, aux paniers, etc.

Ils approvisionnent le marché d'Alger deux fois par jour, le matin avec les poissons pêchés pendant la nuit, l'après-midi avec celui pêché dans la matinée.

Ce marché est une véritable et très-curieuse exposition permanente, et à peu près vivante, de tous les spécimens des êtres mangeables, qui peuplent la mer, depuis le coquillage jusqu'au phoque, le mieux organisé de tous, plus de cinq espèces, apparaissant, à tour de rôle, suivant les saisons ; huîtres, langoustes, dont quelques-unes sont énormes, crevettes, tortues, raies, etc. C'est prodige que le nombre, la diversité, la variété, l'étrangeté de formes, d'organisation et de couleur de tout ce monde vivant *sub et in mare*. Il y a d'abominables petits monstres aux mâchoires énormes et plus grosses que le corps, des espèces de mâchoires à queue, d'affreux reptiles, de hideuses murènes, de jolis poissons aux écailles de couleurs changeantes et brillantes, d'autres presque transparents, et le poulpe avec ses gluantes et dégoûtantes membranes à suçoirs. C'est une vilaine bête très-dangereuse, elle attache une de ses membranes, quelquefois de plus d'un mètre de long, aux rochers, sous l'eau, et laisse flotter les autres entre deux eaux, puis, quand un corps ayant vie passe à leur portée, elles s'y collent avec une force d'adhésion pneumatique très-grande, à faire perdre la tête au plus fort et hardi nageur et à le faire couler à fond. Il y a cependant moyen de s'en débarrasser, quand on conserve son sang-froid, c'est d'arriver jusqu'à la tête de l'animal, qui se trouve au centre des membranes, de la saisir, et de la retourner, alors il perd ses forces et abandonne sa proie. Toutes ces bêtes, quelles qu'elles soient, trouvent des bouches pour les manger.

La formation de cette marine a donné naissance à une nouvelle industrie, celle de la construction de bateaux à voiles : de petits chantiers sont en activité. C'est, je crois, M. Savério qui a créé cette industrie et qui a lancé le premier bateau de construction algérienne française. Arrivé à Alger, simple patron de barque, jeune et beau Sicilien, hardi et intelligent, il est devenu constructeur et armateur de flottilles de pêcheurs ; il construit même, aujourd'hui, des bâtiments caboteurs de 120 tonneaux. Ensuite ont surgi le Mahonnais Saura, le Napolitain Rocano, le Maltais Pescopo, etc.

Je me rappelle, à cette occasion, qu'il y a au moins quinze ans, M. Bonfils, alors commandant à bord du fameux *Boberack*, de la marine, à la Calle, à Bougie et à Bône, eut l'idée de la formation d'une marine et d'une école de mousses indigènes, idée qui a commencé à se réaliser l'année dernière seulement.

Malgré cet exemple, malgré la vue de la mer, du port, du mouvement des navires allant et venant journellement, à toute heure, le goût des choses maritimes n'est pas encore entré dans les mœurs des habitants français d'Alger. Je ne connais même que M. le secrétaire général Costalat et M. Boby de la Chapelle, des Domaines, qui aient leur bateau à voile. Celui de M. Boby de la Chapelle, l'*Horace Vernet*, de Saura, est très-bon voilier et supporte bien la grosse mer ; il est ponté. Pourquoi nos hautes autorités, M. le préfet, M. le maire ne suivent-ils pas cet exemple ; pourquoi n'ont-ils pas leur équipage de mer comme ils ont leur équipage de ville, quand ce ne serait que pour faire des parties de plaisir.

On ne saurait trop encourager les choses maritimes dans notre Algérie, qui a trois cents lieues de côtes, cela donnerait l'idée et la pratique des grandes entreprises commerciales ; cela remuerait les intelligences, les forces engourdies et routinières, comme nous en avons tant en France, où la plume est plus hardie que la boussole. Le tout en attendant que nous ayons à notre disposition la marine anglaise, ce qui arrivera nécessairement un de ces jours, très-profitablement et fort heureusement pour elle et pour nous, car, l'Angleterre ne peut plus, désormais, marcher sans nous, et si nous, nous pouvons aller loin sans elle, nous pourrions aller bien plus loin avec elle.

En effet, l'Angleterre pondérée autrefois dans la vieille balance européenne, un peu rouillée, dans le vieil équilibre européen, un peu branlant, comme puissance européenne de premier ordre, ce qu'elle devait à son habilité gouvernementale, vraie ou fausse, à l'inaccessibilité de ses côtes, à sa nombreuse marine à voiles, qui lui permettait d'être partout, quand les autres n'étaient pour ainsi dire nulle part, a été, dans ces dernier temps, frappée en tous ces prestiges, frappée mortellement au cœur, par une nouvelle puissance, comme elle, sortie de l'eau, par la puissance de.... la vapeur.

Quant à sa politique : son mobile, de nos jours, son mobile absolu, exclusif, c'est-à-dire l'égoïsme insulaire et mercantile, n'étant plus un secret pour personne, personne n'en veut plus, parce qu'elle n'est bonne pour personne, parce qu'elle ne sert à personne, qu'à elle seule...

Ses prestiges fondants, tombant, si non fondus, tombés, réduite à ses propres forces intrinsèques, elle va devenir impuissante pour se protéger elle-même, elle toute seule.

Sous les rives de la France, sous le feu compromettant de ses canons, sous son influence attractive et absorbante ; elle se sent irrésistiblement, irrévocablement, fatalement, et par sa destinée et la force des choses, entraînée vers elle. La France est même sa seule ancre de salut.

La France, avec sa puissance militaire, ayant pour auxiliaire la marine de l'Angleterre, protégera cette nation dans tout le monde, bien plus grandement, plus puissamment, plus efficacement qu'elle ne pourrait le faire elle-même, elle seule avec ses vaisseaux vides de soldats.

N'étant plus dévoyée par les vaines visées de sa politique extérieure, n'étant plus épuisée par les énormes sacrifices que lui impose cette politique, appliquant son génie et ses ressources, absolument et exclusivement à sa destination, l'industrie, le commerce, les développements de sa prospérité, sous ce rapport, deviendront immenses, au grand bénéfice, au grand bonheur de ses populations.

Oh! un bon mouvement de patriotique politique d'initiative; un sacrifice à la patrie. Si, pour prêcher d'exemple et d'initiative, je m'annexais une épouse anglaise? D'ailleurs, elles sont parfaites, les épouses anglaises, et belles ou jolies, donc? Oui, mais les Françaises, les Françaises, les Françaises!

Nos marins font un bon feu dans une petite maison sans porte, c'est-à-dire, sans battants de porte, construite en pierres sèches près du marabout, et, comme la nuit est tombée, je m'y retire. Elle a, comme l'autre, pour tous meubles, des tapis de sparterie, d'alfa ou d'alpha, une petite cruche à eau et quelques vases en terre, servant à manger. Quant aux marins, ils s'en retournent à leur bateau, amarré au rivage. Ils y attendront, en dormant, que la lune soit levée pour se mettre à pêcher. Bousnia revient au bon moment pour prendre le café; comme toujours, et mieux que toujours, j'en suis pourvu d'une bonne provision d'excellent ; mélange grillé sous mes yeux et pulvérisé à la manière maure ; mélange ou domine le moka, le fin moka, d'essence exquise. Ce sont les Kabyles, ordinairement des Zerkfaouas, qui ont le monopole de cette petite industrie, cumulée avec celle de boulangers ou plutôt de chauffeurs de four banal et de servants de maçons ; ils font griller le café au four, après le pain, dans des marmites en tôle ou en fer battu. Ils le pilent ensuite dans un mortier en pierre, avec un pilon en fer, jusqu'à ce qu'il soit pulvérisé comme du tabac à priser. Ce café a l'avantage d'abandonner tous ses sucs à l'eau, aux premiers bouillonnements d'ébullition, et de se précipiter très-bien et très-vite. Cela permet de le faire, sans minute, à la manière mauresque, qui n'est que l'ancienne méthode française, avec quelques soins précautionneux de plus. Bousnia m'engage à venir ou plutôt à monter chez lui, à une lieue d'ici, sur un pic, manger, à une heure du matin, le kouskoussou de l'hospitalité, second repas de nuit du ramadan. Je remets la partie à demain. Je n'aime pas les casse-cou de chemin pendant la nuit, même au clair de la lune, pour un rendez-vous de.... kouskoussou.

Il organise une porte avec un des tapis, et cela, en fixant un de ses bouts sous une pierre sur le toit, à l'entrée de la maison, entrée fort basse, car il faut se courber en deux pour y passer. Etant ainsi clos et couvert, il se couche près de la porte et ne tarde pas, comme tout Kabyle qui se couche, à s'endormir. Quant à moi, je ne puis fermer l'œil : j'ai fait mon café trop fort ; je ne l'avais pas essayé à Alger. Je m'amuse, pour passer le temps, à entretenir le feu avec des branches d'arbres. C'est une bonne et heureuse compagnie que le feu. D'abord, à défaut d'autre, elle vous tient chaud, et il fait très-frais et très-humide aux bords de la mer et aux pieds des montagnes, et puis ses jeux et ses pétillements étincelants de flammes, ses lueurs incandescentes et brûlantes et changeantes de charbons ardents et brillants, ses histoires, ses figures, ses paysages, ses portraits de brasier et de foyer, dissipent les vagues tristesses, inquiétudes, appréhensions et paniques de la nuit et vous donnent même des idées riantes et sans soucis.

Je sors un instant vers minuit. Tout est calme et tranquille dans cette solitude grandiose. La lune est entourée d'une vapeur blanchâtre, fixe et légère, qui émousse, amortit, dépolit son éclat. Elle n'a pas son vif éclat de bel argent brillant, mais la triste lueur du plomb gris pâlissant. Elle éclaire étrangement les aspects de la mer et des montagnes. Ce n'est ni le jour, ni la nuit, ni la vie, ni la mort. Le silence même serait absolument muet et inerte, comme toute cette nature, si ce n'était un léger bruit de rames, les petits frôlements et clapotements des eaux, autour et contre le bateau, et quelques paroles à mi-voix, brèves et nettes de nos pêcheurs, et qui frappent l'oreille à travers le calme de l'air, comme si elles étaient lancées de près.

Je rentre, pour ainsi dire, à quatre pattes, comme je suis sorti ; c'est fort ennuyeux et très-peu commode de rentrer ainsi chez soi ; outre que ce n'est pas très-séant pour ceux qui viennent derrière vous, très-peu compatible avec sa propre dignité d'homme et de magistrat ; le reste de la nuit se passe fort tranquillement sous la protection occulte de sidi Khaled, de bonne et d'efficace mémoire.

Je suis sur pied de bon matin. Ma toilette n'est pas longue ; toilette de caniche et de canard à la fois : se secouer les oreilles et se fourle nez dans l'eau. Maudite porte ! je ne pensais plus à sa petitesse, et voilà que je me cogne la tête ; encore s'il n'y avait que le feutre de renfoncé ! quelle petitesse de formes !

Je trouve, à la porte, des visiteurs, entr'autres un Criméen, un soldat de Sébastopol, la médaille sur la poitrine, fier comme Artaban, et certes, il y a bien de quoi, cette fois ; c'est M. Mohammed bou Amel. Je lui confie mon bagage, assez lourd et volumineux, qui se compose de deux petites valises en cuir, un sac long et large en toile, contenant un burnous des Beni Abbès et une d'ellaba. Il charge le tout sur un petit mulet. Il ira nous attendre dans son village, où nous devons passer après avoir déjeûné.

Je traverse avec Mohad Bousnia le petit bassin qui nous sépare des montagnes. La terre y est préparée pour recevoir du pêchena ou bêchena, espèce ou variété de sorgho, que les Kabyles sèment en avril et même au commencement de mai. Ils le mêlent avec du blé ou de l'orge, après la récolte, et en font du pain. Ils en font aussi du kouskoussou. Le bêchena est moins bon que le blé et même que l'orge ; mais il vient bien en bonne terre et n'épuise pas le sol, comme ces céréales avec lesquelles il alterne, d'année en année.

La campagne est magnifique, partout verdoyante et fleurie. Le village de Bousnia est sur un pic, remarquable au loin, par une ruine romaine assez élevée, que M. J. Barbier a déjà signalée et qu'il croit être un tombeau. Après avoir grimpé vingt minutes, nous arrivons au village. Toutes ses maisons, ou du moins la plus grande partie, sont construites avec des pierres provenant de ruines romaines et sans mortier. Près de l'une d'elles, je remarque, sur un tronçon de colonne, une croix sculptée, et, à l'entrée de celle de Bousnia, une pierre tumulaire, je crois, où sont sculptées, en relief, deux colombes, la tête tournée l'une vers l'autre. Au haut de la montagne, est encore debout le cadre en pierre de taille d'un arceau de porte, sans doute celle de la citadelle, et, non loin, dans un champ de blé, gisent, à moitié enfouies, plusieurs pierres tumulaires, découvertes récemment par M. J. Barbier, portant à leur sommet des sculptures en relief, représentant des têtes de face. Enfin, le sol est jonché ici de ruines romaines, et, si on y faisait des fouilles suivies et bien dirigées, on trouverait, je n'en doute pas, beaucoup de petits monuments de l'occupation romaine. Le village se nomme Tark-ceps, mot qui veut dire citadelle.

Par sa position, du reste, ce point paraît, en effet, avoir eu une destination militaire. Ce devait être une espèce de place d'armes, surveillant cette partie de la Kabylie, et protégeant la ville et le port de Rusucurum, qu'il domine.

M. J. Barbier est, je crois, le premier chrétien qui ait visité ces lieux intéressants et qui ait découvert et décrit les petits monuments, dont je viens de vous parler. Les recherches archéologiques, qu'il y a faites, ajouteront, sans doute une page nouvelle à l'histoire ou au moins à la géographie de ce pays.

Bousnia m'offre le kouskoussou dans sa maison et en famille; cependant, lorsque j'en ai mangé, les enfants seuls y touchent, car nous sommes en ramadan et ce jeûne est observé très-rigoureusement par les musulmans. Le matin, ils ne peuvent plus manger dès qu'on peut distinguer un fil blanc d'un fil noir, et ainsi de toute la journée jusqu'au lever de la lune. Dans ce temps, leur principal repas est celui du soir. Le kouskoussou de M$^{me}$ Bousnia est fort bon et très-proprement fait et servi. Le lében (lait acidulé), en kabyle *iri*, est de premier crû. M$^{me}$ Bousnia-Rhama a la trentaine ou bien approchant. Sans être belle, elle a l'œil bien ouvert et de franche expression, la bouche de bonne humeur, respirant la santé et découvrant, en souriant, les plus belles et blanches dents. Ses manières sont simples, mais faciles, convenables et d'à-propos.

Comme j'ai toujours sur moi de quoi rendre politesse pour politesse, j'attire à moi M$^{lle}$ Fathma, petite fillette d'une huitaine d'années, qui se tient coi, dans un coin, et lui donne un foulard, pour remplacer le chiffon, affreux de malpropreté, qui lui sert de coiffure, puis deux épingles avec chaînette, en acier poli, pour épingler ses haïks, retenus attachés par deux espèces de grosses aiguilles en fer, à tête recourbée, deux vrais clous, pour bijoux. Or, pendant que j'attache, moi-même, mes épingles, son haïk, qu'elle retenait fort précautionneusement et pudiquement très-haut, pour cacher ses petites épaules pointues de huit ans et sa poitrine d'enfant, bombée au moins, il est vrai, comme le creux et, au plus, comme le dos de la main, le haïk lui échappe. Oh quel malheur! elle le retient prestement, mais avec une expression de détresse, de pudeur alarmée fort comique et qui nous amuse beaucoup, ainsi que madame sa maman, imma; comment trouvez-vous ce mot *imma* (maman)?

Cela n'en fait pas moins l'éloge de l'enfant et prouve que la fillette est éduquée par sa maman bien gentillement, bien honnêtement.

Bousnia trouve un mulet, au prix de quatre francs, y compris le conducteur, qui quitte rarement sa bête, fut-elle une rosse ; elle ne l'est jamais pour le propriétaire, et je me mets en route ; mais pour où ? Ah ! c'est vrai, pour où ? Eh bien pour Bougie ou ailleurs, en marchant nous verrons ; j'y allais par mer ; j'irai par terre. Va donc pour Bougie. Il est près de neuf heures.

Je ne vous ferai pas de description du pays ; ce serait trop ennuyeux et pour vous et pour moi, et d'ailleurs, on ne décrit jamais les choses comme elles sont, ou les autres ne les voient jamais comme vous les décrivez. Je vous en dirai seulement un mot, en passant, à mesure que j'avancerai.

D'abord, je côtoie la mer, à une distance, tantôt d'une, tantôt de deux lieues, plus ou moins, sans cesse gravissant ou descendant, puis remontant et redescendant, enfin comme on fait dans les chemins des montagnes et celui de la vie, rencontrant plus de casse-cous que de bons chemins, plus de ronces, plus d'épines que de fleurs ; je préfère cependant celui des montagnes. On est quitte pour des ampoules, des durillons, des égratignures et des déchirures aux vêtements, mais après s'être bien fatigué, on peut bien se reposer, tandis que dans l'autre... je crois que je tourne à la mélancolie. bah ! mes maux de tête..., je vous disais donc que je m'en vais chevauchant par monts et par vaux, à travers un pays parfaitement bien cultivé en céréales et planté d'arbres à produits. Le fond des vallées et les pentes des montagnes jusqu'aux sommets sont garnis de champs de blé, d'orge, des fèves, grandes fèves, dites de marais en Lorraine, de pois et de lentilles. Le tout est, de plus, planté d'oliviers magnifiques de haute tige, étalant leurs touffes, vicaces et vigoureuses de branches, maintenant littéralement couvertes de leurs fines et petites fleurs blanches, de figuiers, de caroubiers, déjà chargés de fruits, espèce de longues baies, semblables à des fèves, et des frênes, aux branches coupées court. On taille ainsi cet arbre, afin de lui faire produire plus de feuilles, qui sont données, en automne, avec celles du figuier, aux bœufs de labours et d'engrais et aux moutons, faute de pâturage. J'ai vu faire ainsi dans les parties hautes du département de l'Ain. Sur beaucoup de crêtes de montagnes sont perchés des villages, dont les petites maisons, les unes aux autres collées, révèlent une nombreuse population. Vers onze heures je m'arrête à Djbeya, joli petit village, heureusement situé au milieu d'une belle végétation. C'est celui de mon Criméen. Il est à son poste. Il a contracté à notre service l'habitude de l'exactitude. Il monte sa faction. Ce seront de fameux soldats d'infanterie légère que ces Kabyles, quand une fois ils auront mordu au métier. Bons marcheurs, sobres et se contentant au besoin d'un biscuit ou d'un morceau de pain; habitués journellement ou plutôt diurnement à coucher par terre; très-braves; mais il faudrait les prendre très-jeunes, de dix-sept à vingt ans. Ils seraient bons pour faire les petites expéditions dans le sud, les Zouaouas surtout, parce qu'ayant presque tous la bosse du petit commerce ils pourraient être tout à la fois soldats et pacotilleurs. Il paraît qu'autrefois, il y avait beaucoup de Zouaouas au service du bey de Tunis. Mon bagage est intact; il contient cependant des choses à tenter ardemment, à ardoir la tentation du plus vertueux Kabyle, tels que burnous des Beni-Abbès, etc. Il y a nombreuse compagnie, au lieu du rendez-vous. Saluts réciproques et bon visage de la part de chacun. Je change de bête et repars.

Le chemin en sortant du village est un véritable casse-cou, profondément et irrégulièrement creusé par des siècles de fréquentation, n'ayant jamais été relevé et se trouvant beaucoup plus bas que les champs et les vergers, qu'il longe ou qu'il traverse. Il va péniblement, difficilement, rempli d'aspérités rocheuses, aiguës, et sillonné inextricablement de fentes ou de creux étroits, entre deux haies vives de haute végétation, fort pittoresques, d'ailleurs, et surtout par les voûtes de verdure embaumée qu'elles forment au-dessus de la tête du passant. Il est quelquefois bordé de murs en pierres sèches. Ici, comme du reste dans toute la Kabylie, la propriété de la terre est personnelle et très-divisée. Elle est transmissible par succession, vente, etc. Je passe un ruisseau sur un pont kabyle; c'est le premier que je vois. Il est fait de troncs d'arbres posés les uns près des autres, en long d'un bord à l'autre, et recouverts de fascines, couvertes elles-mêmes d'une espèce de macadam de pierres et graviers. Il n'a aucune espèce de parapet. Ce sont les habitans des villages des environs qui l'ont construit avant l'arrivée des Français. Ce n'est pas un chef-d'œuvre d'art, de science et surtout de solidité, car il serait plus prudent de passer dessous, que dessus, mais enfin c'est un pont.

Nous traversons des broussailles croissant, végétant dans un sol assez aride. Cependant les Kabyles ont trouvé moyen de planter dans quelques endroits défrichés des figuiers, il est vrai, de chétive venue. Un grand Kabyle, sec comme son bâton, nous rejoint et nous salue; il est très-expansif. Il me montre au loin son habitation sur le sommet d'une montagne et m'engage à venir chez lui. Il est de bonne humeur et très-empressé. S'apercevant que je regarde un caroubier, il m'apporte aussitôt une poignée de caroubes sèches; provision de voyage. La gousse est un peu sucrée et d'un bon goût. Le pepin est tellement dur, que la dent n'y peut mordre. Nourriture un peu légère. Le Kabyle babille gaiement et vivement avec les autres. Il a dû être en relation avec quelque Français de bon aloi. comme nous n'allons pas dans la même direction, il nous quitte après force compliments et disparaît. Nous passons près d'un champ de fèves. Deux femmes sont occupées à les arracher. L'une est belle, l'autre n'est pas mal. Vers midi nous passons au pied d'une montagne, au haut de laquelle est situé un très-gros village, regardant d'un côté la mer et de l'autre la Kabylie, c'est Isnagen. Les pentes et les vallées, qui l'entourent, sont très-bien cultivées et partout la terre, le moindre petit coin de terre, est utilisé avec grand soin. Ce ne sont que champs de fèves, de blés, d'orges, quelquefois de fèves et de blés mélangés ; champs plantés d'oliviers, tous saupoudrés de leurs jolies petites fleurs blanches, à l'odeur fine et délicate, de figuiers et de caroubiers, dont les branches plient sous le poids des fruits. Je vois des bouquets de baies sortant du tronc même et sans feuilles. Si les oliviers tiennent les promesses, réalisent les espérances de leurs fleurs, que donnent leurs fleurs, la récolte sera d'une grande abondance ; chose d'autant plus heureuse, que celle de l'année dernière a été presque nulle. Çà et là dans les fentes de rochers, dans de petits recoins d'un accès difficile, sont des fouillis de végétations arborescentes et spontanées, de vignes sauvages, de plantes grimpantes, enlaçantes, d'églantiers, etc., impénétrables. C'est du rossignol solitaire la demeure retirée, ignorée. C'est de ces asiles, c'est de ces abris, embaumés, feuillés et fleuris, qu'à tous les yeux caché, on l'entend doucement préluder par de jolis petits accents, puis son gosier grandissant, lancer brillamment dans les airs étonnés et charmés ses beaux bouquets de chants aux mille et mille fleurs éblouissant et s'épanouissant mélodieusement.

Ce mélange d'aspects, tout à la fois sévères et gracieux, pittoresques et riants, arides, pauvres et riches, agrestes, coupés de temps à autre par des échappées imprévues sur la mer, donne à ma promenade, à ma marche beaucoup d'intérêt.

Je passe, dans un endroit isolé, près d'une maison, entourée d'un champ bordé d'un mur de pierres sèches et planté de grands arbres. C'est un azib encore inhabité. L'azib est la maison d'été des riches Kabyles. C'est là qu'ils se retirent avec toute leur famille pendant les grandes chaleurs; aussi ces azibs sont-ils placés dans des endroits frais, sains, près d'une source. Il y en a de fort pittoresques. Ce n'est quelquefois qu'un gourbi avec une enceinte entourée d'une haie sèche. A quelque distance de là le chemin a été récemment réparé. Dans un endroit périlleux on l'a un peu entaillé dans la montagne et on a coupé quelques branches gênantes, c'est presque une chaussée. Le matin un pont, l'après-midi une chaussée : Ponts-et-chaussées. Ce ne sont pas des chefs-d'œuvre d'art et de science, car je ne sache pas que les Kabyles aient une école polytechnique, une hiérarchie d'ingénieurs des ponts-et-chaussées et des officiers du génie : quoi qu'on dise, depuis plusieurs années, toujours la veille des expéditions, de leurs formidables retranchements.

Vers deux heures je m'arrête sur un petit plateau fort élevé et dominé par Etrehouna, village environné de figuiers de Barbarie. Son aspect, comme aussi celui du pays environnant, n'est plus si pittoresque, ni si riche. Le cheik est absent, un Kabyle va le chercher, car il n'est pas loin. Il faut toujours agir avec procédé envers l'autorité ; c'est en toutes circonstances devoir de politesse et quelquefois de bonne politique. En attendant, si nous cassions une croûte, car le kouskoussou de M$^{me}$ Bousnia est déjà bien loin, Très-bien, bonne idée, mais, c'est que nous n'avons pas de croûte. Eh, si, et le second pain et le gruyère de M$^{me}$ B..., la femme de cinquante ans. La femme de cinquante ans... c'est la Providence. J'ai cependant entendu une vive controverse à ce sujet entre un jeune homme (pas moi) et un vieux (pas moi non plus et encore moins). Celui-ci soutenait avec force arguments, qui ne valaient pas mieux, il est vrai, les uns que les autres, qu'arrivées à cinquante ans, les femmes n'étaient plus bonnes à rien, et que, passé cet âge, il fallait toutes les noyer. Le jeune homme, de son côté, soutenait qu'au contraire les femmes ne commençaient à être bonnes que vers cet âge, et que, conséquemment, il fallait noyer toutes celles qui ne l'avaient pas. Je n'avais rien dit : habitude de métier, que sont loin d'avoir cependant tous les gens du métier ; je fus pris pour arbitre. Pondérant les deux opinions par trop absolues et contraires, je trouvai qu'il y avait dans chacune d'elles, moins la noyade, bien entendu, du vrai et du faux, et qu'il y avait conséquemment à prendre et à laisser. Or, tant est que les extrêmes se touchent, prenant de chacune d'elles ce qu'elle avait de juste et de vrai et laissant le reste, je décidai que la femme était... était... quoi... était bonne, depuis le commencement jusqu'à la fin, à chacune de ses saisons. Amen, Monsieur n'est pas marié, répondirent deux survenants, que je n'avais pas vus, et dont l'un s'était marié à l'âge de cinquante ans à une femme de dix-huit ; et l'autre à l'âge de vingt-cinq ans à une femme de cinquante. Ils s'étaient tout simplement trompés de saison.

Le cheik cherché arrive. Il nous trouve des bêtes et nous repartons. Il n'y a pas de temps à perdre ; c'est dommage, car Bousnia m'assure qu'au pied de la montagne, près de la mer, se trouvent des ruines romaines assez considérables et des sources abondantes appelées Thela Etnaïm. Il est trois heures, et Azefoun, le village où nous devons aller coucher, est à plus de quatre lieues. L'olivier est véritablement dans ce pays l'arbre providentiel ; il vient partout et résiste à tout, et je suis tenté de croire qu'il est immortel. En voilà un, au haut du talus du chemin, un exemple du genre, c'est-à-dire de l'espèce ; à force de marcher depuis des siècles, les pieds des gens et surtout des bêtes, ont fait du chemin, pas de calembour, ont fait, dis-je, du chemin un étroit et profond ravin, et, par suite, mon olivier qui, dans son jeune temps et aussi le jeune temps du chemin, devait être au niveau de celui-ci, se trouve maintenant tellement déchaussé que l'air et la lumière jouent sous son tronc à jour. Il est là planté et supporté, surélevé sur ses racines comme un candélabre sur un trépied, et, cela nonobstant, il pousse encore au loin des branches vigoureuses et de bonne et forte sève. Il y en a beaucoup ainsi, et si je remarque celui-ci, c'est qu'il est bien caractérisé. Les caroubiers ont à peu près la même persistance et la même vigueur de végétation, là où ils ont pris, et une longueur de racines étonnante. En voilà plusieurs traversant le chemin, entièrement à découvert, longues et noires, comme de longs serpents, qui vont, à quinze pieds, loin de leur tronc, perforer la terre et les fentes de rochers et s'y enfoncer, de même que des vrilles. Ces arbres offriraient aux naturalistes et aux paysagistes des études fort curieuses et intéressantes. Les Kabyles ne détruisant jamais ni les caroubiers, ni même les frênes, ni à plus forte raison les arbres marabouts, il arrive que beaucoup de ces arbres présentent des prodiges, des phénomènes de végétation et de vieillesse comme je n'en ai jamais vu en France, si ce n'est le fameux hêtre de Villers-sous-Preny, près de Pont-à-Mousson, qui n'est cependant en comparaison de ceux-ci qu'un enfant. Ainsi on voit des oliviers incruster des plaques de leur écorce dans des rochers et les en couvrir comme d'un enduit ou les enlacer des nœuds de leurs racines comme des serpents, etc.

Sous le point de vue de l'utilité agreste, je suis étonné que le gouvernement ne fasse pas planter le long des routes des caroubiers et des frênes. Les caroubiers produisent une baie très-nutritive pour les bestiaux, de longue conserve, et dont les colons peuvent faire, au besoin, en les mêlant avec d'autres fruits, tels que celui du jujubier sauvage ou tous autres, une boisson très-saine, pendant les grandes chaleurs, dans le temps de moisson et de fenaison, pour remplacer le vin fort cher et rarement bon, ou plutôt très-souvent mauvais, fort mauvais et frelaté. Quant aux frênes, ils deviennent magnifiques en Algérie, et nulle part je n'en ai vu d'aussi beaux et d'aussi gros, d'aussi hauts. Leur bois est excellent en cas de besoin urgent et leur feuillage est donné en fourrage vert aux bœufs d'engrais ou de labour et aux moutons à une époque de l'année, en automne, où tout, dans ces contrées, est parfaitement sec et brûlé par le soleil. Ces arbres sont des arbres d'avenir; aussi nos colons, qui, pour la plupart, ont besoin de produits immédiats, ne peuvent-ils les adopter, quant à présent, du moins.

A une demi-lieue du village nous trouvons un Kabyle, le fusil à l'épaule, planté en sentinelle dans un champ; serait-ce un ennemi... diable... quand je dis un ennemi, je veux dire un insoumis, car, même à l'armée, on n'appelle pas les Kabyles ennemis ; mais seulement insoumis ; et, en effet, ce ne sont pas précisément eux qui sont nos ennemis, mais plutôt nous qui sommes leurs ennemis, puisque ce ne sont pas eux qui nous font la guerre, mais bien nous qui la leur faisons. Cela ne vous paraît pas bien clair peut-être ; c'est que la chose ne l'est pas davantage. Il y a donc des soumis et des insoumis ; quelquefois, du jour au lendemain, les insoumis deviennent soumis et les soumis insoumis. Cela dépend de plusieurs choses et surtout de la... mais ceci est du domaine de la politique... algérienne... distinguer et ne pas confondre, et n'est pas de ma compétence. En tous cas, il y a une grande ressemblance, quant à la physionomie extérieure, entre les insoumis et les soumis. Cette ressemblance est telle, même, qu'on a vu, dit-on, un escadron, enlevé par une brillante et audacieuse valeur, longtemps payée cependant pour s'y connaître, valeur de grande noblesse, plus ou moins, les uns disant plus, les autres disant moins, les autres disant pas du tout, noblesse appuyée, aussi, plus ou moins bien, sur de fameux exploits, exploits d'huissiers, charger et raser un gros de soumis de toutes armes, moutons, chèvres, bœufs, ânes, etc., pris à l'œil nu pour insoumis, haut fait d'armes renouvelé du héros de la Manche. Les lunettes, en Kabylie, devraient être d'ordonnance, au moins pour les myopes ou les yeux faibles. Je dis un escadron, parce que pour cette grande guerre ou plutôt cette haute guerre de pics en pics, en pays de pics, il y a aussi de la cavalerie, de la cavalerie à cheval ; pas, il est vrai, de la grosse, pas de cuirassiers, comme à Fleurus et à la Moskowa, mais des chasseurs d'Afrique qui, pour n'être pas cuirassés, n'en chargent pas moins bien, quand cependant il y a sérieusement à charger. Ils ont même emmené leurs chevaux, l'ordre était formel, bien mieux eut valu des mulets ou des mules ; quoique dans la montagne ils se battent encore mieux à pied qu'à cheval. La seule difficulté, grande difficulté, sera de trouver des ennemis, des bataillons de Manefguis à enfoncer, renverser. Ça se trouvera ou autre chose, qui ne se soit jamais encore vu, sinon cela ; car dans cette fameuse campagne-là, dans cette grande guerre-là, je veux dire cette haute guerre là, en fait d'action d'éclat, M. le commandant de la cavalerie n'en restera pas là ; il est trop brillant pour cela. Tout a été calculé, combiné avec une merveilleuse et complète entente et prévision des choses de ces guerres-là.

Ainsi il y a, si non, il y aura quelque part, chez les Beni Illiten ou Beni Illoula, amalou, amalou, c'est-à-dire sans soleil, ou même ailleurs, un plateau, vrai champ de manœuvre, situé sur le haut d'une montagne, jusqu'alors parfaitement inaccessible, si ce n'est pendant l'été aux chèvres et à leurs petits bergers. Voilà? Comment l'emportera-t-on? C'est là le hic; c'est là le hoc; c'est là la question? flon, flon. Comment y montera-t-on? ton, ton? Sera-ce par des échelles? charge par échelons. Sera-ce par suspension et ascension? charge en ballon. En tout cas, charges en l'air, mais de grande et surtout de haute et nouvelle façon. A qui le pompon? A M. le commandant de la cavalerie, très-zélé; montagne enfourchée, victoire remportée; balnée, balnée. Il n'aura pas, cette fois, il est vrai, à taper comme un sourd et un aveugle, à fendre, pourfendre et refendre, couper, tailler ces fameux ennemis, si solidement et fermement tenant, les vigoureux oliviers et figuiers, insoumis, absents de ce froid pays; mais en revanche, il triomphera du singe rabougri, seul habitant de ce haut et aride pays et aussi depuis des siècles insoumis. Il y aura bien, sans doute, à défaut de grands coups, maintes singeries échangées, et l'ennemi, certainement, ne lâchera pas le pied, c'est-à-dire la patte, sans faire la grimace, résistance peu sérieuse. S'ils ne se battent pas, nos chasseurs au moins riront bien.

Toujours est-il que voilà un Kabyle, planté près du chemin, avec son fusil dans les mains, nous sommes en guerre, je n'y pensais plus. Diable..., pas d'imprudence. Dites-donc, vous autres, vous ne me disiez pas que nous sommes en guerre? moi je n'y pensais plus ; comment faire ? ma foi, nous ferons comme d'ordinaire, comme nous pourrons. On dirait qu'il est en vedette, en sentinelle avancée, ce grand diable de Kabyle, avec son fusil qui n'en finit pas ; quelle tête de brigand d'insoumis; après tout, du courage, de l'audace, nous sommes cinq contre un ; en avant les lauriers de la victoire.

Oh là ! que fais-tu là avec ton fusil? Je garde mon champ. Contre qui ? *Alouf el rhaba* (sangliers). C'est donc l'alouf qui est insoumis. En voilà un original de mauvais caractère : il s'est échiné toute l'année pour faire pousser son blé, et quand il va être bon à couper, il ne veut pas qu'il soit mangé ou dévasté par des sangliers affamés... l'homme n'est jamais content, ce n'est pas comme la femme ; mais les aloufs ne t'effondreront pas ta maison, ne couperont pas tes figuiers, tes oliviers, ne mangeront pas tes bœufs, tes moutons, ne te prendront pas ton vieux père à barbe blanche comme ôtage, etc. Tu tiens à ton champ, à ton bien... tu n'es et tu ne seras jamais qu'un Kabyle ; prends garde de mouiller ta poudre, car il fait grand jour et grand vent dans le bassinet de ta rouillarde, de ton rouillard de fusil ; voilà un gaillard qui ferait, au besoin, à notre service, une bonne faction, un bon troupier de rhaba, et qui, après avoir combattu dans nos rangs, produirait un fameux effet dans son pays, revenant officier ou décoré, pensionné ! ! !

Nous arrivons à l'entrée d'une espèce de plaine ou de bassin de deux à trois lieues de long, bordé par la mer, et qui s'enfonce, à notre droite, jusqu'aux pieds des montagnes, dans une profondeur de deux lieues environ. Elle paraît inhabitée et en grande partie couverte de broussailles ; voici deux chemins ; l'un qui va le long de la mer, c'est le plus court, l'autre qui traverse la plaine, c'est le meilleur, mais il est plus long et coupé de ravins et de torrents aux rives escarpées et glissantes, quand il pleut ; or il pleut ; va pour le bord de la mer. Nous sommes enrossés, moi du moins. Quand un

Kabyle dit qu'un chemin n'est pas le meilleur, on peut compter qu'il est affreux ou plutôt qu'il n'est pas du tout; notre chemin c'est tout simplement, tout naturellement une plage formée de cailloux et de sable. Les sites ne sont pas riants, les nuages sont bas et le temps est sombre. Tantôt nous marchons entre la mer et les rochers; tantôt entre la mer et le talus relevé du rivage, talus garni de végétations arborescentes de maigre venue et tourmentées par les vents du large, et d'arbres à l'aspect rabougri, au tronc tristement penché en sens inverse de la mer, aux branches croissant et s'étendant aussi d'un seul côté, vers la terre tournées, ce qui donne au pays un air désolé. Les endroits abrités sont garnis de petits massifs d'arbustes buissonnants, dont la croissance s'arrête soit en haut, soit de côté, sous l'influence des airs de la mer, qui leur donne quelquefois la forme de haies taillées aux ciseaux. Je ne vois pas d'autres épaves que des troncs d'arbres, portés à la mer par les torrents et repoussés ensuite par elle, dans les gros temps, sur le rivage. Dans quelques petits endroits, le talus est ensemencé de blé et d'orge, presque partout, malheureusement, fouillés par des sangliers. Après une marche de près de trois heures, marche pénible, monotone, fatigante et glissante, nous traversons le fond d'une petite baie tranquille et cultivée en blé et nous arrivons enfin, vers six heures, au pied d'une montagne, au sommet de laquelle Azefoun est perché, village où nous devons coucher. Quelle rude et raide montagne à avaler Aussi quelle idée a eu cet Azefoun d'aller ainsi si haut se nicher. Il a dû certainement avoir ses motifs, des motifs quelconques, mais quels qu'ils soient, ou plutôt aient pu être, je les apprécie peu, quant à présent du moins ; car je me garde bien de juger, en dernier ressort, les choses, sans préalablement rechercher et connaître leur raison d'être ou d'avoir été. La montagne n'est pas très-fertile ; elle est cependant revêtue, là où la terre végétale n'a pas été emportée par les pluies, de beaux champs de blé et de fèves ; elle a aussi quelques oliviers et quelques figuiers. Des pins et des lauriers-roses croissent dans les endroits les plus arides. Voici des sources abondantes à notre droite ; elles doivent être accompagnées de ruines romaines ; les Romains ne négligeant pas l'eau, ou bien plutôt la recueillant précieusement partout où ils la trouvaient : bon exemple à suivre et pas assez suivi. Maintenant je monte par un chemin romain, presque en escalier; après une rude et parfois scabreuse montée de plus d'une heure, j'arrive en vue du village; il était temps, car la nuit tombe. Je suis mouillé en dessous et en dessus; j'ai eu très-chaud; j'ai été baigné de sueur et puis ensuite j'ai eu froid, ce qui est fort mauvais en voyage; heureusement, j'avais eu la précaution de me garantir la peau d'un gilet de laine : précaution qu'on doit toujours avoir, car elle peut préserver de bien des indispositions de toute nature. Nous sommes en plein dans le romain ; à gauche, en bas du village, j'aperçois une enceinte d'assez hautes murailles. Bousnia et les deux autres Kabyles la nomment *aram* ou *guellid Dakaious*, c'est-à-dire la maison du roi Dakaious, et, à cette occasion, je vous dirai que, d'après une tradition, encore existante chez les Kabyles, Dakaious était un monarque conquérant, plus fort que tous les autres, et qui aurait conquis toute la Kabylie avant les Romains. Quelques-uns prétendent qu'il venait du pays de Massar, c'est-à-dire de l'ancienne Phénicie. La tradition personnifierait-elle le peuple dans le monarque ; c'est une question que je laisse aux lumières de nos savants. La ruine

Dakaious serait-elle romaine ou phénicienne ? c'est à nos archéologues de le décider ; quant à moi, j'ai cru reconnaître une grande similitude entre sa maçonnerie et celle des ruines romaines, qu'on retrouve fréquemment en Algérie.

L'entrée du village est presque celle d'une petite place de guerre. C'est une étroite ruelle, commençant par un coude, entre deux murs, formés de débris de pierres romaines. Un petit canal ou conduit souterrain débouche à notre droite. Un peu plus loin et dans le village, voici, à gauche du chemin, plusieurs voûtes romaines, adjacentes les unes aux autres ; ce devait être des citernes. Là, un jeune Kabyle nous dit bonjour en français, et il va faire nuit : c'est tout ce qu'il sait de français. Si le jeune lettré a travaillé à Alger, ce ne doit pas être chez un académicien ; il serait plus fort que cela : première raison ; et puis, j'y pense, c'est qu'à Alger il n'y a pas d'académiciens, du crû au moins, puisqu'il n'y a pas d'académie : deuxième raison. Il y a bien, il est vrai, une société d'historiens, je veux dire une société historique, présidée ou protégée sinon par des vaillant savant, du moins par des Cte de Randon, aussi grand érudit, biribi, que fameux guerrier, sapristi. Troisième raison : c'est que.......... une autre fois je vous la dirai. Quoi qu'il en soit de la confusion, que fait le jeune Kabyle du jour avec la nuit, dans l'expression de sa politesse, ce n'en est pas moins une politesse de bon accueil et de bon augure et rassurant en ce moment où je suis à la merci des gens. Il paraît que le jeune homme n'est pas un insoumis ; le fût-il, je prends *acte* de son bonjour et le considère, moi qui n'ai ni impôt de cent cinquante francs par tête d'homme kabyle à prélever, ni surtout de lauriers à couper, ou plutôt à glaner, à ramasser, je considère, dis-je, son *bonjour* comme un acte suffisant, quant à présent, de soumission. Le bonjour a été volontaire, spontané ; je l'ai accepté ; le Kabyle est engagé et moi aussi ; il n'y a plus qu'à s'entendre sur les suites, les conséquences, etc. Je m'arrête quelques instants sur une petite place fort propre, en attendant le cheikh. Son frère vient me recevoir et m'apprends que le cheikh est à Tizi-ou-Zou, chez le commandant Péchot. Il me conduit dans la maison d'un de ses parents ou amis. Tout aussitôt la famille nous fait place. Une femme, d'une figure intéressante, ramasse ses marmots, à terre éparpillés et un peu trop barbouillés, et nous livre son domicile. Je donne aux enfants quelques bagatelles pour les consoler d'être ainsi dérangés et de leur domicile dépossédés ; on nous apporte une collation : c'est de la galette qui, comme toujours, persiste et s'entête maladroitement à être sans beurre ; du lait, du beurre très-frais et des figues sèches. J'offre le café, fait à l'esprit de vin. On bavarde un peu, pas trop tard. Je n'ai pas fermé l'œil la nuit dernière ; j'ai, de plus, les os moulus de fatigue, surtout les jambes, les ayant beaucoup plus remué pour faire marcher ma rosse, que je ne l'aurais fait en marchant moi-même ; et, de plus, c'est mon premier jour de marche depuis longtemps, et ce n'est pas mal débuter, du matin jusqu'au soir. Je m'étends sur mon tapis et ne tarde pas à m'endormir. Au milieu de la nuit on me réveille ; qu'est-ce ? Serait-ce une attaque d'insoumis ? Non, c'est un kouskoussou ami, hospitalier : il est au poulet. C'est le mets principal et qui sert de dîner, et pour lequel il faut quelques heures de préparation. La paix se consolide. J'accepte cette avance de grand et de bon cœur, et, de plus, de bon et de grand estomac. Je tombe de sommeil ; et qui dort, dîne, dit-on ; mais je trouve plus sûr de dîner d'abord et de dormir après. Tout sera ainsi concilié et je suis fanatique de conciliation, de celle qui n'est pas un mensonge. Je recommence donc la conversation, mais cette fois sérieuse, serrée, substantielle, bien nourrie, et sans *quiproquo*, ni interprète. Mes convives m'engagent à recommencer; je leur montre les débris de la volaille, qui fut, et l'énorme et profond trou, puits, que j'ai fait dans le plat de kouskoussou. J'ai maintenant pour maxime, en voyage, de ne jamais négliger les occasions de me munir de provisions, même et surtout à l'intérieur. On ne sait pas ce qui peut arriver, ou plutôt ce qui peut ne pas arriver. Je me replonge dans les bras de.... Morphée.

Nous nous levons de bon matin; Hamed-ben-Mohammed, mon hôte, nous fait visiter son petit village. Ses étroites rues sont très-propres; il paraît que les enfants sont chargés de les entretenir ainsi. Très-bonne idée et pratique; initiation, comme dirait un socialiste, dès l'enfance, à l'esprit d'association et aux travaux publics : pas le bagne. Et cela soit dit sans rire. Les portes des cours s'entr'ouvrent quand je passe, et je vois à travers des groupes serrés, des têtes de femmes et des filles aux regards étonnés, curieux, quelques jolies figures, toujours de beaux yeux et de belles dents, des dents de santé souriant. Je monte sur un point culminant du village, en foulant aux pieds des ruines romaines. La vue est immense et magnifique. Elle domine au loin d'un côté, la mer, et de l'autre, les montagnes de la Kabylie ; ce point est le plus élevé d'une espèce de plateau un peu déprimé vers le milieu, qui s'étend dans la direction de la mer. J'y vois des ruines romaines. Si on y faisait des fouilles, elles auraient sans doute des résultats intéressants pour la géographie ancienne. C'est l'affaire de nos archéologues ; ils ont des fonds et du temps, et de l'érudition et de l'intelligence pour cela. Il paraît qu'à l'est et en bas de la montagne, il existe des traces de port. Les Romains savaient choisir la situation de leurs établissements avec une admirable sagacité commerciale et militaire. En bas, un port desservant le commerce d'importation et d'exportation des populations, dans un rayon d'une quinzaine de lieues ; en haut, une ville militaire, une citadelle surveillant les populations dans le même rayon. Un peu plus bas que le village, je visite l'enceinte que j'ai remarquée hier, et que les indigènes appellent *arram* ou *guillid* ; c'est un carré long de murailles, encore hautes d'une rentaine de pieds, faites de maçonnerie romaine, pierres, grandes briques carrées et chaux, A l'intérieur, il existe des traces d'une division en deux parties. L'une, qui paraît avoir été l'entrée, est moins grande que l'autre. Un bel arbre s'y étale, à l'abri de toute insulte, et, à ses pieds, un paisible aliboron, *ourioul*, en kabyle, s'étend nonchalamment et voluptueusement. Ainsi le fastueux monument de l'égoïste et barbare conquérant, sert aujourd'hui de logement à un âne fainéant. En rentrant nous ne ferons pas un pas sans rencontrer quelque chose de romain, restes d'enceinte extérieure, de conduits d'eau, de fontaine, etc. Je suis étonné que depuis la conquête, on n'ait pas fait un petit établissement commercial sur les ruines de l'ancien. Il est temps cependant que tous les points de la Kabylie sortent de l'état équivoque, inerte, léthargique, paralytique et de marasme, où elle languit depuis quelques années et qui n'est ni la paix ni la guerre. Tout le pays, plein de ressources, et tout son monde, plein d'énergie et d'intelligence, énergie et intelligence qui s'usent en petites intrigues ou à faire le mal, ne demandent que des issues, des débouchés pour se développer, dans l'intérêt général et particulier, vigoureusement et largement, de tous côtés et au loin. Il ne faudrait qu'un rayon du génie de Napoléon pour donner à toujours à cette atonie et à ce marasme la vie et le mouvement, et empêcher ces peuples d'user désormais, d'une manière stérile pour eux et pour l'humanité, si ce n'est même d'une manière antisociale et surtout antichrétienne, leur vigueur, leur sève, leur génie.

Saïd-Brahim, l'ancien cheik, vient au-devant de nous et nous conduit dans sa maison. Nous restons sous le porche. Je crois vous avoir dit comment sont faites les habitations kabyles. Dans le doute, voici la chose. Les villages sont en général, une agglomération compacte de maisons, où circulent irrégulièrement d'étroites ruelles, au sol rempli d'aspérités naturelles. La porte d'entrée des habitations s'ouvre sur ces ruelles. Elle est ordinairement à deux battants ; elle donne accès dans une espèce de porche, ayant de chaque côté un banc en maçonnerie, couvert de dalles plates de pierres, haut environ d'un mètre et assez long et assez large pour que deux hommes puissent s'y coucher. Quelquefois une seconde porte ferme le porche du côté des habitations. Cependant, généralement, du porche on entre directement dans une cour. Celle-ci est plus ou moins grande, ce qui dépend de l'étendue, ordinairement restreinte, de l'emplacement sur lequel est bâti le village. Cette cour est inégale et a des différences de niveau aux deux extrémités, d'un mètre et plus. Elle n'est pas nivelée et présente même souvent des aspérités de rochers assez grosses. Tout autour sont bâties deux, trois ou quatre maisons, aux toits à deux pentes, l'une déversant sur cour, l'autre en sens inverse, couvertes en tuiles semblables aux nôtres, ou en chaume, ou en terrasse faite de planches ou branches serrées les unes contre les autres, soutenues par des poutres et recouvertes par un mélange de terre et de gravier battus, et tassé avec une espèce de long maillet à dos aplati. J'ai vu des femmes faire ce travail. Ces maisons n'ont point de fenêtres, mais seulement un trou pratiqué dans la partie supérieure des murs. Ces murs sont en pierres sèches ou mêlées de terre en guise de mortier ; j'en ai vu de très-bien faits, aussi bien faits et aussi solides que ceux que peuvent faire nos maçons. La porte donne sur la cour ; elle est un peu basse : il faut souvent se courber ou baisser la tête pour y passer. Les maisons sont plus longues que larges et ne forment qu'une chambre, du sol au toit, entre les quatre murs. Dans la plupart, cependant, il y a une étable le long du mur de droite ou de gauche, en entrant et près de la porte. Elle a environ deux mètres de largeur. Elle est en contre-bas, d'un mètre au-dessous du niveau du sol de la chambre. Elle en est séparée par un mur qui s'élève d'environ un mètre au-dessus du sol ; mur dans lequel sont pratiqués des trous ou lucarnes, par où on passe la nourriture aux bêtes. Ce mur sert en même temps d'appui, d'un côté, à un plancher en madriers, qui règne au-dessus de l'étable, dans toute sa longueur et sa largeur. Ce plancher a plusieurs usages. On y couche pendant la nuit ; on s'y repose pendant le jour. On s'en sert aussi comme d'espèce de grenier. Il est éclairé par un trou carré, barré de croisillons en bois. C'est un regard, un judas d'observation à l'extérieur. Le long d'un des autres murs, souvent en face de l'étable, il existe une espèce de banc en forme de trottoir, en maçonnerie, d'un mètre plus ou moins de hauteur et d'environ la même largeur. On y place une, deux ou trois ou quatre amphores, en file, le long du mur. Ces amphores, de la forme d'un tonneau, mais moins renflées au milieu, sont hautes d'un à deux mètres ; leur orifice a de cinquante à soixante centimètres. J'en ai vu cependant de forme carrée, et assez élégantes. Beaucoup sont ornées de dessins en relief. C'est l'œuvre des femmes ; elles les fabriquent, ou plutôt les édifient avec de la terre, puis les font sècher au soleil. Elles sont, les amphores, placées debout. On y met du blé, de l'orge ou du béchena, des fèves, etc. Une ouverture est pratiquée en bas, comme celle des foudres, pour laisser s'écouler le grain à usage journalier. Ce trou et le fond de l'amphore ainsi que son orifice, sont garnie de plantes aromatiques, telles que l'absinthe sauvage, qui est préservatif des charançons. Ces amphores sont presque toujours blanchies à l'eau de chaux.

Le sol est fait de même matière et manière que celles des aires de nos granges. Un trou pratiqué au milieu sert de foyer, car il n'y a nulle part de cheminée ; aussi le toit, à l'intérieur, est-il enduit d'une espèce de vernis de fumée. Chacune de ces maisons est habitée par un membre de la famille ; d'abord le père, ses épouses, le fils, sa ou ses épouses, ses enfants, etc. ; le gendre, sa famille, etc. Il y a au moins dans l'une de ces maisons un métier à tisser. Il est ordinairement placé en face de la porte et disposé de façon à ce que l'arachnée ait le dos tourné ou appuyé au mur et le visage vers la porte ; de telle sorte que, tout en travaillant, elle puisse voir ce qui se fait, entendre ce qui qui se dit et, au besoin, donner à l'occasion son coup de bec, comme les autres, et avec tout cela recevoir la lumière sur ses fils et sur ses doigts. Il n'y a que les femmes, ma chère Léonie, qui sachent ainsi tout bien faire à la fois.

Le mobilier n'est ni luxueux, ni nombreux ; chez les plus riches c'est le long du mur, un immense bahut de la forme d'une huche à faire le pain, long de deux mètres, haut de un mètre ou un peu plus, y compris les pieds, à couvercle fermant avec une serrure kabyle. Les plus beaux sont sculptés assez grossièrement, ils coûtent de soixante à deux cents francs. On y renferme les bijoux, quand les femmes ne les portent pas continuellement sur elles, les haïks, les burnous de fantasia, les ceintures en soie, l'argent, les armes, enfin ce que la famille a de plus précieux.

Il n'y a jamais de lit. Tout le monde, petits et grands, hommes femmes et enfants couchent par terre, sur des nattes en sparterie, enveloppés, les hommes dans leurs burnous, les femmes dans leurs haïks et sans changer de vêtements. On se couche tel qu'on est et on se lève idem. Le long des murs sont accrochés de grands plats en terre peinte, pour les jours de gala ; des cruches remplies de miel. D'autres vases sont scellés dans un petit mur : on y met de l'huile d'olives. Dans un coin est appuyée une cruche à la forme élégante et antique ; elle contient la provision d'eau, que la femme a été chercher, quelquefois fort loin. Dans d'autres villages ou maisons, où on ne fait pas de ces cruches, une outre, gonflée d'eau, est suspendue près de la porte, et chacun va y boire. Ces outres sont formées d'une peau de chèvre, le poil en dehors, sans couture et enlevée à la bête sans coupure, si n'est la tête. Elle est goudronnée à l'intérieur ; ce qui est d'un usage général chez les Kabyles comme chez les Arabes, qui attribuent au goudron des vertus, des effets salubres. Le cou de la bête, serré par des ficelles, sert d'orifice.

Voilà, à peu près, les dispositions générales des habitations en Kabylie, à l'intérieur et à l'extérieur. Ces dispositions, cependant, ne sont pas absolument les mêmes partout. Elles varient, en leurs détails, d'après la configuration des lieux, les nécessités et besoins, qui ne sont pas les mêmes chez toutes. Les unes étant plus industrielles qu'agricoles ; les autres étant, au contraire, plus agricoles qu'industrielles, etc. J'oubliais un détail : il y a souvent, au-dessus du porche, un petit étage formant une seule chambre. Il sert de grenier, et les femmes y renferment les fruits secs, tels que figues et raisins, les pots de miel, les conserves de bœuf, de mouton, etc. Quelquefois on y donne l'hospitalité aux amis intimes ou aux personnages de distinction. J'ai déjà couché deux fois dans ces réduits. On y a l'avantage de ne pas être dévoré par les petites bêtes de tête et de corps, et aussi d'échapper à la curiosité incessante de tous. On y monte par une échelle à poules, c'est-à-dire, par une grosse branche d'arbre avec entailles pour placer le pied ou par des pierres en saillie dans le mur. Il y aussi quelquefois dans la cour de jolies petites maisonnettes à un petit étage, où on entre à quatre pattes. Cet étage sert de grenier pour les fruits. Il n'y a pas de mur mitoyen.

Une des plus belles et des plus grandes maisons que j'ai vues et où tout ce système, ou à peu près, était réuni avec le confortable kabyle, est celle d'Hamed-Kassi-ben-Maclouf, ex-caïd des Beni-Mandès. J'ai pris des mesures, les voici : épaisseur des murs, soixante-cinq centimètres; hauteur des murs, du faîte, trois mètres soixante centimètres ; longueur, cinq mètres ; hauteur des deux autres, trois mètres trente-quatre centimètres; longueur, cinq mètres dix centimètres; largeur de l'étable, un mètre soixante-six centimètres ; plus une mangeoire de cinquante centimètres. La projecture du toit sur la cour était de quatre-vingts centimètres. Le toit était en terrasse. A l'intérieur, il était soutenu par trois grosses poutres tranversales, trois troncs d'arbres écorcés seulement, l'une allant de faîte en faîte, les deux autres, de chaque côté, posées dans le même sens, à moitié de la longueur de la pente du toit. Chacune de ces poutres était elle-même étayée par deux madriers debouts et placés, l'un à la ligne séparatrice de l'étable et de la chambre, l'autre vers l'extrémité opposée, à environ un mètre du mur. J'ai passé, dans cette maison, une nuit assez énigmatique, m'attendant, à chaque instant, à être assassiné ou marié, ce qui n'est pas tout à fait la même chose.

C'était au printemps de mil huit cent cinquante-quatre; j'étais allé passer les fêtes de Pâques à

Dra el-Mizan, pour secouer un peu les engourdissements de la vie sédentaire qui commençaient à m'allourdir, m'engorger jusqu'à pléthore chronique, au moral et au physique. Heureusement je connaissais le remède : grand air et exercices, fatigues même, corporels. C'est une affaire de tempérament de famille, car nous sommes tous trois ainsi. Or, donc, le Jeudi-Saint j'avisais sur le marché aux huiles d'olive, marché allimenté par mes bons amis les Kabyles, un jeune Kabyle huileux, et même un peu rance d'odeur, comme sa marchandise, qui se disposait à retourner à vide avec son mulet, dans sa tribu, à quelques lieues de l'autre côté de Dra el-Mizan. Prix débattu et convenu : dix francs de location, homme et bête, et la nourriture. Mais si je parlais à l'indicatif présent, c'est plus facile ; ça fait mieux couler le narré que les ai, les us, les is, les îmes, les âmes, les ûmes, les fûmes, les furent, les urent, les îtes, etc., du prétérit défini. Parlons donc au présent, comme si la chose ou les choses y étaient, et au fur et à mesure. Je confie mon bagage au kabyle et l'envoie m'attendre à la Maison-Carrée. J'entends Auguste me dire : tu n'es jamais prêt, tu attends toujours au dernier moment.... mais ce n'est cependant pas ma faute, ma très-petite faute ; car hier encore je n'étais pas certain si je partirais aujourd'hui, n'étant pas maître de mon temps. Je monte en corricolo à cinq heures ; nous allons partir, Monsieur, encore un voyageur et nous partons..... Diable, j'ai oublié de déjeûner et je n'ai plus le temps de dîner. J'achète plusieurs pains ; c'est ce qui pèse le moins en voyage, comme dit le vieil Esope ; puis cela vous fait des bouches amies. J'ai un fromage de Hollande, gros et rond comme un boulet de vingt-quatre, mais pas si lourd et beaucoup plus traitable. Avec tout cela du café sucré, dont j'emporte une provision, et l'eau des sources, je ne mourrai ni de faim, ni de soif. Le corricolo est à peu près complet et nous partons, mais il est six heures. La nuit est close depuis longtemps lorsque j'arrive à la Maison-Carrée. Mon Kabyle m'y attend avec un compagnon et sa bête ; je monte dessus, la bête. Et le sac de pain, j'allais l'oublier. En le voyant, mon homme fait la grimace : la bête est bien chargée ; mais il flaire le pain et le sac trouve sa place.

La lune se lève ; le ciel est couvert de nuages. Après deux heures de marche, je m'aperçois, plus que jamais, que je n'ai pas déjeûné et pas plus dîné. Tout en marchant, je casse une croûte avec mes Kabyles. Ils ne sont pas difficiles sur le manger et préfèrent même notre pain à toute autre chose. Nous nous arrêtons quelques instants devant le café-poste et je les régale de café à un sou la tasse. Le caïd et ses fils m'engagent à m'arrêter chez lui ; je suis pressé et le remercie. Mes Kabyles sont gais comme des pinsons ; ils me chantent, tout en cheminant, tout leur répertoire d'airs kabyles et m'apprennent des mots. D'autres chants joyeux se font entendre à quelque distance du chemin : « Bonsoir les amis, bonsoir les amis, etc. » Une lumière brille à travers la toile d'une tente : c'est la colonisation qui prend possession ; car je traverse des chantiers de construction, de nivellement, etc. On jette ici les premières fondations de la Réghaïa, près du ruisseau. Pourquoi près du ruisseau, et surtout pourquoi sur la rive gauche, plutôt que sur la rive droite, qui est beaucoup plus haute et plus aère. Gare les miasmes ! Vers minuit ou une heure du matin, nous traversons le Boudouaou et nous nous arrêtons au café. Nous y passerons la nuit.

Nouvelle distribution de pain avec tranches de

fromage. Cette fois pas de café. Le feu est éteint et le caouadji endormi. Je m'étends sous le toit du gourbi. En mil huit cent cinquante-neuf, j'ai fait ici une instruction criminelle. Un pauvre Kabyle retournant dans son pays avec le fruit de son travail, de plusieurs années, peut-être, avait été assassiné, puis volé par un jeune nègre, espèce d'hercule. Le noir assassin s'était arrangé un réduit de chasseur à l'affût, dans un massif de broussailles, près du chemin, d'où on apercevait de loin venir les voyageurs et s'y blottit, attendant, l'œil et l'oreille aux aguets, attendant une proie. A l'approche du Kabyle cheminant, il n'avait pas bougé ; mais à peine passé, il s'était élancé à l'improviste, par derrière, lui avait brisé le crâne à coups de bâton et l'avait traîné à quelques pas de la route. Quand j'arrivai, le malheureux était étendu en dehors du gourbi, où je suis, sous le prolongement du toit ; la partie supérieure, la calotte, le dôme du crâne, jouait sur le reste comme le petit bout cassé d'une coquille d'œuf, qui n'est plus retenu que par des pellicules. Un vieil Arabe, fabricant de balais de joncs et de roseaux, qui avait échangé quelques mots, dans la journée, avec le nègre, ayant remarqué que les bouts de son burnous étaient mouillés, ou plutôt récemment lavés, lui en avait fait l'observation ; le nègre avait répondu par une défaite. Plus tard, nos chimistes crurent reconnaître des taches de sang aux endroits lavés. Alors, les vols avec violence, et même assassinats sur les Kabyles retournant chez eux, les seuls voyageurs qui se hasardassent dans cette contrée, n'étaient pas rares. La police des bureaux arabes et les exemples sévères de la Cour et du tribunal d'Alger y ont mis bon ordre : maintenant règne la plus entière sécurité. Pendant l'instruction, un jour, je reçus, dans mon cabinet, la visite d'une petite vieille négresse ; c'était la mère de l'assassin. Elle venait intercéder pour lui ; elle apportait en présent un pot de lait pour adoucir les rigueurs de la justice.

Je me remets en route vers quatre heures du matin, sans avoir pu fermer l'œil, tourmenté par les puces. Cette fois, je passe par le marché des Issers, le Souk el-Djemma, marché du vendredi ; il y a affluence d'indigènes, mais pas beaucoup de bêtes, ni de denrées. Un peu de blé et d'orge dans des tellis et même dans des peaux de mouton, quelques bœufs, quelques moutons.

J'achète de petites oranges, une douzaine pour sept sous ; je donne une pièce de dix sous. L'homme croyant qu'elle n'en vaut que cinq, l'examine et va me la rendre, lorsqu'un voisin lui fait signe. Alors il l'empoche vivement ou plutôt la serre dans un pli noué de son haïck et me dit qu'il n'a pas de monnaie. Le gouvernement a fait construire une espèce de caravansérail assez vaste, qui peut au besoin servir de lieu de ravitaillement. J'y trouve un spahis blessé. Il a reçu, hier ou avant-hier, une balle, je ne sais où, dans une échauffourée. Bou-Bargla agite un peu en ce moment les Kabyles. C'est toujours comme cela, à ce que l'on dit, aux approches du printemps, temps des expéditions.

Je me mets en route après avoir déjeûné avec quelques oranges, du pain et du café. Il y a au caravansérail un café maure. J'ai reconforté mon mulet avec une bonne pitance d'orge ; l'orge remplace en Afrique l'avoine pour les chevaux et les mulets ; elle est plus nourrissante, plus substantielle qu'en France, et n'est pas échauffante comme l'avoine. Je rejoins mes Kabyles, qui ont pris un chemin de traverse, vers trois heures de l'après-midi. Ils se reposent en m'attendant sous un magnifique et antique olivier sauvage. Je trouve avec eux un vieux Kabyle qui a été prisonnier en France. Il me parle comme il peut de ce qu'il y a vu, des femmes, des jardins, etc., avec force mleah! mleah! bien, bien. Ce serait à mon avis un des grands petits moyens de civilisation et de pacification, si toutefois on veut pacifier, que d'envoyer des Kabyles en France, sans les enfermer.

Nous nous arrêtons vers cinq heures, mon monde étant fatigué et ne pouvant aller plus loin. Je ne sais trop où et comment nous passerons la nuit, car nous sommes dans une solitude, et d'habitants ou d'habitations quelconques... *in conspectu... nullum*. J'avise cependant un gourbi au haut d'un mamelon : c'est un poste de Kabyles. Il n'y a que deux jeunes gens. La nuit est venue, on fait du feu dehors. Mes Kabyles restent en plein air; ils craignent qu'on ne leur vole leur mule. Je dîne avec une tasse de lait et du pain, un vrai repas de vendredi-saint. Il pleut pendant la nuit. Le lendemain, de grand matin, nous partons. Mes Kabyles sont trempés; ils se sécheront au soleil. En voilà un qui met une chemise neuve et sèche par-dessus les autres, au lieu de la mettre par-dessous. Ces Kabyles ont

la peau comme du cuir et les os comme du fer.
Ils me font grelotter avec leur air mouillé. J'arrive sans autre incident que des chemins glissants à Dra el-Mizan, juste au bon moment, pour me mettre à table. Je n'en suis pas fâché. Je paie mon muletier, Mohammed ou Arrmoun, et lui donne de plus, ainsi qu'à son compagnon, une bonne gratification, en les recommandant au capitaine, vu leur fidélité. Le lendemain, jour de Pâques, je reçois la visite de El-Hadj bou-Djemma. Il était au marché de Bohni le matin et y a appris que j'étais à Dra el-Mizan. Bou-Djemma est un grand Kabyle de dix pouces, raide et fort comme une barre de fer. Il est le chef d'une famille ancienne et influente des Beni-Secca. Récemment il était du parti de Bou-Bargla, mais il s'en est séparé et a fait sa soumission. C'est un meneur : tête ardente et homme d'action. Il vient me chercher pour m'emmener ou chez lui ou chez Sidi-Djoudi, qui a des propriétés dans sa tribu. Nous partons le lendemain. Il n'a qu'un cheval et un mulet, et nous sommes quatre. Je m'arrête quelques instants chez M. Moline. M. Moline est un hardi colon industriel, qui est venu construire au pied du Djerdjera, au milieu des Kabyles, sur un petit, mais fort bon cours d'eau,

un moulin à huile, moulin modèle, au moyen duquel il obtient des olives un tiers en huile de plus que les Kabyles n'obtiennent des leurs. Il n'a pas d'autre personnel qu'un ou deux agents ou domestiques, et des Kabyles qui travaillent chez lui à la journée. Jusqu'à présent il n'a eu qu'à se louer de ses rapports et relations de commerce avec les Kabyles, ses voisins.

Nous traversons le ruisseau, de l'autre côté duquel est le champ d'un marché qui se tient le dimanche ; marché créé par le capitaine Beauprêtre, en concurrence d'un autre situé à deux lieues plus loin et au-delà de notre action directe. Tous les dimanches le capitaine s'y rend ou y envoie son second pour voir son monde, écouter les réclamations, etc., et juger par lui-même de l'état des esprits ; car c'est dans ces réunions qu'un œil exercé et observateur trouve le thermomètre de la température de l'esprit public kabyle.

Nous marchons dans la direction des Zouaouas, rasant les pieds d'une série de petites montagnes à notre gauche et parallèles à la chaîne du Djerdjera proprement dite, que nous longeons à une distance d'environ une lieue, tantôt plus, tantôt moins. Nous traversons bientôt la petite tribu des Michtras et passons sous leur village, dont les maisons sont éparpillées d'une manière très-pittoresque sur le versant d'une montagne. C'est un immense verger d'oliviers, de figuiers, de noyers, de frênes et de saffafs, aux branches desquels sont suspendus des ceps de vignes et des plantes grimpantes. Il est arrosé par des sources jaillissant des rochers et traversé par deux ruisseaux d'eau courante qui font mouvoir plusieurs moulins, à farine seulement; les Kabyles ne se servant pas encore de ce moteur pour leurs moulins à huile. C'est le site le plus frais, le plus joli, le plus fructueusement ombragé que j'ai vu en Algérie. La tribu était dans une sorte d'aisance; mais elle a été ruinée par la guerre; elle commence cependant à se remettre. Ses habitants apportent à Alger, à dos de mulets, contenue dans des peaux de bouc, une certaine quantité d'huile d'olives qui provient non-seulement de leurs récoltes, mais aussi de celle des tribus non soumises, qui n'osent pas se hasarder à paraître sur nos marchés. Nous suivons un chemin bordé de haies vives et de petits murs d'un mètre de hauteur et élevés avec les pierres des champs. Voilà bien des souches énormes d'oliviers et de figuiers brûlés, calcinés. Lascars (soldats), me disent mes Kabyles. Ce sont des moyens militaires de pacification. Je me rappelle, en effet, avoir entendu dire par un personnage, qui se trouvait sur les lieux, que l'incendie des vergers des Michtras était d'un magnifique effet. Si ces vergers lui eussent appartenu, il n'eût certainement pas vu les choses du même œil. Tout ce que je vois maintenant est parfaitement cultivé : les terres arables en blé, orge et béchena ; les coteaux, les montagnes sont couvertes de magnifiques oliviers et de figuiers, tous greffés.

Nous passons, à la tombée de la nuit, près ou plutôt à travers le Souk el-Had, c'est-à-dire le marché du dimanche, celui auquel le marché de Bohni fait concurrence. Il est très-bien placé en vue de tous les villages accrochés aux flancs du Djerdjera ou plantés sur les crêtes de ses contreforts. Je m'approche et visite une petite construction carrée haute d'environ deux mètres et couvert d'un toit en tuiles. C'est une fontaine ; à l'intérieur est une cavité au-dessous du sol, d'environ soixante centimètres, réservoir de la source ; quatre beaux safsafs la couvrent de leur ombrage. La nuit tombe ; il fait noir comme dans un four, et le chemin devient de plus en plus difficile, d'autant plus qu'il va à travers les oliviers. Je me confie à l'œil et au pied de mon mulet, qui paraît connaître très-bien les lieux. Du reste, Bou-Djemma marche en tête de la bête et me prévient des obstacles, branches qui menacent ma tête ou ravins, qui menacent le tout, tête et pieds. Il me ramasse mon chapeau quand une branche l'a fait tomber, m'a décoiffé brutalement. Enfin, après avoir ainsi marché en aveugle pendant deux heures, deux très-grandes heures, plus longues que larges, en apparence du moins; nous grimpons raide par un chemin creux et je distingue des maisons. Une lumière brille sous un porche : c'est la maison de Sidi-Djoudi. J'y trouve le Sidi qui m'attendait et qui me fait fête, mais la conversation ne dure pas longtemps, pas trop longtemps, et, après avoir daigné accorder quelque attention à un fort bon couscoussou au poulet, on m'étend des tapis, et bon soir mon vieux et la compagnie ; je m'endors, comme toujours, à la garde de Dieu et de l'hospitalité kabyle.

Le lendemain, Sidi me fait passer par une espèce de petite fausse porte dans l'habitation voisine. Nous y trouvons un jeune Kabyle assis sur ses talons et fabriquant de la bijouterie. Sidi lui remet vingt-cinq pièces de cinq francs. Il les plie en deux avec un maillet, puis les fait fondre dans un petit creuset de fabrication française. Il prépare avec un modèle à empreinte un moule dans du sable, y coule l'argent fondu et avec le surplus fait de petits lingots. Il achève son œuvre avec un ciseau à froid. Ce sont des épingles-boucles d'un goût original appelées *avesime*. Il travaille avec beaucoup de justesse, de sûreté de coup-d'œil et de dextérité, d'habileté manuelle. C'est un Beni Anni. D'ici je vois cinq villages de sa tribu, non loin les uns des autres. Ils sont situés sur une série de petites crêtes ou mamelons formant le sommet en arête d'une haute montagne. Je n'en suis séparé que par un profond ravin au fond duquel coule un ruisseau. Les pentes des deux côtés sont fort escarpées. Un de ces villages est très-gros et j'y distingue une mosquée ou djemma, la plus vaste que j'ai jamais vue en ce pays kabyle. Elle paraît être au milieu du village et le domine. Cette tribu est fort industrieuse et vit surtout de son industrie. Elle fabrique des platines de fusils, même des canons, mais ceux-ci en très-petite quantité; des petits yatagans de forme effilée et pointus, appelés agenouis, des petits couteaux-rasoirs à gaîne en feuille d'une espèce de melchior, à dessins repoussés, assez originaux, des crosses de fusils et de pistolets en bois de noyer, de petits tromblons, des bijoux et de la fausse monnaie de tous pays, dont elle fait un étrange commerce. Elle ne la met pas en circulation, mais des tribus voisines la lui achètent et la répandent ensuite. Cette industrie doit cependant avoir considérablement diminué et offrir, même à ceux qui se chargent de l'émission de ses produits, plus de dangers que de profits, à cause de la surveillance que les bureaux arabes exercent sur les marchés. Quelques condamnations sévères et exemplaires la feront disparaître entièrement et promptement. Les Beni-Anni deviendront alors, dans nos villes, de bons ouvriers ferblantiers, couteliers, armuriers, etc. L'outillage de Kassi ben Youssef, le jeune bijoutier, n'est ni nombreux, ni compliqué; c'est une sébile en bois tourné, industrie des Beni Menguelettes, remplie de sable à mouler, un réchaud en terre, un soufflet, quelques ciseaux, un maillet; son habileté supplée au reste. Sidi me montre des capucines en argent, à dessins originaux et de bon goût, faits au repoussoir, d'une bonne exécution.

On a tué en famille et à huis clos un chevreau en mon honneur. Voilà Boussade en train de dépecer le tendre et innocent animal. Je dis huis clos, parce que les us s'opposent à ce qu'il soit tué une bête dans le village, si tout le monde ne doit y prendre part. Les estomacs républicains se fâcheraient : égalité d'estomac. Que diraient de celle-là, nos républicains, ou du moins quelques-uns d'entr'eux, qui en ont de si fameux, de si fameux estomacs. Aussi ne soient les cas de mariage, circoncision, funérailles ou fêtes religieuses, ou de réconciliation, après querelle et bataille, on ne doit se pourvoir de viande qu'au marché. Il arrive cependant quelquefois, surtout pendant les corvées, que l'amin, soit de ses deniers, soit des deniers publics ou de collectes, achète un bœuf ou plusieurs moutons, qui sont tués dans le village, mais alors chacun en a sa part. Je flâne un peu dans le village ; je monte à la tégémaïde : c'est un bâtiment de forme carrée, ouvert de deux côtés, sans porte, couvert d'un toit. De chaque côté est une espèce d'estrade en maçonnerie : c'est là où se réunissent les amins et les tommans, pour délibérer et juger, s'occuper des affaires du village ; c'est là aussi le lieu de réunion des assemblées générales : petits et grands, vieux et jeunes y ont leur franc-parler pour les affaires publiques, la paix, la guerre, etc. La parole y a une grande influence : c'est le forum. Il y a là dedans du romain,

En revenant, je m'arrête quelques instants devant la porte de la maison de Sidi. Bientôt, je suis entouré de Kabyles jeunes et vieux. La vue est magnifique et très-étendue ; de toutes les façons, de long en large, de haut en bas. Tout le profil de la chaîne du Djerjéra, comme l'appellent les Kabyles, avec ses accidents, ses aspects aux tons, aux couleurs, aux nuances, aux ombres changeant de l'aurore au soleil couchant et du soleil couchant au soleil levant, se développe à mes regards en forme de fer à cheval, et partout je vois des tribus, ce sont : les Beni bou Addou, les Beni Bouchnacha, les Beni Boudrer, les Beni Menguelettes, les Beni Youssef, les Beni Illiten, les Beni Fraoussen, les Beni Anni ou Enni, etc. Je compte dans la direction, du Sud et de l'Est seulement, plus de vingt villages, que me désigne, en me les nommant, mon entourage, Affrah, l'oiseau, en fer à cheval, des Beni Raten : Attali, des Ouled Attali : Taouritz Mocoran, c'est-à-dire le grand ; Oulid Mimounn ; Beni Hassen ; Beni Larba ; Taouritz Mimounn ; Agounit Hamed ; Tigzirt et sa grande mosquée, des Beni Anni ou Enni ; Thenfaoud Zaouga ; Thaouritz el-Hadj, c'est-à-dire le pic des pèlerins de la Mecque ; Beni Larba ; Beni Ali ou

Arzounn, très-considérable, des Beni Boudrer, c'est-à-dire des fils de la montagne ; Théquéchourte ; Téquéroute ; Bou Abderrahmann, des Beni Ouassifs, fils de la rivière ; Tachade, Beni Ali ou Iloul ; Thaouritz ; Irril, c'est-à-dire le haut, des Beni Secca ; Azoun ; Atelmallen ; Atteida, des Beni bou Addou ; Tagmonte el Karouche, c'est-à-dire le mont des petits chênes bellodes. Que dites-vous du mot *Monte* ? c'est bien là une étymologie latine, d'autant plus, qu'il signifie mont isolé et culminant ; et *harbea*, herbe ; et *ioun*, un ; et *oulmo*, orme ; etc., vous semblent-ils être d'origine latine, de racine latine ?

Tous ces villages, dont quelques-uns sont considérables et contiennent jusqu'à trois cents maisons, sont situés sur des crêtes de montagnes, comme autrefois en France les châteaux-forts du moyen-âge, dont on voit encore des restes dans les Vosges, en Alsace et autres lieux. Les pentes de la plupart de ces montagnes sont garnies de vergers, vergers, en kabyle *hourti*, d'oliviers et de figuiers, et même de champs, *igre*, quelquefois enclos, surtout le long des chemins, de petits murs en pierre sèche ou de haies vives. Je ne connais pas en France de contrée plus peuplée et plus cultivée que celle qui se développe maintenant en panorama devant mes yeux.

En face de moi, sur un contre-fort du Djerdjera, est Téguemonte. Bou-Bargla y a une maison et une femme. Il rôde sans doute dans les environs. Qu'est-ce que c'est que Bou-Bargla? Il se dit schérif, descendant de Mahomed ou au moins envoyé par lui. Mais personne ne sait trop d'où il sort. Il n'est pas Kabyle et ne parle même pas la langue kabyle. Avec quelques tours de passe-passe, d'escamotage, il jette de la poudre aux yeux des ignorants. Comme il a, de plus, une certaine habileté, une certaine finesse, astuce en fait de jongleries, impostures et prestidigitations d'esprit, il a su se faire des adhérents en flattant et en excitant l'ambition des uns, le fanatisme des autres, l'esprit de rapine et l'esprit aveugle d'indépendance de tous. Bou-Djemma a été un de ses puissants adhérents ; mais il n'a pas tardé à s'apercevoir de son impuissance et du mobile de sa conduite, et s'en est détaché ; car dans quel but Bou-Bargla agit-il, s'agite-t-il et agite-t-il? dans quel but? De commander, et, pour le moment, de bien vivre. On lui a donné une femme aux Beni-Mendès, une autre chez les Beni-Bouchanachas ; enfin il en avait emmené une troisième, de je ne sais où du pays arabe. Celle-ci est, dit-on, fort belle, beauté orientale, forte en poids. Il a ses hommes, qui espèrent tous devenir quelque chose, de rien qu'ils sont. Il se fait donner de l'argent et on le régale partout où il va, et voilà… C'est, comme vous le voyez, une espèce de filou. Du reste, de nos jours, les prétendus schérifs, qui surgissent encore de temps en temps, ne sont que des filous ou des fous, et les indigènes eux-mêmes commencent à en avoir assez. Ce ne sont que des singes, plus ou moins malins, singeant comme ils peuvent Abd-el-Kader. Abd-el-Kader a été le dernier schérif sérieux et possible. Il était le représentant de la nationalité indigène non encore vaincue. Il a pu se faire illusion sur la grandeur de sa mission : partout il trouvait de la haine contre nous et l'admiration pour son caractère. Il était entouré de passions, de courages, de fanatismes énergiques; il était jeune, il a lutté héroïquement ; mais par sa retraite il a été encore plus héroïque, qu'il ne l'avait été dans sa résistance. Le temps était fini, et il a eu l'intelligence, le génie de le comprendre et la grandeur d'âme, de cœur de se résigner. Aussi son nom est-il entouré d'une auréole de vénération dans la mémoire des indigènes.

Un enfant, qui est près de moi, et que son père a amené sans doute à dessein, a la tête toute ulcérée. Son père me demande un remède; je n'ai que de la pommade camphrée. Je le renvoie, afin qu'on lui rase la tête. On me le ramène bientôt : les malheureux l'ont rasé de si près, que les plaies sont au vif et saignantes. Je l'enduis de ma pommade, cela ne peut pas lui faire de mal; je répète la même opération dans la journée. Beaucoup d'enfants sont atteints d'affections cutanées à la tête et dans les autres parties du corps. Les unes sont héréditaires et ne peuvent guère céder qu'à des moyens curatifs médicaux soutenus et énergiques; les autres sont le résultat de la malpropreté. Pour celles-là les moyens médicaux sont insuffisants : le seul remède est la propreté, et il n'y a que des femmes qui puissent l'enseigner à des femmes. Le moyen? toujours le même et le seul possible : nos chères sœurs au milieu des Kabyles. Et quant à moi, si j'avais de gros ou même de médiocres revenus, je l'expérimenterais par moi-même. Je parlai de cela devant, je crois, M. le ...... lui-même. On me répondit : le temps.... Mais s'agit-il de jouer au conquérant, de casser des têtes, comme on dit superbement, militairement, sans exposer la sienne, bien entendu, et cela pour soumettre une douzaine de malheureux pelés et autant de tondus, insoumis prétendus ; oh ! alors on ne veut plus du temps, qui marche trop lentement, et rien ne coûte, ni l'argent, ni le sang !

Sidi reçoit la visite de plusieurs marabouts d'autres tribus, qui tout d'abord sont assez étonnés de me voir, tout seul de ma plume, et ensuite m'engagent à aller chez eux. L'un d'eux est surtout l'objet des attentions délicates de Sidi-Djoudi ; il lui fait manger du miel, lui met vingt-cinq francs dans la main et les lui fait accepter après quelques façons. C'est un vieux marabout, Si-el-Hadj-Arab de Thaourirte, qui a certainement plus de cent ans. Sa haute et forte taille est encore vigoureuse. La vieillesse semble renoncer à l'abattre ; elle le mine. Il est presque aveugle, ses yeux sont usés ; son intelligence a déjà faibli ; ses cheveux sont blancs, cependant on en voit encore de noirs, qui ne veulent pas blanchir. Il paraît qu'il a été un homme considérable ; il est encore très-vénéré ; il me demande un remède pour son fils ulcéré. On ferait beaucoup de choses ici avec les médecins. Tous ces hommes sont très-polis entre eux.

Cette fois je vois les épouses : Lella-Dabia,

la première de Sidi Djoudi et la mère de ses fils et de sa fille Fatma : c'est une femme de quarante ans, qui a dû être fort belle; elle a les traits réguliers et fins : elle est fille d'un marabout des Beni-Menguelettes; Messaouda, sa seconde femme, est beaucoup plus jeune : vigoureuse commère aux petits yeux vifs, au teint coloré, aux lèvres brillantes de santé; c'est presque une mésalliance : c'est la fille d'un de ses fermiers. Elle a l'air d'une bonne créature; c'est la cheville ouvrière de la maison. Les deux femmes d'Hamed ont un type différent : Djouar est une beauté; beaux yeux, jolie bouche, admirables dents, maintien et manières réservés, agréables; bras charmants, petites mains; Thessadite, fille de Mouffoc, est mince, délicate, distinguée; type nerveux et sentimental. Elles ont toutes deux un charmant timbre de voix.

Je pars le lendemain matin, monté sur le mulet de Dhadmenn-ben-Bedjbara et avec lui. Bientôt nous sommes rejoints par Bou-Djemma. Il m'engage à aller chez lui à Abd-el-Krim (serviteur du généreux), village au sommet de la montagne, au flanc de laquelle est Irrégloumimenne. Pour le moment, cela n'a pas d'intérêt pour moi. Je le crois un peu jaloux de Sidi-Djoudi. Il m'accompagne. Nous revenons par le même chemin ; mais il fait jour cette fois, et je le vois. Comme chemin, pour les pieds, il est détestable, mais admirable pour les yeux. Je n'ai jamais vu, même en France, aucun pays aussi bien ombragé d'arbres fruitiers, de magnifiques oliviers, gros comme des noyers, et de figuiers. J'aperçois quelques parties très-pierreuses, récemment défrichées, preuve de prospérité. On y a planté des figuiers, dont la tige est enveloppée de tresses de paille, défenses contre l'intempérie du temps et la dent destructive des chèvres. Ils sont entourés, de plus, d'une haie sèche. Je crois vous avoir déjà dit qu'en Kabylie, contrairement à ce qui a lieu en pays arabe, la propriété est très-divisée et personnelle : c'est là une des principales causes du soin qu'on en prend. Nous traversons plusieurs fois un ruisseau, qui fait mouvoir des moulins aux Michtras. Nous descendons sur une pelouse, et je m'installe près d'un magnifique safsaf, espèce de tremble, propre à ce pays, et assez commun là où il y a de l'humidité. A ses pieds est une source, au fond d'un bassin naturel de rocher. Une belle et gracieuse grande fille y puise de l'eau. Pendant que je cherche avec un instrument à croquer quelque maison kabyle, tout-à-coup débouche, de derrière un massif d'arbres, un groupe, musique en tête, chéta et attobel, hautbois et tambours. La musique s'avance gravement vers moi, et s'arrête à vingt pas devant moi. C'est, ma foi, une sérénade officielle à ma seigneurie; il me fallait venir en Kabylie pour cela; jusqu'à présent on n'y avait offert aux autres que des coups de fusil. Du maintien, fichtre! soyons digne et grave! Je dois avoir une bonne tête. Me voyez-vous assis sur une cantine, recevant le compliment d'une députation kabyle par l'embouchure d'un hautbois, de deux hautbois et deux tambourins. La sérénade est un peu dure à l'oreille; mais.... mon cher Auguste, *cedant arma togœ*, tes épaulettes civico-militaires n'ont encore reçu que l'aubade des ra et des fla de ton bataillon, superbe bataillon!!! Je remercie de la voix et du geste, et, grand et généreux, je donne une pièce de cinq francs aux musiciens, à leur grande satisfaction; que voulez-vous, je n'ai pas de gros appointements comme M. le gouverneur, et je ne fais pas d'économies, même de bouts de bougies, et de plus, je régale tout le monde de café. On m'invite à aller manger le kouskoussou municipal à la tégémaïde de Tazerourte. Allons, je remonte sur ma bête. Nous traversons le village. Les femmes et les enfants sont aux portes et même grimpés sur les terrasses pour me voir passer. Quel honneur, quels honneurs! Nous retraversons le ruisseau, qui court, en bouillonnant, sur de gros cailloux, et nous entrons dans la tégémaïde, bâtie sur une petite île, entre deux bras du ruisseau. Le monument n'est pas d'une brillante et surtout d'une haute architecture, puisqu'il faut même se baisser pour y entrer. Il doit être ancien ; car le terrain s'est exhaussé tout autour. Bientôt on nous apporte un immense plat de kouskoussou, surmonté de morceaux de bœuf cuit à l'eau. Nous nous asseyons tout autour. Les convives sont nombreux ; nous sommes bien une douzaine, sans compter le second rang ; car les convives d'élite mangent d'abord ; puis le kouskoussou, s'il en reste, est passé au commun. Bou-Djemma est rempli d'attentions délicates pour moi. Il a, habitude du reste propre aux indigènes, les doigts des mains dans les doigts des pieds, qu'heureusement le ruisseau a ondoyés plusieurs fois depuis une heure, ce qui ne l'empêche pas, à chaque instant, de détacher, avec une recherche toute gastronomique, les parties fines ou succulentes des morceaux, et de me les mettre dans la main ou sur les genoux, en disant : Mange, mange ! On n'est pas plus attentif. Mais merci bien de la politesse. Il lance aux autres, sans plus de façon, les morceaux qu'il a divisés avec ses fourchettes naturelles, les doigts des mains. Ceux-ci les mangent ou en détachent quelques parties, qu'ils offrent à d'autres, de la même manière et par politesse, comme nous faisons, dans les repas, sans façon, quand nous passons, par politesse, une assiette de quelque chose, qu'on nous a passée aussi par politesse. Ce grand diable est un boute-en-train et a l'air, au fond, d'un bon diable; il a de la gaieté, mais une gaieté de lion, et les autres n'ont pas l'air d'être parfaitement à l'aise avec lui. Il est chasseur, et, pour me faire voir comment on attire le gibier, il imite le cri ou la voix de plusieurs bêtes des raba (bois, broussailles, inhabités, non cultivés). Autrefois la famille de Bou-Djemma était la plus forte de la tribu. Aujourd'hui, chef de la famille, il a un rival. C'est Amar-Tamara, homme dont la tête est, sinon plus forte que la sienne, du moins d'une intelligence plus vaste, plus profonde; mais qui n'a pas son courage, sa fougue dans le combat; car, là, Bou-Djemma est terrible, non-seulement par lui-même, mais aussi parce qu'il enlève, emporte les autres. Il est, je soupçonne, maintenant sous quelques dettes de sang; car, un jour que je lui demandais pourquoi il ne faisait pas, à notre imitation, une cheminée, je crois, il me répondit que ce n'était pas la peine, sa maison pouvant, d'un moment à l'autre, être incendiée par ses ennemis. Ils sont très-inflammables dans son village et dans sa famille surtout, aussi ne brûle-t-on plus de poudre aux noces et aux naissances, depuis une cinquantaine d'années, depuis qu'à une noce, dans sa famille, le marié, ayant été tué par hasard par une balle laissée aussi par hasard dans une charge de fusil, il s'ensuivit une mêlée, un casse-cou, un casse-côte, etc., général. Bou-Djemma, a cependant, dans le jeu, l'expression de sa physionomie, des éclairs de bonhomie et de séduction.

Mais, en fraternisant avec les Kabyles des Michtràs, j'oublie que le temps passe, a passé et qu'il est plus que temps de partir. J'offre à Si-el-Hadj-Mzian-bel-Becroun, amzian, petit, caïd ou amin, une petite djbira, de mon invention, contenant un petit couteau, une paire de ciseaux, un étui, un peigne et un miroir ; j'en donne également une à Bou-Djemma, pour sa femme ; mais je surprends sur ses lèvres un sourire signifiant, tant soit peu vulgairement, voir même trivialement parlant.... un.... plus souvent.... Ce sourire a, du reste, une très-drôle et moqueuse expression. Alors je croyais que la femme kabyle savait coudre. Mon pauvre Bou-Djemma est maintenant pincé à Sainte-Marguerite ; je n'ai pu savoir ce qu'il avait fait : affaire d'État. Je ne l'oublie pas. Quant à mes pauvres Michtras, aujourd'hui tous leurs biens sont sous le *séquestre*. Le séquestre est une espèce de confiscation provisoire, mesure de haute et forte politique *algérienne*, qui, je crois, n'existe plus même chez les Turcs. Elle consiste ordinairement à confisquer, au profit d'intrigants, les biens d'un manefgui ou d'un patriote énergique, de nationalité, banni ou emprisonné, sauf à sa famille, qui n'en peut rien, à crever de faim ; à ses filles, poussées par la misère, à.....

Les Michtras sont, pour ainsi dire, sur le pas de la porte des Zouaouas. Cette position les met entre l'enclume et le marteau. Ils étaient parfaitement soumis, ils avaient même des leurs à notre service comme spahis, lorsque l'année dernière, une étincelle, jetée étourdiment, inconsidérément, au milieu de ces tribus inflammables, alluma subitement un incendie général. Les Michtras tinrent bon, cependant ; ils eurent des morts et des blessés ; je les ai vus. Mais, n'étant pas secourus à temps, menacés à leur tour du pillage et de l'incendie par les Zouaouas, remués par les passions de nationalité, ils finirent par faire cause commune, et, un peu loups, à hurler avec les loups. Ils ne pouvaient pas faire autrement. Le commandant Beauprêtre, rappelé de congé, était déjà parvenu en quelques jours, avec quelques chasseurs d'Afrique, quelques spahis et un bataillon d'infanterie, à refouler et dissiper cette bourrasque, lorsque nos colonnes arrivèrent, commandées par un.. *maréchal*. A qui la faute?.... C'est la faute au... mouton. Pourquoi, l'animal qu'il est, a-t-il pour arme offensive et défensive de la bonne laine, de bonnes côtelettes, de bons gigots, etc.... Ah, tu as de la bonne laine ; ah, tu as.... On tomba sur mes pauvres Michtras ; on occupa militairement leurs villages et leurs beaux jardins, leurs beaux figuiers, leurs féconds figuiers, leurs vignes, etc. Le tout fut séquestré, comme on faisait en Turquie, il y a longtemps. Ils ont été au-devant de l'homme de paix et de justice, qui passait ; ils l'ont fêté ; ils lui ont offert l'hospitalité dans leur tégémaïde, *forum*. Ne sera-t-il donc rien pardonné aux premiers Kabyles, qui ont ainsi accueilli publiquement et à grande fantasia le représentant chrétien et désarmé de la paix et de la justice? Ce serait cependant d'un bon, d'un grand exemple. Est-ce que je dis des bêtises, des billevesées et des méchancetés contre l'autorité militairement, je veux dire faussement et follement militairement aveuglée?

Je fais mes adieux à Bou-Djemma et à El-Hadj-Amzian, ainsi qu'à toute la réunion, et nous nous séparons les meilleurs amis du monde. Les femmes, les filles, les enfants sont à leur porte pour me voir partir. Je traverse le ruisseau, qui, gonflé par la pluie, s'en va rapidement, courant, sautant, en bouillonnant et murmurant. Le temps est couvert et le Djerdjera est chargé de nuages. A quelques centaines de pas, un vieux, qui me précède, le père de l'enfant dont j'ai pommadé la tête au camphre, et qui, par reconnaissance, m'accompagne, s'arrête et paraît conférer avec Dhamman ben Bedjbara. « Qu'y a-t-il, ô ergue-sen! » (pluriel d'argues). Il est déjà tard; en effet, il est près de cinq heures; je me suis laissé captiver par les honneurs municipaux, oubliant que le temps fuyait; que voulez-vous, quand on n'y est pas habitué; et puis, une sérénade, un kouskous-sou officiels; on est homme... « Mais, enfin, qu'y a-t-il? » « Le temps est pluvieux, dit le vieux,
» le magreb, crépuscule, approche et Dra el-
» Mizan est au moins à quatre heures; nous n'y
» arriverons que fort avant dans la nuit. Si

7

» nous allions à Irril-Tiggerfiouil, chez Sidi
» Hamed Kassi ben Maclouf, caïd des Beni-Men-
» das, nous aurions bon accueil et fameux
» kouskoussou au poulet. » Diable...! Mais
je ne connais pas le Sidi, et justement Bou-
Bargla a pris une femme dans son village.
Si c'était un guet-apens, un perfide et atroce et
sanguinaire guet-apens! Bah, il n'y a rien d'ennuyeux comme de voyager la nuit, et surtout par
la pluie; on ne voit rien; on ne sait jamais où on
est; on ne reconnaît jamais son chemin; car la
nuit tout change d'aspect. Va donc pour Irril-
Tiggerfiouil! Tournez gauche, en avant! Nous
coupons en droite ligne la vallée, légèrement acci-
dentée, qui nous sépare du Djerdjera, en traversant un bois d'oliviers d'environ au moins une
lieue de long; bois qu'on aperçoit, en amphithéâtre, depuis Dra el-Mizan. Les oliviers sont
nombreux, mais beaucoup sont bien vieux. Ils
doivent cependant produire énormément d'huile.
Irril-Tiggerfiouil est épars sur le penchant d'un
contre-fort du Djerdjera. Il est encore plus pittoresque que Tazérourte. Nous y grimpons par un
chemin creux, garni de haies vives et d'arbres,
casse-cou des plus remarquables et admirables de
pittoresque. Nous nous arrêtons devant une grande

porte cochère. Un petit homme vigoureux et alerte vient au-devant de nous : c'est Sidi Hamed Kassi ben Maclouf, le caïd. Il ouvre sa porte à deux battants, et nous entrons dans une assez grande cour, plus longue que large, entourée, de trois côtés, par des maisons. Le Sidi nous introduit dans la plus grande. On m'apporte bientôt un plat d'œufs brouillés, en attendant le kouskoussou, le fameux kouskoussou. Ce kouskoussou attire les amis, comme le miel les mouches. Nous n'étions que trois ou quatre en arrivant : or, maintenant, la maison est pleine. Vers neuf heures, je sors un instant. Le plancher, c'est-à-dire le sol, est tellement jonché de dormeurs, enveloppés dans leurs burnous et étendus comme des sacs, que j'ai bien de la peine de ne pas marcher sur quelques côtes, quelques nez, quelque abdomen, etc. Je suis bien gardé. Je puis donc dormir en toute sécurité. Le lendemain matin, il n'y a plus personne, si ce n'est Dhamman et un cavalier de Sidi-Djoudi, qui, par parenthèse, a l'air d'un fameux chenapan et qui ne me plaît que tout juste. Ils sont prêts à partir. M'attendraient-ils? Mes braves, partez, si vous voulez. Quant à moi, ce logis est à mon gré ; j'y suis, j'y resterai. Regarde en l'air, Dhamman ; tu vois bien là-haut, au bout de ton nez, mais plus loin, un peu au-dessus de ce nuage, un massif d'inguils, cèdres, le même que j'ai aperçu, il y a déjà trop longtemps, de Dra el-Mizan; eh bien, je veux monter, grimper, le visiter; l'occasion est trop belle et j'en profiterai. D'ailleurs, n'ayant pas vu les cèdres du Liban, si ce n'est le parapluie du Jardin-des-Plantes, tu sais, ou plutôt tu ne sais pas, à Paris, il faut que je voie au moins ceux du Djerdjera. Veux-tu venir avec moi? Non, tu n'es pas curieux de ces choses et aimes mieux aller chercher de la toile de coton et de petites barres de fer de Suède à Alger, pour faire le petit commerce. Eh bien, vas; je te souhaite de gros bénéfices, sans trop raser ton monde. Mais il me fait des objections, quoique, cependant, me connaissant bien. Gare les lions! Les lions... ils ne se sont jamais avisés de se trouver sur mon chemin. Il ne fait pas encore assez chaud, du reste, pour qu'ils soient déjà venus respirer le grand, le bon air des montagnes. Et puis ils n'y trouveraient rien ou presque rien à mettre sous la dent, à peine quelques chèvres petites et maigrettes, quelques pauvres moutons : petite chère, bonne au plus pour le déjeûner. Mais rien, pas de morceaux, de pièces de résistance, pas de sangliers, pas de bœufs pour se faire un bon estomac, pour se réconforter un peu confortablement, solidement : ce serait à mourir de faim. D'ailleurs, en cas de rencontre imprévue, fortuite, de quelque Sidi-Yzem (lion), je lui tournerai le plus agréablement et de la manière la plus bienveillante et souriante, que je pourrai, comme fait mon bon ami..., qui est aussi l'ami de tout le monde, quand il veut mettre ses bons amis dedans, ce qui lui arrive souvent, un compliment, je lui dirai : O Sidi, de ta noble race je ne suis point l'ennemi, le manefgui ; ce n'est pas moi qui voudrais te dépouiller de ta magnifique crinière et de ses accessoires, pour en faire un tapis de pieds. Je ne suis pas, non plus, un fulminant, de la société des balles fulminantes, inventées pour faire sauter toi et les tiens comme des bouchons de champagne, moins le champagne ; éclater comme des bombes, ou incendier comme des tas de paille, ou même des paquets d'allumettes de Roche et de Marsall. Puis, par une ruse simple, mais habile et fallacieuse, je le prierai d'attendre un seul instant, M. Gérard, venant derrière moi et ayant à lui parler, et.... voilà. Mais les panthères! Oh! les panthères, c'est différent; ce sont de mauvaises bêtes, qui se jettent traîtreusement par derrière sur les gens; or, je ne me méfie pas.... et ça a des crocs.... et des griffes.... j'ai de bonnes dents, c'est vrai, mais.... et puis je me coupe les ongles, moi.... des bêtes qui, d'un coup de patte, vous arrachent une épaule, la moitié de la tête, etc. Un soir, égaré dans l'Edoug, je me suis fourvoyé dans un repaire de cette bête; je n'avais que de petit plomb dans mon fusil. Quel frisson! Cette fois, si j'en rencontre, je m'annoncerai comme venant de la part de M. Bonbonnel.... Dhamman.... un mot.... tu m'en.... avec tes bêtes histoires de bêtes. Tiens, voilà pour boire.... du café ou t'acheter des souliers, et vas m'attendre à Alger.

Me voilà seul, nez à nez avec Sidi Hamed Kassi ben Maclouf, ma nouvelle connaissance, que je ne connais guère ou plutôt pas du tout. Je monte sur sa mule, une excellente bête, quoiqu'un peu ombrageuse. Il s'arme d'un petit tromblon; j'ai mon fusil. Nous traversons le village, puis nous grimpons raide. Les pentes de ce contrefort du Djerdjera sont assez bien boisées et le seraient encore mieux, si n'était la dent désastreuse des troupeaux de chèvres. Le chêne bellode y domine. A une certaine hauteur je laisse ma mule. Un petit berger me donne de l'excellent lait mousseux; je lui achète pour une petite pièce de quatre sous une petite bourse de tricot de laine, qui est sans doute de sa façon; les femmes ne tricotent pas. Les hommes, ou quelques-uns, tricotent des jambes de bas sans pieds et des ceintures avec du fil de laine. Nous arrivons vers midi au fameux massif de cèdres ; il y en a d'énormes, mais la plupart se bifurquent à quelques mètres du sol. Leur tige n'est ni très-élevée, ni élancée ; la cime est brisée par les vents et les orages. On en coupe pour les employer dans la construction des maisons ; je m'arrête sur un emplacement couvert, jonché de copeaux d'équarrissage. Des chèvres et des moutons apparaissent à travers les arbres. Le tonnerre gronde ; l'éclair sillonne la nue ; l'orage est sur notre tête et tout autour de nous ; mais les éclats ne sont pas terribles comme en Lorraine. Il pleut ; il n'y a pas moyen d'aller plus haut ; je ne verrai rien. Des bandes de petits corbeaux s'abattent à distance, sans se laisser approcher.

Les petits bergers, enfants d'une douzaine d'années, ne rentrent pas tous les jours au village ; ils couchent sous des abris de branchages et se nourrissent de leur détestable galette. Pendant l'été, beaucoup d'habitants du village quittent leurs maisons et viennent camper avec leurs bêtes dans ces hautes montagnes.

J'aperçois dans un fourré épais de broussailles un houx ; il a cinquante centimètres de circonférence; c'est le plus gros que j'aie jamais vu. Je coupe son petit voisin et deux jeunes cèdres. Fleury, notre fameux artiste, je dis artiste et non ouvrier, en cannes, me les façonnera et je vous les porterai. Notre artiste est un grand Lorrain allemand qui a six pieds de haut. Il a beaucoup de goût pour son art et on pourrait lui faire faire des collections de tous les bois d'Algérie, sous forme de cannes.

Nous redescendons beaucoup plus vite que nous sommes montés. Au bas de la montagne, nous quittons le chemin et à une centaine de pas mon caïd me fait entrer dans une maison; c'est celle de son gendre. Nous nous installons sur la soupente régnant au-dessus de l'écurie. Un feu de bois, brûlant dans un trou pratiqué au milieu de la chambre, fait cuire une immense marmite posée au-dessus sur trois grosses pierres en guise de trépied; il en sort des émanations, des vapeurs de kouskoussou, qui ne sont pas désagréables. Une petite fille d'un an et demi rode, se promène à quatre pattes tout autour. Comme je m'amuse à regarder l'enfant, madame sa mère le ramasse et me l'apporte en le roulant dans ses bras. C'est une grosse et joufflue petite fille, pleine de santé et de bonne humeur. Sa jeune mère est très-bien et tout son portrait; c'est la fille de mon hôte. Je suis l'objet de la curiosité de plusieurs femmes qui, à leur tour, sont l'objet de la mienne. En voilà une, d'une quarantaine d'années, qui n'a plus ni fraîcheur ni jeunesse, dont les traits sont d'une remarquable beauté, d'une admirable pureté : c'est une tête de médaille antique. Les femmes des Beni-Mendès ont dans toute la contrée une grande réputation de beauté. Hamed Kassi m'a fait remarquer trois jeunes filles très-belles, sveltes, aux formes gracieuses et élégantes, aux mouvements faciles et aisés. Fathma prépare le kouskoussou et son mari me l'apporte. De mon côté, je lui donne tout ce qu'il faut pour faire le café et j'en régale les dames et, après, les maris, fort surpris, car de leurs us de politesse c'est le contre-pied. Je tends la main vers Fathma, pour lui offrir une tasse de café, mais son mari la prend ; je crois que c'est pour la donner à sa femme : point; il fait le geste de la déguster; pas sa femme, la tasse de café. Un instant, mon jeune hôte ! madame d'abord, et toi après, s'il en reste. Si ce n'est pas de l'us de politesse kabyle, c'est de l'us de politesse française ; or, je suis Frrrrrançais, et les dames avant tout. Fathma, qui a une bonne tête d'espiègle et qui m'a l'air d'avoir la haute main chez elle, lance à son piteux mari le plus drôle et le plus malin regard ; cependant, avec le tact d'une fine et bonne mouche, après avoir bu quelques gorgées, elle passe la tasse à son mari. Et, à propos de cela, je ne me rappelle plus quel myope ou pince-sans-rire me disait : prenez garde! vous vous occupez trop des femmes; il vous arrivera malheur, etc... Sornettes! maintenant, lorsque je connais tant soit peu le maître du logis, je me comporte envers les femmes et les filles kabyles comme envers les dames et demoiselles françaises; les hommes ne s'en offusquent pas et encore moins les femmes et les filles.

En quittant Fathma, j'attache à la chevelure de sa petite fille une épingle en argent à tête de corail. J'en ai fait faire plusieurs à Alger, chez le bijoutier Ott, un Strasbourgeois.

Chemin faisant pour regagner le haut du village, où demeure mon caïd, nous passons devant une maison d'assez bonne apparence; il me propose de m'y installer pour la nuit. Quelle est son intention? Il m'a dit que le capitaine Beauprêtre l'avait mis en prison...; voudrait-il se venger sur moi.., et, pour mettre son *nif* à l'abri et se soustraire à la responsabilité des devoirs de l'hospitalité, me faire coucher ailleurs que chez lui...? J'insiste ; il insiste ; je persiste, et nous remontons chez lui, où est déposé mon bagage. La nuit vient. Nous allons voir ses femmes. L'une, la mère de Fathma et de son fils, jeune homme de quinze ans, déjà marié, est encore belle, mais elle est délaissée pour une plus jeune, moins belle, moins distinguée, mais à figure épanouie et réjouie ; celle-ci a un gros enfant au sein. Nous faisons du café en famille et puis du thé, le tout très-fort et très-sucré. Ah ! mon gaillard ! tu as deux épouses ; eh bien ! je vais te donner de l'occupation pour cette nuit ; car, grâce à mon café et à mon thé, ces dames seront fort éveillées et fort en train de babiller. Cependant, s'il te faut un aide pour soutenir la conversation, je suis là ; sans façon ; ne te gênes pas, mon bon hôte.

C'est une assez triste chose que de voir ainsi deux épouses, dont l'une est délaissée, vivre côte à côte ; que de crève-cœurs ! Malgré les idées reçues, les habitudes, la bonne intelligence et le bon esprit dans la famille doivent s'en ressentir fâcheusement.

Mon hôte me reconduit dans la maison des hôtes et m'y laisse avec son jeune fils et un Kabyle. Il me montre la soupente et me propose d'y monter pour y passer la nuit. Au-dessus de cette soupente est une petite fenêtre donnant à l'extérieur. Il me demande mon fusil et m'offre son petit tromblon. Que signifie tout cela? voudrait-il me désarmer, et pourquoi?... Soyons sur nos gardes.

Il sort et ferme la porte sur lui. Il va sans doute rejoindre ses épouses, l'animal; après tout, il en a le droit; il l'a même acheté, son droit. Je n'entends plus rien. Tout est calme, en apparence, du calme de la nuit; tout dort, en apparence du moins, ou veille et vit d'amour sans bruit ou à furtif et petit bruit, sous le silence de la nuit. Bien ! une heure s'écoule ainsi. Mais.... une porte a remué.... quelque chose se passe.... quelqu'un.... la porte extérieure de la cour s'ouvre et se referme avec mystère; on est entré ou on est sorti; qu'est-ce qui se trame? plus rien ; calme et silence. — Le Kabyle me regarde, les yeux mouillés de larmes; serait-ce un avertissement du sort qu'on me prépare !!! un accès de sensibilité anticipée ! .. Le jeune homme dort bientôt, étendu non loin de moi et enveloppé dans son burnous; le Kabyle, malgré sa sensibilité, ne tarde pas à en faire autant, ou à en faire semblant. Quant à moi, le café, que j'ai pris, me tient éveillé, malgré les fatigues de la journée. Une lampe kabyle, en terre cuite, brûle près de moi ; elle s'éteindra bientôt, faute d'huile et de mèche. Ces lampes, par leur forme et la disposition de leurs dessins coloriés, ont un cachet bien marqué de haute antiquité. Je voudrais bien avoir quelques dessins de lampes etrusques pour les comparer ensemble. Les plus belles sont fabriquées par les femmes des Beni-Maactas. Elles sont, d'ailleurs, fort incommodes, lourdes, cassantes. Il faut, à chaque instant, en renouveler l'huile et les mèches. Il y en a à trente mèches ; ces mèches sont tout simplement des lambeaux de vieille toile de coton, tressées au moment de s'en servir ; au besoin, une femme déchire de son haïck une bande de coton, la tresse, et voilà une mèche. Tout cet appareil pourrait être bientôt remplacé par des objets analogues de notre fabrication, plus commodes, plus maniables, plus légers, plus solides et éclairant mieux, tout en brûlant moins d'huile, si nos industriels voulaient se donner la peine de faire du nouveau.

J'ai heureusement des bougies, mais pas de chandeliers, j'avais, cette fois, apporté un bougeoir en cuivre, aussitôt vu, aussitôt confisqué par Sidi Djoudi. J'allume une bougie, je la fixe, comme je peux, dans le trou du foyer et j'attends les événements. Je soupçonne bien des choses. Boubargla rôde dans les environs pour exciter l'esprit de révolte, de fanatisme, de toutes les mauvaises passions, au profit de son ambition ; peut-être pense-t-il qu'en m'occisant, ou en me faisant occir, il embrouillera encore plus les choses. Mon caïd a été emprisonné par le capitaine ; c'est un mécontent et partant.... Il a voulu me faire coucher sous la soupente près de la fenêtre, pour m'écarter de son fils, et tirer ou faire tirer sur moi, du dehors, par la fenêtre, sans s'exposer à atteindre son fils. Il m'a demandé mon fusil, parce qu'il sait que nos armes de chasse portent bien et que son tromblon n'est dangereux qu'à brûle-pourpoint. Son nif sera sauvegardé, parce qu'il mettra ma mort sur le compte de ses ennemis, ses propres ennemis, ayant la précaution de se ménager un alibi.

Mais ce coup-là est manqué ; il ne peut plus tirer sur moi sans s'exposer à tuer son fils. Il faut donc une autre combinaison : mes deux compagnons feront semblant de dormir, pour m'endormir, et quand je serai profondément endormi.... Doucement, mes agneaux. Je me suis placé contre le mur du fond, de manière à pouvoir surveiller la fenêtre meurtrière, en élevant la tête, mais à l'abri des coups, et, tout à la fois, la porte d'entrée. Mon fusil est couché entre moi et le mur. Je me rappelle que ce matin, en partant, mon hôte me l'a fait charger à balle ; je devine : c'était pour moi, bien obligé, et encore poudre extra-fine !!!

Je tire de ma poche mon couteau, espèce de tranchelard à pointe effilée et à large lame tranchante ; je l'ouvre. Maintenant, au moindre mouvement hostile de mon dormeur, je l'occis sans pitié. Je connais deux coups espagnols, deux coups terribles, que j'ai appris dans la pratique du crime, pas de quiproquo, c'est-à-dire en procédant à des instructions criminelles : l'un en plongeant, la pointe en bas, dans la région du cœur ; mort instantanée ; l'autre horizontale, dans le bas-ventre, aussi mort instantanée. J'ai vu plusieurs Espagnols, ainsi frappés, morts sur place. Aujourd'hui ces jolis coups sont devenus rares, parce que, d'une part la justice criminelle y a mis bon ordre, et de l'autre, parce que l'Espagne nous envoie d'autres hommes que ses repris ou échappés de justice. Je ne me doutais guère alors que ces leçons pratiques d'escrime espagnole pourraient m'être utiles un jour. En vérité, je deviens froidement féroce et sanguinaire ; je calcule mes coups ; ce que c'est que la nécessité ! Mais je ne puis pas me laisser égorger comme un mouton.

Si cependant je me trompais ; un pareil guet-apens est contraire aux mœurs kabyles, au nif kabyle ; mais les passions ! Peut-être, au contraire, Hamed Kassi, mon hôte, est-il rival de Boubargla et, au lieu d'être son conjuré, est-il son ennemi. Boubargla a pris une femme dans le village ; mon caïd veut-il peut-être m'en faire épouser une aussi, croyant, dans ses idées kabyles, se faire bien venir du capitaine. Je le dis ; je l'avoue, sans rougir ou même en rougissant, j'aimerais mieux cela. Pourquoi m'a-t-il fait remarquer les trois jeunes filles, ce matin ? C'est une idée ! Ma foi, je l'aime mieux que l'autre ; elle est plus souriante. Mais alors laquelle ? Peut-être toutes les trois ! Voyons, comptons notre argent. Je dois avoir encore près de trois cents francs ; combien pourrai-je avoir d'épouses pour cet argent, à soixante francs l'une, prix du tarif administratif actuel ? Trois fois soixante font cent quatre-vingts ; quatre fois, font deux cent quarante francs ; quatre épouses ! juste le nombre normal, légal, fixé par Mahomed ; ce n'est pas déjà si mal, pour commencer. Mais il n'est pas d'usage d'épouser quatre femmes à la fois, et je compte partir demain matin. Va donc pour seulement, présentement, une, les autres.... en repassant. Mais M. le Maire, mais M. le curé; je n'y pensais pas; ah, ma foi, l'intention y est, à défaut de l'un ou de l'autre. Au surplus, à tout péché, miséricorde; et d'ailleurs, celui-là ne fera de mal à personne; bien au contraire.

Tué ou marié! Mes saints patrons, c'est le moment ou jamais de vous montrer et d'affaire me tirer, car vous avez pour la chose chacun votre spécialité. Et d'abord, St-Nicolas; je ne vous dis que cela, le protecteur du faible contre le fort. Qu'ai-je jamais fait à son intention et pour mériter ses bonnes grâces? J'ai toujours fait ce que j'ai pu. Enfant, j'ai reçu un coup de pierre, dont je porte encore la marque, en empêchant un fort de battre un faible. A cette occasion même, le prix de sagesse me fut décerné à l'unanimité; c'était une couronne de lauriers avec *Les Sages de la Grèce....* je ne les ai jamais lus. Or, un jour néfaste, je ne trouvai plus dans mon trésor la fameuse couronne. « Où est ma couronne? » dis-je à la grande Marianne d'une voix et d'un regard terribles. La grande Marianne, qui était forte cependant comme un cuirassier, et qui, dit l'histoire, dans son temps, lors de l'invasion, d'un coup de poing abattait l'allié Cosàque ou Késerlique, quand il devenait par trop aimable, et le collait sur son prussien, la grande Marianne cependant se troubla sous mon regard et rougit jusqu'au blanc des yeux. Un affreux et poignant pressentiment me traversa le cœur ; je courus à la cuisine : j'ouvris le tiroir du dressoir.... ô sacrilège !.... mes lauriers étaient répandus épars et confondus avec l'ail, l'échalotte, le poivre, le clou de girofle, etc.!!! c'étaient des lauriers sauce. Depuis lors je ne voulus plus de lauriers.

Et St-Antoine, qui résistait si bien à toutes les tentations, et quelles tentations..... mais je tairai ce que j'ai pu faire sous son inspiration, non par modestie, mais parce que je pourrais bien ne pas avoir les rieurs pour moi, en ce monde du moins. J'avouerai même en toute humilité qu'autrefois je ne me vantais pas du patronage, à cause de son étrange, de son drôle d'ami, de compagnon ; les uns disant, il est vrai, les extrêmes se touchent ; mais les autres : qui se ressemblent s'assemblent ; et puis aussi de la chanson : tirez le saint par le cordon, etc....

Depuis j'ai reconnu que j'avais été aveugle par une obscure et ignorante erreur. Saint Antoine, en prenant un cochon pour ami ou pour ami un cochon, a été d'une profonde sagesse. En effet, avec un ami souriant, bienveillant, complaisant, indulgent, on ne peut se corriger de ses vices, de ses défauts, de ses imperfections; on ne peut en un mot, se sanctifier, tandis qu'avec un ami qui grogne toujours!... Quant à St-Félix, je ne connais pas trop son histoire; mais il devait être un bon enfant. Aussi, pendant longtemps, a-t-il dû veiller sur moi pour me faire traverser heureusement de périlleux ou menaçants accidents; il me néglige depuis quelque temps et j'ignore pourquoi, cependant. Mais s'il me sort heureusement de l'embarras présent, je lui voterai grand remerciment reconnaissant; sinon un cierge flamboyant. C'est lui surtout qui a présidé à ma naissance et je porte son nom, je ne sais pas pourquoi, mes parrain et marraine ne l'ayant ni l'un ni l'autre pour patron. Je devais même m'appeler Stanislas, en souvenir de notre grand'père du côté de notre mère, qui avait eu pour parrain Stanislas, l'ex-roi de Pologne.

Vers deux heures du matin, une espèce de somnolence m'alourdit la tête; je souffle ma bougie pour ne point servir de point de mire aux balles ou éclairer mes meurtriers dans la perpétration de leurs noirs desseins, pouvant très-bien, au surplus, m'en passer, pour trouver et attrapper, en cas d'éventualité, d'agréable, de très-agréable, etc.... éventualité, l'épousée qui serait amenée. Un léger bruit me réveille, rêvant carnage, sang ruisselant, puis.... fiancée, épousée. Les chiens s'agitent dans la cour ; il flairent sans aboyer. Qui vient? On ouvre doucement la porte extérieure ; on parle à voix basse dans la cour, puis le silence. On est à ma porte, elle s'ouvre lentement ; mon voisin de lit, sans que je m'en sois aperçu, s'est roulé tout contre moi, le jeune homme est resté à la même place ; je crois qu'il dort de bonne foi, de vraie, sans frime. J'ai l'avantage, car ils me croient endormi. Au moindre geste menaçant de mon gros voisin, je le cloue net. Si l'autre bouge, idem ; le tout en un clin d'œil, un tour de main : une balle pour mon caïd, l'autre de réserve ; je saute par la petite fenêtre et prends la clef des champs vivement. Quoi qu'il en soit, cependant, et, malgré ces chances et avantages apparents, n'aimant pas le sang versé, à verser, tout bien vu, tout bien considéré, examiné et pesé, ma foi.... va pour l'épousée. Après tout, en résumé, fusillé pour fusillé, je préfère encore mieux à un bon coup de fusil un bon coup de conjungo, voire même en pleine poitrine et droit au cœur, bien visé, bien ajusté, bien tiré, bien appliqué, bien déchargé; car, si l'on meurt on peut mourir du premier, l'autre, au contraire, au moins sur le moment, tant soit peu vous réjouit. En avant donc le mari, et au diable les Manefguis!

La porte s'ouvre avec mystère et précaution; un homme apparaît. C'est mon caïd, toujours avec son tromblon maudit: il couche donc avec lui? moi, j'aimerais mieux sa femme, la jeune, la réjouie. Il s'arrête, écoute, observe: il entre, et, derrière lui.... timide et tremblante.... une.... fraîche brise matinale des montagnes. C'est donc la mort que tu viens me donner au lieu d'une épousée? Je saisis, sans mouvement apparent, mon fusil de la main gauche et mon couteau ouvert de la main droite. Malheur à lui! Il ne peut tirer sans atteindre mon voisin; il s'approche sans bruit, à pas de loup, ou de panthère, puisqu'il n'y a pas de loups dans ce pays; l'autre me serre contre le mur; à peine puis-je remuer, je suis cerné et au mur aculé; bien joué. Il relève son bournous sur son épaule, mouvement funeste, sinistre; il pose silencieusement son affreux tromblon à gueule béante sur un rebord du mur; il y prend une pierre plate, la met à terre, s'y frotte les mains, puis de ses mains se frotte le visage, simulacre d'ablution faute d'eau, se prosterne et prie. Je devine; il aiguise ainsi son fanatisme par la prière pour l'exalter ; puis, dans un moment de surexcitation, fondra sur moi et me cassera la tête d'un coup de tromblon à brûle-pourpoint. Maintenant, il se tourne et rampe jusqu'à mes pieds. Il s'arrête, me regarde, prend son temps.... terrible angoisse : avoir ainsi sur la tête la mort la main levée et attendre qu'elle frappe pour s'en parer, pour s'en garer. Il s'arrête, me regarde, prend son temps, puis.... dans son bournous s'enroulant, se couche et s'endort tranquillement. Ouf! depuis vingt minutes quelle contention d'esprit et de corps ! Je dois avoir plusieurs cheveux gris de plus.... gris , j'appelle cela gris, pour ne pas me dire de.... choses désagréables ; j'en avais déjà assez comme cela cependant.

A propos du grisonnage des cheveux, as-tu fait, mon cher Auguste, des études là-dessus; je crois que cette couleur provient d'une maladie contagieuse, une épidémie de cheveux, parce qu'un seul cheveu gris suffit pour faire grisonner les autres, absolument comme un mouton infecté infecte tout un troupeau. J'ai bien essayé d'un remède, le grand: couper; mais bah ! rien, la contagion y était. Il existe cependant un remède, car j'ai remarqué que les cheveux de M. le.... Pamphile, qui étaient châtains, au lieu de grisonner, sont devenus cacao foncé, une couleur nouvelle de cheveux, et que même la nuance n'en était pas uniforme et changeait d'une semaine à l'autre. Quand ils seront tous tombés, ils repousseront peut-être d'une autre couleur. Je continuerai le cours de mes observations.

Le jour vient ; le jeune fils de mon caïd, qui dormait tout de bon, se réveille, bâille et se détend les membres ; mon gros Kabyle se réveille, bâille et se détend les membres. Il a toujours les yeux en larmes ; y aurait-il encore quelque atroce événement dans l'air.... non, le malheureux est affecté d'une affreuse ophthalmie ; il me demande un remède.... Ainsi finit la tragédie, comme dit Cadet-Roussel, après avoir tué, détruit ou soufflé comme ils le méritaient, tout le monde, tous les personnages de sa pièce, à grands coups de pied dans.... le ventre,

Et toujours pas d'épousée!

Le chant insolent, étourdissant et vibrant d'un coq, orgueilleusement, maritalement triomphant, me perce et m'agace l'oreille désagréablement ; mauvais plaisant. A l'occasion des épouses, il me nargue superbement et peu généreusement. Ce n'est pas la première fois que cela lui arrive, aussi ai-je contre lui une terrible dent, j'en ai même plusieurs. Crains ma vengeance ! Si ce n'est pas ce matin, ce sera ce soir ; si ce n'est pas aujourd'hui, ce sera demain ; si ce n'est pas un jour, ce sera l'autre, infailliblement, absolument, fatalement ; gare à ton cou ; gare à ma dent, croquant, car tu seras plumé, embroché et croqué finalement.

Je plaisante, mais très-sérieusement il s'est tramé quelque chose pendant cette nuit d'angoisse ; quoi ? je n'ai encore pu le savoir.

Je tire de mon biblot, affreux mot de zouave, mes rasoirs, une petite glace et du savon et je vais m'accommoder dans la cour.

La jeune femme du fils de mon caïd regarde en dessous le petit miroir. La barbe faite, je lui fais signe d'approcher ; non pour l'embrasser, comme font les vieux, qui s'imaginent offrir grand'chose, en offrant une vieille barbe faite, un vieux menton rasé. Je lui donne la glace et le savon qui paraissent lui faire grand plaisir. Quelques instants après, elle m'apporte un petit plat peint, à trois compartiments, très-original.

Il est temps de partir. Bon, voici venir mon caïd qui se frotte les yeux. Il peut se vanter de m'avoir fait passer une étrange nuit, l'animal. Sa bonne mule est prête; je monte dessus, mais le passage est barré : c'est Fathma la mère, Fathma la fille, Fathma la petite-fille; et l'autre, la réjouie, et puis la femme du jeune homme, et puis.... Je fais une distribution générale d'épingles à tête de verre, de miroirs, de peignes, et je m'esquive. Le caïd m'accompagne avec son frère. Nous passons en suivant un ruisseau courant près d'un petit moulin. J'aperçois à ma droite une espèce de minaret. à une heure de distance : c'est le marabout de Sidi Mehammed ben Abderrahman. Si je lui faisais une petite visite, qu'en pensez-vous?

Allons... Je laisse mon bagage à Sidi Kassi ben Maclouf, qui prendra les devants, et tourne bride avec son frère: une bonne grosse face à barbe tirant sur le roux. Nous grimpons, ayant à notre droite une vallée fort étroite. Nous arrivons, après une heure de montée, au fameux marabout, en passant près d'un groupe d'une demi-douzaine de tolbas, étudiants, occupés très-gaiement à dépecer et partager un mouton, offrande de quelqu'âme pieuse, généreuse. Le cheikh-oukil Sîdi Mehammed ben Bjaouis ben Abderrahman me fait entrer sous le vestibule du minaret et m'offre de petits gâteaux au miel fort bons et du café : quel progrès ! Il m'introduit ensuite dans le sanctum sanctorum, le lieu où repose, ou ne repose pas, le saint homme ; car il se passa quelque chose de bien extraordinaire, lors de sa fin dernière.

Né en Kabylie, de pure race kabyle, il fonda d'abord la Zaouïa, où je suis, qui sert aussi de refuge aux femmes en hostilité ou en procès avec leurs maris. Il vint ensuite à Alger, où ses grandes vertus et son grand savoir lui donnèrent bientôt une immense réputation. Or, il advint qu'à sa mort, Algériens et Kabyles se disputèrent son corps, chacun réclamant l'honneur d'enterrer le bienfaiteur. On allait en venir aux mains, quand le mort, aussi fin qu'homme de bien, imagina un moyen, afin que des amis ne devinssent pas ennemis, le tout à cause de lui. Il apparut donc en même temps aux deux lieux bien différents ; par monts et par vaux séparés, et de trente lieues l'un de l'autre éloignés. Il apparut bien lavé, bien fleuri et bien paré, en un mot, bien préparé pour se faire enterrer, et son corps, ainsi doublé, fut en deux terres inhumé et la paix fut conservée.

Les gens de bien devraient aussi, avant leur fin, se dédoubler pour faire le bien. Mon compagnon fait son offrande, selon l'usage, à l'oukil Sidi Mehammed ben Bjaouis. J'offre dix francs pour.... les réparations du monument, qui en a grand besoin. A cette occasion, une courte observation : c'est que l'un des petits grands moyens d'intime et certaine pacification, et, par suite, de civilisation, serait de faire réparer et entretenir avec un certain luxe les monuments religieux des indigènes musulmans. Il a, il est vrai, des habous, c'est-à-dire des biens, tels que vergers, oliviers, figuiers et champs, donnés à perpétuité par des âmes pieuses. Il reçoit aussi des offrandes assez considérables ; mais tout cela tourne sans doute à l'entretien des femmes réfugiées et des tolbas. Un jeune sourd et muet à physionomie fort intelligente, qui ne me quitte pas depuis mon arrivée, me fait comprendre par le jeu de ses gestes et de ses signes que le chemin que je prends est embourbé. Il me fait faire un détour. Ces marabouts sont aussi le refuge des aveugles, des infirmes, des faibles d'esprit, etc. Nous redescendons, et... doucement :

n'enfilons pas une autre histoire, car ce serait à n'en pas finir comme dans les *Mille-et-une-Nuits*, et à vous faire ronfler debout. Or, il n'y a rien qui m'agace comme d'entendre ronfler ; passe pour dormir.

D'un bond, retournons donc à Azefoun.

Saïd nous offre des figues ; elles sont excellentes ; nous en prenons quelques-unes pour la route. M.... en offre en plaisantant à un vieux bonhomme ; il se contente de les baiser avec une expression d'envie et de regret de gourmandise fort comique ; cette singerie pourrait cependant n'être qu'apparente et exprimer, en réalité un témoignage de reconnaissance à l'excellence de ce fruit et à son utilité ; car il est pour tous les Kabyles, du pauvre au riche, et cela pendant toute l'année, un aliment très-sain et lui procure, de plus, sur les marchés, quelque argent, pour subvenir à une partie de ses besoins ; aussi, les poètes kabyles l'ont-ils chantée dans des chants qui n'en finissent pas ; leur poésie ne peut être bien goûtée que par les imaginations et les estomacs du pays, ainsi ne vous en donnerai-je pas même un échantillon. La femme de Saïd, sans être jolie, a beaucoup de physionomie. Elle est petite, mais bien prise, alerte et agissante J'aperçois une espèce de châssis, ou plutôt de planche de banc de bord, de bâtiment, de navire : c'est une épave d'un navire naufragé.

Je fais quelques petits présents ; les petits présents entretiennent l'amitié ; dicton charmant, judicieux, vrai et surtout très-chrétien. Les petits présents sont l'expression, la manifestation d'un sentiment de bienveillance, de sympathie, de reconnaissance et d'autres petits bons sentiments; toute leur valeur est dans la pensée, dans l'intention; rien, pour ainsi dire, dans la chose, que le choix ; accepter, c'est remercier sans s'engager, si ce n'est à de petites revanches de pensée et de politesse, c'est-à-dire de sentiment, car la politesse, la vraie politesse n'est pas autre chose que l'expression bienveillante de bons sentiments; accepter, c'est de la part de tous, des grands comme des petits, d'une exquise politesse, d'une exquise délicatesse de charité; c'est bien plus charitable que de donner....

Les femmes kabyles me font de leur mieux de la galette, pas fameuse (de la galette sans beurre!!!), détestable, et qui même ne vaut pas le diable; mais elles croient me régaler.... je la trouve excellente. J'offre à mon tour et en retour des bagatelles, non pour payer l'hospitalité, mais comme souvenir de leur attention, en forme de remercîments et elles sont toujours bien reçues. Les gros présents, au contraire, sont presque toujours l'expression de l'orgueil, de la vanité de la part de celui qui les donne, imposent une sorte d'obligation à celui qui les reçoit et l'humilient presque, ou au moins le gênent, l'embarrassent, quand il ne peut pas rendre l'équivalent. Ils rendent l'échange et le cours des bons procédés souvent impossible et enraient plutôt qu'ils ne font marcher l'amitié, la sympathie et les autres bons petits sentiments qui ne vivent guère que d'égalité ; ils sont surtout anticharitables. C'est toujours sous l'influence de ces idées que j'ai offert des petits présents ; aussi n'ont-ils été jamais refusés ou plutôt n'avaient-ils jamais été refusés, lorsqu'un jour, cependant, non, c'était un soir, qu'il faisait noir, noir, noir, très-noir, bien noir; j'offris des présents, je portai des présents, sans valeur vénale, marchande, argent, mais riches de pensées et de sentiments, donc, d'une foule, d'un monde de pensées et de sentiments !!! Refusés, renvoyé avec ces mots : *ridicule et inconvenant*, mots d'eunuque et de poupée ; ces deux mots me frappèrent en plein cœur, en pleine tête, comme un coup de foudre. J'ai reçu bien des coups dans ma vie, je n'ai guère même reçu que cela, mais pas tous à la fois; tantôt à un endroit, tantôt à l'autre; cette fois j'étais frappé partout à la fois; le choc fut rude et cruel, je chancelai, je serais tombé foudroyé; heureusement ou plutôt fatalement, le même coup brisa et fit évanouir toute une existence passée, présente et future de décevantes et funestes illusions et des auréoles belles et fleuries d'heureuses espérances, en apparence, mais qui n'étaient, en réalité, que trompeuses, perfidement trompeuses et empoisonnées, empestées....; c'est vrai, mes présents étaient ridicules et inconvenants, mais pour fille de marbre seulement. J'adorais, j'avais adoré des idoles, j'avais sacrifié à des idoles père et....; à des idoles creuses, creuses, creuses et sèches comme tirelire de terre cuite et sans fond. Le charme tomba. Je n'ai plus d'idole.... J'ai mieux que cela... N'allez pas croire cependant que.... on est vertueux, quoique ce ne soit pas toujours amusant ou même jamais amusant, ou on ne l'est pas, et je vous prie de croire que.....; enfin, Saïd a une nombreuse famille et je vois dans plusieurs coins des grands yeux et des petites mains, tant soit peu désireuses; ce sera pour une autre fois, mesdames et mesdemoiselles; mon bagage est bouclé et cadenassé et il faut partir. D'ailleurs, ce n'est pas aujourd'hui la Saint-Nicolas, et je ne suis pas saint Nicolas, je ne suis que son....

Saïd Brahim nous reconduit jusqu'au bout du village à un chemin tournant dans les rochers, qui serait une bonne fortune pour un peintre de décorations de théâtre. Il y a un peu plus haut une espèce de lieu de réunion, en plein air, qui est d'un admirable pittoresque; il est au pied d'une muraille de rocher, du beau milieu de laquelle un arbre, accroché, cramponné par ses racines, étend son ombrage en parasol. La vue est des plus belles, des plus vastes et s'étend sur la mer et sur les montagnes. Saïd nous donne son fils pour guide et un autre Kabyle. Adieux réciproques et nous voilà repartis. Toujours des montagnes, moins riches qu'hier, je veux dire que celles que j'ai vues hier. Je passe près de quelques vestiges d'une conduite d'eau romaine; elle devait servir à alimenter le port d'Azefounn. Les Romains recueillaient avec grand soin les eaux de source. Ils allaient au besoin les chercher à grands frais fort loin de leurs établissements. Ainsi, le fils de Saïd me montre, à une très-grande distance dans la montagne, l'endroit où était la prise d'eau et les nombreux circuits des conduits jusque là où nous sommes. Ils ont au moins une douzaine de lieues de parcours. C'est qu'aussi dans ce pays, où le soleil ne manque pas, l'eau de source en abondance est à la fois une cause de salubrité pour les populations et de fécondité pour la terre.

Vers huit heures du matin, après avoir descendu une montagne aride et garnie seulement de genêts épineux, palmiers nains, etc., mais qui pourrait être très-facilement reboisée en pins, je passe devant une source, où quatre ou cinq femmes et filles puisent de l'eau ; je les salue en riant, et elles me rendent la politesse fort gaiement. J'arrive bientôt dans un petit village des plus pittoresques, bâti dans les rochers, au milieu d'arbres fruitiers et autres, d'orangers même. Nous nous y arrêtons pour changer de bêtes. J'aperçois une jeune femme d'une charmante figure, ce qu'elle paraît ne pas ignorer ; on fait groupe autour de nous. Il y a sur le chemin, au milieu du village, une source, sous une petite construction carrée et à toit, ombragée d'un fouillis d'arbres croissant dans les rochers, qui ferait un charmant tableau de genre.

Deux Kabyles construisent une maison, élèvent une maison en pierres sèches.

Les murs, fort épais, sont très-bien faits ; nos maçons ne feraient pas mieux ou du moins guère mieux. Ils ajustent les pierres avec une espèce de marteau en fer. Je trouve un jeune homme parlant un peu français. Il prétend me reconnaître et m'avoir vu au tribunal, à Alger, où il aurait déposé comme témoin ; il me dit même qu'on avait voulu lui faire prêter serment, le faire jurer de dire la vérité, mais qu'il avait répondu qu'il n'avait pas besoin de jurer, pour cela, et qu'il disait toujours la vérité ; bonne enseigne, pour la forme seulement, car dire la vérité n'est pas la grande vertu des indigènes, surtout des marabouts assez généralement mentant, à l'occasion, si non mieux, au moins autant que des gens civilisés ou qui se croient tels ; je crois, en effet, me rappeler cette circonstance ; il a été employé à Alger, chez une fameuse épicière, Me Jauffret ; il grillait le café, etc. Je dois supposer qu'il le grillait bien ; or, je vous le demande, bien griller le café, n'est-ce pas le fait d'un être civilisé ? les Savoyards n'en sont encore qu'aux marrons. Quand mon jeune homme a ramassé quelque argent, il s'en retourne dans son village, le donner à sa mère, puis revient à Alger, en gagner de nouveau, et ainsi de suite. Ainsi font, du reste, à peu près, tous les Zerk-faouas, qui n'ont pas de patrimoine.

Le cheik de Timedouin est absent, son frère nous accompagne pendant quelque temps.

Vers onze heures je gravis un petit pic, couronné par un village, Irril el-Monte, c'est-à-dire le pic du mont; *monte*, voilà bien un mot latin. Je m'arrête sous un olivier, qui a bien mille ans, dont les branches ombragent une petite plate-forme et un marabout, Si Hautherab. Justement j'y trouve le cheik, se chauffant au soleil. C'est saadi ou cheik; il nous apporte des figues sèches, de la galette et du leben, auxquels je daigne accorder quelque attention. Pas fier, au moins d'estomac; d'ailleurs ces choses, quoique frugales, sont de bonne nature, et on leur reconnait même un goût, *sui generis*, assez délicat, quand les membranes du goût et de l'estomac ne sont pas oblitérées, habituellement émoussées ou au moins saturées par l'abondance, la multiplicité et la diversité des mets de nos repas. Les curieux affluent, grands et petits, près de moi, et les curieuses, grandes et petites, à distance. J'aimerais autant, si ce n'est même mieux, les curieuses de près et les curieux au loin. Quand il n'y a rien à dire avec les toulaouinnes et les tilmesittes, les femmes et les filles, il y a toujours quelque chose à voir. Le jeune témoin de la correctionnelle nous a suivi ; il doit avoir le ventre creux comme une lanterne, sans chandelle. Le reste des figues est donné aux enfants ; six ou sept s'asseient sur les talons en cercle, les jambes croisées et repliées, comme dans le tableau d'Horace Vernet : « Les chefs indigènes » ; et chacun prend dans le petit tas seulement une figue à la fois avec une réserve, une convenance d'attitude et de manière qu'ont rarement nos enfants ; puis la petite cruche de leben fait le tour de l'assemblée et chacun y boit quelques gorgées, en dégustant avec beaucoup de discrétion. Des enfants élevés dans nos salons ne feraient pas mieux. Si j'étais peintre je ferais un fameux petit tableau de mes petits bons hommes de personnages ou plutôt de mes petits personnages de bons hommes, pour faire pendant au tableau de Vernet, si cela était possible.

Nous redescendons, puis nous traversons un ruisseau qui sépare le cercle de Bougie de celui de Tizi-ou-Zou ; celui-ci commandé par le commandant Péchot, très-bien ; l'autre par le colonel Augereau. On ne peut mieux.

Nous quittons les Zerk-faouas pour rentrer chez les Exchira. Le pays est toujours montagneux et peu fertile, et bordé, près de la mer, de plages couvertes de genêts aux aspects assez monotones. Nous traversons un petit ruisseau, arrosant une jolie vallée ensemencée de blé et plantée de beaux oliviers, et nous nous trouvons en bas d'une haute montagne très-escarpée. Après une grimpée, une rude grimpée ; *grimpée*, substantif nouveau, que je ne trouve pas, il est vrai, dans le Dictionnaire de l'Académie, mais il y viendra ; il y a un commencement à tout ; je l'aime mieux, du reste, que grimpade, quoiqu'ils ne soient pas plus français l'un que l'autre ; je trouve que *grimpée* a un air de famille avec montée. Mais assez pour le moment, de digression grammaticale, ou plutôt, peu grammaticale : après donc une grimpée d'une heure et demie, je m'arrête près d'un safsaf antique, espèce de tremble, dont l'une des grosses branches se courbe en coude vers la terre, s'y appuie et se relève ensuite. A quelques pas est une fontaine construite en forme de cave, c'est-à-dire, souterrainement. Deux femmes y puisent de l'eau. Nous avons en vue, à un quart d'heure, deux villages. Bousnia parlemente avec un Kabyle qui travaille dans son champ à nettoyer le blé. Il s'agit de savoir dans lequel on ira.

Le Kabyle part. Bientôt arrive le caïd au-devant de nous et nous le suivons. Chemin faisant, je rencontre deux femmes, que je salue d'un air de connaissance, ce qui les étonne ; elles sourient et me rendent politesse pour politesse. J'entre dans un petit village, d'un aspect assez pauvre, c'est Taouirte, de la tribu des Beni-Exchira. Le caïd nous installe dans une maison sans maître, la sienne étant, sans doute, trop petite ou trop pleine. Le maître de la nôtre est mort d'une mort violente, je ne sais où et comment. On nous apporte une collation. C'est toujours la même chose : de la galette toute chaude, assez bonne, je crois même cette fois qu'.... du beurre dedans, du miel excellent, du lait et des figues sèches. Le caïd, qui se nomme Ben Kassem ou Zomsal, fait tout ce qu'il peut pour nous bien recevoir. Je flâne dans le village, puis nous nous asseyons devant la maison, dans la rue, et bientôt quelques autres flâneurs du lieu viennent s'asseoir à nos côtés ou devant nous. On fait la conversation. Le crépuscule approche. Les troupeaux commencent à rentrer. D'abord passent des groupes de chevreaux aux allures vives, inquiètes, capricieuses, curieuses, sautillantes et grimpantes, poussés par des petites filles de sept à huit ans, tout aussi vives et alertes, et qui se donnent beaucoup de peine et de mouvements pour maintenir et conduire leur indocile petit troupeau. Puis des chèvres et des moutons, poussés par de plus grandes; puis enfin les grosses bêtes, des bœufs et quelques vaches, que conduisent de jeunes garçons. L'ordre ou plutôt la marche de ces rentrées, de ces retours pastoraux, caractérise bien la nature de chaque âge. Les femmes aussi reviennent au village, les unes courbées sous une outre remplie d'eau, les autres sous une charge de bois, ou portant sur leur tête une botte d'herbe ou de fèves. En voilà une file de quatre ou cinq, qui défilent devant nous avec un grand sérieux et sans cligner de l'œil. Deux ont des traits, une taille et une tournure très-distingués. Une jeune fille est charmante.

Le crépuscule tombe et nous rentrons. Notre caïd est en délicatesse ou même en inimitié, sinon hostilité, avec des voisins. Il y a eu des mots, c'est-à-dire des coups de fusil entre eux, et le nôtre n'est pas le plus fort. Il apporte des armes et se dispose à passer la nuit près de nous avec son fils, jeune homme de vingt ans, et son gendre. Bien avant dans la nuit, il nous apporte un très-bon kouskoussou au poulet. Longtemps il a combattu contre les Français. Il a fait sa soumission il y a quelques années, à l'occasion d'une circonstance qui était cependant malheureuse. A quelque chose malheur est bon, dit le dicton. Du haut de son village, il avait vu un navire français, poussé par un gros temps, venir échouer sur le rivage, aux pieds de sa montagne. Il descendit aussitôt pour le secourir. Il recueillit les hommes de l'équipage, les protégea contre ses voisins, les conduisit chez lui et leur donna l'hospitalité ; puis les fit ensuite parvenir sans accident à Bougie. Il fut récompensé par l'autorité française, autant et le mieux que possible, comme il le méritait. Mais son pays n'est pas fertile ; il n'y a pas de terres à blés et il est pauvre comme tous les gens de son petit village. Ici, les bras sont inoccupés et nous en manquons à Alger !

La nuit, malgré ses appréhensions, se passe fort tranquillement et en dormant. Le matin venu, je lui donne en souvenir un couteau-rasoir et j'offre un petit miroir à sa femme. Tout aussitôt apparaissent ses deux filles, deux femmes de dix-huit à vingt ans. Elles sont très-belles. L'une est en possession de mari ; l'autre est une jeune veuve, aux formes sveltes et élégantes. Elle a les plus beaux bras du monde. Ses traits sont très-distingués. Elle a surtout une délicieuse petite bouche, un peu grave, il est vrai, comme cela convient, du reste, à son emploi, c'est-à-dire à son état, puisqu'elle n'en a pas, d'emploi, un peu grave, dis-je, mais tendre, tendre, tendre, comme celle d'une colombe de mai, du mois de mai.... Partons vite !...... Je lui laisse, de plus qu'aux autres, un joli petit peigne à glace, de modèle nouveau, de mon invention, sur imitation indigène, j'en ai quelques-uns en réserve pour les occasions exceptionnelles, privilégiées, à l'égard du sexe, car, en mon âme et conscience, et je le reconnais de grand cœur, et moi aussi j'aime les privilèges, les passe-droits, les faveurs, à l'égard du sexe seulement, mais, par contre, passionnément. J'ai fait faire mes petites glaces à peigne chez M<sup>me</sup> Mignon, rue Saint-Denis. L'industrie parisienne est merveilleusement intelligente, accommodante et complaisante. Il n'y a rien d'impossible pour elle. Elle fait tout ce qu'on lui demande ou le procure.

Je suis monté sur la mule de Ben-Kassem ou Zomsal. Elle est excellente. Quelle différence de chevaucher sur une bonne bête ou sur une mauvaise. Si jamais je me marie, sans comparaison... Voici des bellodes, chênes à glands doux ; donc, sol peu fertile ; car les Kabyles ne les conservent que là où il ne peut pas venir autre chose.

Une vieille, *tamerarte*, au détour du chemin... — Eh bonjour, la vieille ! — Elle paraît étonnée. Un roumi qui me dit bonjour ; est-ce que les roumis savent dire bonjour ? moi qui les prenais pour des barbares, des sauvages cruels et cupides, ne sachant parler qu'à coups de canons et de fusils, et tuant même les femmes, surtout les vieilles, et même les enfants... ils sont donc presque aussi civilisés que nous et, etc.... Elle me rend la politesse avec une expression de satisfaction. Oh ! le joli endroit. Imaginez-vous, au milieu d'une solitude, un groupe de maisons dans les arbres, sur un rocher isolé ; le tout ressemblant, de loin, aux ruines d'un château du moyen âge, comme il y en a encore sur la cîme de quelques montagnes des Vosges. Nous nous y arrêtons un instant. J'aperçois, dans un chemin creux, qui ferait les délices d'un peintre de paysage, des enfants cheminant, comme des enfants, négligemment, en buissonnant. Ils disparaissent derrière un talus boisé.

Nous repartons. Non loin, à une descente verticale, je retrouve les enfants. Ce sont des écoliers. Ils viennent de passer quelques jours de congé, pendant le ramadan, chez leurs parents, et s'en retournent à leur zaouia Djebla, dont le cheik est Sidi Seddik, dans un petit village, près de celui où nous irons coucher. Ils rapportent avec eux leur bagage d'écolier et leurs œuvres qu'ils ont été montrer à leurs parents ; le tout n'est ni lourd, ni embarrassant ; c'est chacun tout simplement une planchette couverte d'écritures et de dessins. Le plus petit porte péniblement, tantôt sur la tête, tantôt sur le dos, enfin comme il peut, un pot de beurre : petit poids pèse de loin. C'est un cadeau pour le maître. Le plus âgé n'a pas plus de douze ans; c'est Sidi Mohad, diminutif kabyle de Mohammed, marabout; aussi conduit-il la bande. Il est très-gentil, très-poli et paraît très-intelligent. Au bas de la descente, je campe, mons Sidi marabout Mohad sur le dos de mon mulet avec deux de ses camarades ; M..... en fait autant des trois autres, à la grande joie de tous les mômes. Tant que nous sommes en bon chemin, tout va bien ; mais à une montée rapide, à une grimpée rapide, voilà ma file qui menace de dégringoler, par-dessus d'abord et par-dessous ensuite, la queue de l'animal. Le troisième a déjà commencé à glisser et ne tient presque plus. Il se cramponne au second; le second au premier ; celui-ci, entraîné par le poids et tous ces efforts réunis, va lâcher prise : les crins coupés en brosse, crins fallacieux, de la bête lui ont glissé dans la seule main restée libre ; il l'accroche au devant du bât, car l'autre retient le fameux pot de beurre, fruit des épargnes d'une demi-douzaine de mamans, grand'mamans, d'autant de sœurs, etc., objet de leur recommandations multipliées et il roulera plutôt à terre, au risque de se casser le cou ou quelque autre chose, plutôt que de lâcher le précieux dépôt. Son nif, honneur, est engagé.... Le moment est critique, désespéré, suprême ; mais il ne perd pas la tête : la garde meurt et... sauvons la caisse !

J'arrive à temps. Je soutiens le dernier sur le bord du précipice, la queue de la bête ; il lâche le second ; le second à son tour, lâche le premier et chacun se remet en bât, pas de calembour ; les petits Kabyles et même les grands ayant toujours les pieds nus — bât de mulet, et l'ordre renaît, l'équilibre se rétablit ; mais tout cela n'a pu se faire, malheureusement, sans accident. Celui qui se trouve entre les deux autres, et qui est le plus petit, est rouge comme une cerise et, à propos de cerises, il n'y a pas en Kabylie de cerisiers, si ce n'est cependant les mérisiers sauvages des environs de Collo, dont on fait des tuyaux de pipe ; le plus petit est coquelicot, il y en a dans le blé, mais pas de bleuets ; il étouffe, aplati entre les deux autres. Quelque chose même dégoutte du capuchon pendant de son burnous. Il ne dit rien, mais il a les larmes aux yeux, le pauvre enfant ; il doit bien souffrir, serait-il blessé, le pauvre petit ! Les autres ont l'air embarrassés, chagrins, mous Mohad, surtout, voyons : j'examine. En effet, il y a malheureusement accident.... mais pourquoi ne parles-tu pas, petit orgueilleux. Il y a quelque chose de cassé. Rassurez-vous, cependant, ce n'est ni la tête, ni la jambe, ni le bras, ni même une côte ou le nez ; c'est : deux œufs, sur six, qu'il porte dans le capuchon de son burnous. Chacun en a autant, attention et recommandation maternelle à l'adresse du maître. Examinons et comptons les morts et les blessés. En voilà deux littéralement broyés, mélange de blancs, de jaunes, de coquilles, etc. ; bons à jeter ; je n'aime pas les omelettes faites dans le capuchon d'un burnous quelconque, et surtout dans celui d'un burnous de Kabyle, et pour cause. Deux en mauvais état, à abandonner sur le chemin à leur sort. Deux qui peuvent encore aller, avec des ménagements. Heureusement le bris ne tombe pas sur le même ; il est réparti un peu sur tous. Recensement consciencieux et attentif fait, restent, en tout et pour tout, dix-sept, valant à peu près cinq sous ou vingt-cinq centimes, soit dit pour me conformer à la loi. Petits présents ; que voulez-vous : on ne peut pas donner plus qu'on a. Je réparerai les pertes. Consolez-vous. D'ailleurs tout est en proportion, instruction et prix de pension.

Chacun donne au maître douze francs par an, pour ce prix, il est logé et nourri. Il est vrai qu'il n'y a pas grands frais d'installation, la salle d'école servant tout à la fois de salle à manger et de dortoir. La journée finie, chacun s'enroule dans son burnous et s'endort là où il a travaillé et mangé. Outre la rétribution annuelle, les parents envoient, les uns, du blé, les autres de l'huile, des fèves, etc. Les écoliers, chacun leur tour, moudent le blé, préparent le kouskoussou et le font cuire. Quand il n'y a plus de provisions, le maître, cheik, envoie ses écoliers en quête dans les villages et les femmes de leur donner, qui quelques poignées de blé, d'orge de fèves ; qui de l'huile, des figues sèches, etc., et même quelques sous ; un peu de ce qu'elles ont ; le moyen de refuser à ces petits quêteurs ? Les écoliers pauvres n'ont pas d'autres moyens de subvenir à leur existence. Du reste, très-peu d'enfants kabyles vont à l'école. Ils n'ont pas le temps ; leurs parents les envoyant par la campagne, garder les troupeaux. D'ailleurs, jusqu'à présent, il ne leur aurait pas servi à grand'chose de savoir lire et écrire, si ce n'est pour occuper un peu leurs loisirs, quand ils ont de l'aisance.

Je fais descendre Sidi Mohad. Il fait d'abord la moue ; quel manquement de déférence ! mettre ainsi à pied un marabout, tandis que ceux qui ne le sont pas restent à cheval, je veux dire à mulet. L'enfant, cependant, reparaît bientôt sous le marabout. Il me prend la main et câline, le petit intrigant, pour que je le fasse remonter. Si mes maux de tête résistent, tiennent encore après plusieurs suées ou transpirations, comme celles que je viens de subir pendant deux heures de rude, de droite, de verticale grimpée, c'est qu'ils y mettront de la bonne volonté, ou bien mieux, de la mauvaise volonté et de l'entêtement, calembour. J'en mettrai aussi. Je suis, à l'extérieur, il est vrai, tout en fusion ; mais aussi, en revanche, à l'intérieur, sec, à l'état d'amadou ou d'éponge desséchée et brûlée par le soleil. Je boirais bien un coup, voire même plusieurs.

Je rencontre une jeune fille de quinze ans, dont on dirait dans le monde « elle est charmante ; » je lui demande quelques fèves, dont elle porte une botte sur la tête, et, en échange, lui donne je ne sais quoi, qui lui fait grand plaisir. Elle a la physionomie très-agréable.

Je m'arrête, vers midi, sur un tertre ombragé d'arbres, près d'un groupe de maisons ; un jeune garçon m'apporte du leben. Quelle soif !.... Nous avons encore du pain et des figues. Déjeûner sur le gazon. Je suis bientôt entouré comme d'habitude. Les enfants de l'endroit accourent et se mettent en relation avec mes écoliers. Six ou sept petites filles, portant ou traînant autant de marmots, sont là, me regardant ; elles n'ont jamais vu de roumi. Je fais une distribution de morceaux de sucre générale et individuelle, et tous mes oisillons s'envolent avec leur becquée vers leur mère, dans leur nid. Au moment du départ, Mohad ne se retrouve plus, ni les autres On l'a appelé sidi marabout en riant ; il a cru qu'on voulait se moquer de lui et il s'est éclipsé avec sa bande. Je donne une poignée de morceaux de sucre au jeune garçon qui m'a apporté du leben, en lui disant que c'est pour sa mère. Il paraît très-satisfait. Je suis sûr qu'il fera fidèlement la commission.

Je passe près d'une conduite d'eau romaine; ce qui dénote qu'il doit exister des ruines de quelque établissement romain dans les environs ou sur le bord de la mer. Il y a bien, au-dessous de Taouirte, une petite baie où les Maures de Bougie viennent par mer vendre du sel, de la toile de coton, mais j'ignore s'il s'y trouve des ruines romaines, les uns, Kabyles, disant que oui, les autres disant que non.

Dans la journée, j'arrive, je parviens, non pas sans avoir trempé mon linge, qui, par parenthèse, est de coton, chose, dans ce pays, plus hygiénique et plus économique, les blanchisseuses, comme dit Mad...., étant sans cœur, pour... le beau, le fin linge, je parviens donc, parfaitement trempé, car je n'ai pas remonté sur ma mule, pour m'exercer et me dérouiller un peu les jambes, à Zherra, ou Gherra, village de la tribu des Beni Mzala, garnissant la crête d'un petit pic à pentes, en certains endroits, à peu près verticales. La montée est tellement rapide, pendant quelques minutes, qu'il faut regarder où placer les pieds, sous risque de dégringoler. Je tombe sur une petite place, comme des nues, au milieu d'une douzaine de flâneurs et b...... kabyles accroupis, faisant la conversation.

— D'où êtes-vous? d'où venez-vous? qui êtes-vous? que voulez-vous?

M. Bousnia parlemente et dit que je suis un homme de justice d'Alger, *argues el-chra;* deux de ces messieurs écorchent quelques mots français. L'un dit *tribounal.* Il nous raconte qu'il a travaillé longtemps dans les environs d'Alger et qu'il connaît le tribunal. On va aussitôt chercher le caïd, qui s'est absenté. En attendant, je m'asseois au milieu de la société, sous un ormeau qui ombrage la petite place. Le mot kabyle est *oulmau,* mot latin s'il en fut.

Un jeune homme kabyle brode une achoua; c'est une coiffure de femme, en toile de lin tissée en Kabylie, chez les Beni-Idjer, je crois.

Son œuvre ne ferait pas un modèle pour nos fameuses brodeuses de Nancy; cependant, il ne manque pas d'un certain art et surtout d'originalité. L'artiste n'a pas d'autres indications, pour piquer sa grosse aiguille et former ses dessins, ses lignes en relief, que l'habitude et les fils du canevas. L'objet est à peu près achevé; je le retiens au prix de cinquante sous ; le prix ordinaire est de quarante. Cela est très-bon marché.

Le caïd arrive. On lui dit qui je suis ; il m'engage à venir chez lui et m'installe dans une de ses maisons, la première en entrant à gauche, dans la cour. Bientôt toute la société de la place nous y rejoint. La maison est pleine.

Le caïd s'observe et observe ; il ne paraît pas être d'un caractère expansif, puis on ne se jette pas à la tête des gens ; on est autorité. La conversation s'engage. On nous apporte de la galette, des figues et du leben. Non-seulement la société, la nombreuse société ne s'offusque pas de me voir manger, mais m'y engage même. Quel exemple de tolérance de la part de barbares infidèles ; car nous sommes en plein ramadan et les musulmans sont, dans l'observance de ce jeûne, pour eux d'un rigorisme absolu. J'offre au caïd une poudrière vide. Ce petit présent paraît lui faire plaisir.

Je vais un peu flâner. Les hommes sont ici généralement de haute taille. La plupart de ceux que je vois n'ont pas moins de cinq pieds quatre à six pouces, ancienne mesure ; quelques-uns sont plus grands ; je vois aussi de belles figures. J'entrevois une très-grande jeune femme, une blonde à figure longue ; elle ne fait que paraître et disparaître. Les enfants sont forts et bien portants.

En passant devant une maison, j'achète à une jeune femme, au milieu d'un groupe d'autres et de jeunes filles, une seconde achoua. Combien ? Ce que tu voudras. Alors c'est trop cher. Je lui compte une à une jusqu'à deux francs et demi, des petites pièces blanches. Après chacune, elle me dit, en riant, encore, encore *(arnou, arnou.)*

Elle me la teindra en noir, avec une décoction d'écorces de grenadier et d'alun. Cette coiffure ne se porte qu'ainsi, du moins généralement ; car ce matin, j'en ai vu une brodée avec des fils de couleur. Les femmes, dont les maris sont généreux et ont quelque argent, en achètent à Alger de forme semblable, mais en soie, fond rouge avec dessins jaune d'or. Ce sont de petits fabricants maures d'Alger qui les tissent en pièce.

Ma jeune marchande est grande et svelte ; elle a une physionomie très-agréable, très-douce et très-gracieuse. Nous faisons prix, c'est-à-dire qu'elle me fait le prix pour la teinture. Décidément, en Kabylie, c'est comme en France, où il ne faut pas acheter de la dentelle auprès des dames, si on veut l'avoir à bon marché; mais ma marchande a, comme presque toutes les femmes kabyles, une voix, un gosier charmant. Sans être une beauté, on pourrait cependant. avec un bon peigne et beaucoup de savon, en faire quelque chose de bien. Tout cela vaut bien quelque chose en plus.

Mehemmed ou Adouche, notre caïd, qui s'est insensiblement humanisé, me fait visiter le village. Les maisons sont bien bâties, en pierres sèches, et les rues très-propres. Il nous montre une maison qu'il fait bâtir, ou plutôt qu'il vient de faire bâtir, car il n'y manque plus que la porte, pour les hôtes; l'écurie sera en face. Les murs sont très-bien faits : le maçon ne lui a coûté qu'un franc par jour et le kouskoussou, bien entendu. Le toit, à l'intérieur, est doublé en madriers, dans lesquels sont enfoncées de grosses chevilles en bois qui les arrêtent aux poutres transversales. Je lui donne l'idée de construire une cheminée et lui indique sa place. Ce serait la première, je crois, qui serait faite dans une maison kabyle. Après la cheminée, une autre fois, quand je repasserai, je lui donnerai l'idée d'ouvrir une fenêtre, puis ensuite d'y mettre un volet ; plus tard, un carreau ; après deux carreaux, ainsi de suite. On dit que Paris ne s'est pas fait en jour ; mais petit à petit.

Nous nous arrêtons sur la tégémaide principale, espèce de péristyle, ombragée par les rameaux grimpants d'une grosse vigne, d'où la vue s'étend admirablement sur le pays kabyle. Les Kabyles ont un tact et un soin admirables pour choisir leurs lieux de réunion et leurs petites places publics. Ils sont presque toujours situés comme des observatoires ; est-ce par nécessité, est-ce seulement pour l'agrément ? C'est peut-être pour l'un et pour l'autre. En faisant le tour du village, nous passons près d'un moulin, ou mieux d'une meule à huile. Le mécanisme en est très-simple. L'arbre moteur, d'environ deux mètres de hauteur, est debout ; son extrémité inférieure, taillée en pointe ou se terminant par un fer pointu, s'enfonce, mobile, au point central d'une cuvette en maçonnerie, tandis que son extrémité supérieure, aussi mobile, est maintenue dans un trou pratiqué au milieu d'une longue perche transversale et horizontale, dont chacun des deux bouts est fixé, à distance, au haut d'un poteau de la même hauteur que l'arbre. Celui-ci porte, horizontalement enchâssé à son côté, un essieu en bois très-court, autour duquel tourne une meule en pierre, assez sembable à une meule de moulin à farine, mais plus épaisse. Son diamètre est d'un mètre, plus ou moins. Une barre en bois est fixée horizontalement à l'arbre, en guise de timon. Traînée par un mulet, ou poussée par un homme ou même une femme, cette barre fait mouvoir toute la machine, alors l'arbre pivote sur lui-même, entraînant la meule qui, à son tour, écrase et broie, en tournant, les olives versées dans la cuvette. Le système de ce mécanisme, qui du reste, est le même dans toute la Kabylie, ou plutôt chez tous les Kabyles, est bon en lui-même, quoique très-simple, très-peu compliqué ; mais l'exécution est généralement fort imparfaite. Les bois sont mal charpentés, mal ajustés, mal assemblés. En tout temps exposés, sans aucun abri, à l'air, à la pluie, au soleil, ils se déjettent et se fendillent. La cuvette est maçonnée avec des pierres d'inégales grandeurs et formes, de dureté différente. Son niveau n'est pas exact. Le tour de la meule n'est pas toujours bien rond, et ses arêtes sont souvent usées. Il résulte de toutes ces malfaçons, imperfections et mauvaises conditions, que la machine ne fonctionne que péniblement, lentement, en gémissant, et, passez-moi le mot, cahin caha. La presse se compose d'un cadre en bois ; son récipient est taillé d'une seule pièce, dans une rondelle de tronc l'arbre. Cette machine n'est pas mieux faite et ne fonctionne pas mieux que l'autre. Les bois employés sont le chêne et le frêne. Le prix du tout est de cent à deux cents francs, sans compter les accessoires, tels que kouskoussous aux ouvriers, coups de mains, transports, etc. Autrefois ces machines, malgré leurs imperfections, suffisaient aux Kabyles, parce qu'ils avaient peu d'emplois pour leurs bras et de débouchés pour leur huile, et que la plupart, même, ne fabriquaient que pour leur consommation. Aujourd'hui, déjà, il en est bien différemment. La journée d'un Kabyle coûte un franc cinquante centimes et deux francs, au lieu de cinquante centimes, prix du temps des Turcs.

Le prix de la mesure d'huile est de vingt francs, au lieu de trois francs. Il leur serait donc très-profitable d'avoir des machines qui, tout en fonctionnant bien plus vite et bien mieux, leur fissent obtenir de leurs olives un rendement beaucoup plus avantageux sous le rapport de la quantité et de la qualité. Je dis qualité, parce que le mode actuel de fabrication de l'huile kabyle la rend impropre à la consommation de nos tables. Tout le monde gagnerait à ces améliorations. Notre commerce maritime, en trouvant une source nouvelle ou plutôt plus abondante de produits à placer sur les marchés étrangers ; les Kabyles, en gagnant plus d'argent, argent qu'ils nous rendraient bientôt, par l'achat, en détail, de nos produits manufacturés de toute espèce. Mais les ouvriers kabyles ne sont pas assez bien outillés pour pouvoir perfectionner leurs machines ; avis donc, à nos constructeurs de Bab-el-Oued et de Mustapha, MM. Castelbou, Cocquerel et autres, qui pourraient, sur leurs modèles, leur construire des machines perfectionnées, en remplaçant le bois par le fer et la fonte ; avis à nos tailleurs de pierres, qui pourraient leur tailler de bonnes meules et des cuvettes d'une seule pièce.

Au lever de la lune, grand kouskoussou. Notre caïd, qui est devenu charmant, malgré son air grave et froid, ne savait comment me régaler. Il s'en était ouvert à Bousnia et l'avait même chargé de traiter avec moi la chose, diplomatiquement. *Kouskoussou lali* (bon kouskoussou), répondis-je. Cette réponse arrangea tout le monde ; moi, d'abord, qui, en fait de cuisine, préfère en général le connu à l'inconnu, sans rien préjuger cependant, et mon caïd, qu'elle tira d'embarras. En effet le kouskoussou est excellent et la volaille aussi, bien qu'un peu dure. Pour celle-ci on ne prend pas beaucoup, pas du tout même, de préliminaires culinaires ; on coupe le cou au volatile et il est immédiatement mis au pot, déplumé, bien entendu, et vidé. Notre hôte s'est installé près de moi et m'encourage, m'excite du geste et de la voix. Quant à lui, et bien qu'il ait une grande faim, quelle faim ! une faim creusée par une jeûne du matin au soir, il ne touche pas un mets, si ce n'est pour me déchiqueter avec ses doigts et m'offrir les parties les plus délicates du volatile, dont le fumet lui monte au nez. Selon l'usage antique, il s'occupe de son hôte, il pense à son hôte avant de penser à lui, de s'occuper de lui. C'est là de la haute politesse, vous en conviendrez, et nous n'avons rien de pareil, même dans la civilité puérile, etc.

Le repas terminé, à mon tour, je le régale de mon bon café et j'en envoie même à toutes ces dames, dans mes petites tasses mauresques, ou dites mauresques, sur un petit plateau du Maroc. Il m'apporte pour tapis un haïk : il est d'un tissu bien fait, régulier, assez fin et solide, en laine blanche, avec des dessins et bandes de couleur de bon goût et bien combinés. C'est l'œuvre de sa mère. Si je n'avais besoin de mon argent pour le voyage, je le déciderais à me le céder. Il me montre un fusil d'honneur, présent de M. le colonel Augereau, et dont il se montre très-fier. Il me raconte que son frère a été tué au service des Français. Son frère était un très-bel homme. Il était né, fait pour commander. Il avait des manières dignes et distinguées, un esprit vif, un caractère ferme et droit, un courage indomptable et brillant. Il y a quelques années, et pendant qu'il était en voie de soumission avec le général Bosquet, qui opérait du côté de Bougie, une tribu voisine, ayant recueilli des naufragés français, fit dire au général qu'elle ne les rendrait que moyennant une très-forte rançon, qu'elle fixa. Informé de ce procédé, le fier et généreux montagnard fit dire, à son tour, à ladite tribu, que, si les naufragés n'étaient pas livrés, amenés sains et saufs et sans un sou de rançon, il tomberait sur elle et la raserait, et aussitôt il envoya des ôtages à Bougie, pour garantie de sa parole.

Comme la tribu connaissait l'homme, elle s'empressa de remettre les naufragés sans aucune espèce de rançon ; mais les ôtages étaient déjà partis pour Bougie, où on n'était pas prévenu de cette circonstance ; aussi leur dit-on : qui êtes-vous, d'où venez-vous, que voulez-vous ? Nous sommes les ôtages. Mais quels ôtages, les ôtages de qui, de quoi ? Nous sommes les ôtages, homme pour homme, de naufragés. Qui vous a amenés ? Personne ; nous sommes venus tous seuls, de nous-mêmes. On finit par s'entendre, et, comme ils ne voulaient pas s'en aller avant d'en avoir reçu avis de leur chef, on les logea et on les nourrit jusqu'à ce que quelqu'un des leurs vînt, de sa part, les relever de leur parole.

Beaucoup plus tard, et je crois même assez récemment, lorsqu'il était complétement rallié à la France, étant en expédition avec M. Wagner, lieutenant ou capitaine de bureau indigène de Bougie, contre une tribu *insoumise* et contre laquelle il avait une inimitié de tribu, une antique inimitié, il jura d'aller lui-même mettre le feu à un village de cette tribu ; entreprise hardie et périlleuse, car lui n'avait ni canons, ni bataillons, etc. Il tint parole et mit le feu à un gourbi à fourrage, comme il y en a, attenant aux villages et ressemblant trèspittoresquement à ce qu'on appelle des chaumières indiennes. Il y mit le feu et se retira ; mais il s'aperçut bientôt qu'il avait laissé sur les lieux un soulier. Laisser quelque chose à ses ennemis, c'était presque fuir ; malgré tout le monde il remonta. Le danger était imminent, l'alarme était donnée. Il ramassa son soulier ; on lui criait de revenir vite, on lui faisait des signes d'alarme, car un canon de fusil avait été aperçu, penché dans sa direction et à quelques pas de lui ; il était trop tard. Le coup partit et une balle lui traversa le haut de la poitrine. Il tomba. Il fallut encore recommencer et se taper rudement pour aller chercher et emporter le corps ; car c'eût été un déshonneur pour la tribu de l'abandonner. Que dites-vous de mes petits moutons, méritent-ils d'être traités comme des chiens enragés ?

Au moment de me coucher pour tout de bon, de dormir, Mehemmed ou Adouche, qui est devenu de plus aimable en plus aimable, m'apporte le fameux fusil d'honneur et veut le mettre près de moi ; je le remercie et lui dis que sous la garde de son *nif* (honneur, littéralement nez) je dormirais plus tranquillement qu'entouré de tous les fusils du monde. Ma confiance paraît lui faire grand plaisir. Il se couche à mes côtés.

Vers deux heures du matin, et avant qu'on puisse distinguer un fil noir d'un fil blanc, second repas du ramadan, je remange, quoique je n'aie pas grand'faim, mais pour la faim de demain, à venir, toujours par provision interne; car je ne sais pas comment, avec quoi je déjeûnerai aujourd'hui, le pain de M$^{me}$ B.... étant fini, et on ne peut pas emporter du miel dans ses poches, encore moins dans le fond de son chapeau, et même quand on mettrait son mouchoir par-dessus, ou par-dessous ou entre.

Le lendemain, au moment de partir, j'entends chez un voisin le bruit sourd d'un marteau frappant sur une enclume. Ce bruit vient d'une petite maison derrière l'ormeau, maison où l'on entre par une espèce de trou de souris ou de chattière; j'entre et je vois un grand Kabyle, long d'au moins cinq pieds dix pouces et sec en proportion, à longue figure, aux longs bras, forgeant une faucille. L'âtre ou le foyer de la forge est une espèce de four, au feu de charbon de bois, alimenté, excité par un soufflet à double pression horizontale, pression alternative, au souffle incessant. L'enclume est un morceau de fer presque informe, aux angles et arêtes émoussés, obtus. Je me connais peu en enclumes, n'en ayant jamais acheté ni vendu, et bien qu'ayant bon dos; mais je me rappelle en avoir vu fabriquer, dans mes promenades autour de Sédan, à Balan et à Torcy, ce qui fait que j'ai une idée de la chose. Je lui vante donc celles fabriquées en France, comme plus commodes et mieux faites que la sienne.

— *Kaddèche?* (combien), ce grand mot de bien des choses; me répond-il; ne connaissant pas le prix de l'objet, par les mêmes raisons que ci-dessus, je lui promets qu'à mon retour à Alger j'écrirai à son caïd et l'informerai des prix. Je prends les mesures pour être plus sûr de mon affaire; mais il se ravise et me dit que si je connais quelque bon marchand à Alger, il y viendra tout exprès, pour voir et choisir par lui-même. Très-bien; on ne peut mieux. Je lui écris mon adresse au tribunal, afin qu'il puisse me trouver plus facilement. Hé! mais, il ne me disait pas qu'il avait une très-jolie fille, qui, pendant que je ne pense à rien moins, apparaît comme une apparition sortant de je ne sais où, mais certainement pas de la forge, car ce n'est pas à ce feu-là que se forgent ces sortes de chefs-d'œuvre; ils seraient par trop durs. Je les aime bien mieux tels qu'ils sont, doux et tendres, bien qu'un peu fragiles; oh! diable, est-ce que le grand sournois de Vulcain voudrait me forger des... ou me prendre dans quelques... piéges de sa façon — fuyons. Mehemed ou Adouche nous donne son frère pour nous accompagner. Lorsque nous sommes hors du village, nous l'apercevons sur un tertre élevé, près d'un endroit où nous allons passer. On n'est pas d'une politesse plus attentive.

Je renonce à vous dépeindre la contrée que nous parcourons. Ce serait trop difficile. Il faudrait un pinceau pour cela et encore... Ce sont des petits bois de chênes, de liéges et puis des champs, des rochers, des pics, de profonds ravins; cet ensemble d'aspects variés n'offre nulle part l'aridité désolante des montagnes du Midi de la France. Voilà surtout un torrent, au fond d'un ravin que nous venons de traverser, qui est admirable de nature primitive, bouleversée.

Les Kabyles utilisent tellement la terre que souvent, dans une solitude, qu'on croirait abandonnée de tous, on voit un petit champ au milieu des rochers, un petit champ de blé dont les tiges n'ont pas plus de cinquante centimètres de hauteur, ou un petit défrichement. Ces défrichements ne sont pas faits à fond, comme ceux des Mahonnais. Ils abattent les broussailles, les brûlent sur place et labourent sans avoir extrait les racines.

Après quelques années, les racines se réduisent en humus. L'extraction des racines leur coûterait beaucoup de peine et ne leur profiterait pas, puisqu'ils ne les convertiraient pas en charbon, ce que les Mahonnais font, et ce qui les paie même, et au-delà, des frais d'extraction.

Chemin faisant, nous rencontrons trois Kabyles : ils nous disent bonjour en français; ils vont travailler à Alger.

Nous nous arrêtons un instant, vers huit heures du matin, près d'un marabout, bâti sur un petit plateau tout verdoyant et ombragé par cinq ou six arbres d'une haute antiquité, des oliviers, des orangers et des micocouliers; intacts, en leur qualité de marabouts, de toutes atteintes des hommes. Des sources abondantes sourdent d'un fouillis de végétation voisin et coulent en ruisseau limpide et tranquille sous ces beaux et vénérables ombrages. Ce petit coin se trouve au milieu de pics de rochers. Si jamais je deviens...., je me fais ermite, ce sera cet ermitage que je choisirai. Nous y trouvons, assis auprès du ruisseau, deux Kabyles que nous avons déjà rencontrés hier. Ils vont doucement et à pied, mais ils arriveront.

Attention! Nous allons traverser l'extrémité d'une forêt, qui couvre une chaîne de montagnes assez élevée, et que nous apercevons à notre droite depuis hier. Elle paraît être bien fournie d'arbres de haute futaie. Ce sont des chênes-zènes ; Ben-Kassem-ou-Zombal m'a dit qu'il y en a de fort gros et de très-droits. Cette forêt pourra devenir un jour une richesse pour le pays. Les plus belles parties sont dans le territoire des Beni-Idjers, *fils de marchands*, qui ont fort peu de terres cultivables ; sont conséquemment fort pauvres, et ont, dit-on, des habitudes, des mœurs de maraude assez dangereuses pour leurs voisins. On pourra changer ces habitudes dans l'avenir, en leur faisant exploiter leurs bois, qui pourront ensuite être traînés ou schlittés jusqu'au petit port d'Azefoun, et de là être transportés à Alger, etc. Ces forêts sont maintenant en pays dit insoumis. Attention donc! car, de plus, si les Beni-Idjers n'exploitent pas les forêts, ils exploitent, dit-on, quelquefois les passants.

Voyons, comptons-nous : le frère du caïd, assez vigoureux compère, sans aucune espèce d'armes ; un Kabyle, qui l'accompagne à pied, idem, Bousnia, idem, si ce n'est un petit couteau fermant, à poinçon, que je lui ai donné, à moins qu'il ne l'ait laissé chez lui, car je ne l'ai pas vu entre ses mains ; M..... est armé, lui ; il a pour arme offensive un petit poignard algérien, avec fourreau en argent, et pour arme défensive une ceinture de laine rouge, très-bonne contre la diarrhée et toutes autres affections d'abdomen, etc. Quant à moi, je suis armé d'une manière redoutable, formidable ; j'ai un fusil à deux coups : l'un chargé de gros plomb pour les gros oiseaux, l'autre de petit pour les petits oiseaux ; je porte de plus pour arme défensive un gilet de flanelle, contre les fluxions de poitrine, même de gorge, etc.

Serrons les rangs ! Si j'y avais pensé, j'aurais prié M. le gouverneur général de vouloir bien me prêter un ou deux canons, rien que des petits, des tout petits, des canons de poche ; sur la quantité qu'il emmène, un de plus, un de moins ! Bah ! il m'aurait refusé ; il a trop bien calculé son affaire.

Ah Kabyles ! ah insoumis ! ah manefguis ! vous avez des grands canons.... de fusil ; eh bien ! nous en aurons aussi, nous, des canons, mais pour de bon.

Or, donc attention ! nous avons des risques, des périls, des dangers d'être escofiés et volés, pour au moins une bonne heure, une heure un quart, une heure et demie, ou même trois quarts.

Monsieur H., ne restez donc pas comme cela en arrière à regarder en l'air ; vous pourriez le payer cher ; en vérité, je vous le dis ; gare à ces diables d'insoumis ! Mais le chemin devient bon ; on y a travaillé ; nous sommes dans le territoire du commandement de M. Augereau, Bougie, et cet officier administrateur attache beaucoup d'importance à ce que les chemins soient bien praticables. Il a obtenu déjà de très-bons résultats, sans qu'il en coûte rien à l'État. Il a habitué ses Kabyles aux corvées en grand. D'abord ils faisaient la grimace ; mais quand, après avoir travaillé quelques jours, ils avaient rendu parfaitement praticable un chemin qui avant ne l'était que difficilement, ils étaient satisfaits de leur œuvre, d'autant plus qu'ils en profitaient, et que cela devenait pour eux une affaire de vanité de tribu. Le chemin étant bon, mon mulet peu vif, et le pays pittoresquement magnifique, je ne vais que lentement, j'admire la prodigieuse force végétative de toutes les essences forestières. On aurait ici des bois superbes, si l'on empêchait les indigènes de les incendier et de les faire pâturer.

Ah diable! qu'est-ce que je vois donc là-bas, dans les broussailles, à allures suspectes : serait-ce un insoumis? Un Kabyle en veste bleue : c'est peut-être un Criméen en congé. Non ; c'est une veste de fantassin. Il s'approche, l'audacieux ! Si nous reculions? Non, fichtre, du courage, nous sommes cinq contre un.... Tiens! c'est un journalier kabyle qui a acheté une vieille veste de fantassin à Alger ou à Bougie. L'année prochaine il achètera un pantalon ; l'année suivante un gilet ; l'année après, des souliers, etc. ; ainsi de suite ; mais cela ferait trois ans, c'est trop longtemps.... et puis, je ne serai donc pas un grand conquérant !

Pourquoi, trois quarts, c'est-à-dire, tiers ou quart d'insoumis que tu es, ne te fais-tu pas tout de suite habiller de pied en cap chez....? Pourquoi ne fais-tu pas : faire ton grand habit de cérémonie de juge chez Dusautoy, tes fracs chez Altairac, tes paletots chez Havoué, tes habits de chasse chez Arthès, tes cabans blancs au Caban blanc, tes vêtements blancs chez Larade, tes confections à la Grosse, je veux dire, à la Belle-Jardinière, tes gilets chez Armagnac, ton uniforme de garde national ou de pompier chez Vénier, tes petits cachets arabes chez Séror ben Angelo ; cravater et ganter par la belle grande demoiselle..., coiffer et accommoder par Chapert ; botter par Guillaume, éperonner par Thumerelle, laver, savonner, racler, masser, étriller, rincer aux bains maures chez Bakir ben Omar, le Mzabite, ou chez Zizi le Misiti?

Pourquoi ne prends-tu pas tes lampes chez Ruau ; tes fantaisies kabyles, tes riches et élégantes fourrures, peu chaudes, manchons, parures, manteaux de grèbes, d'oiseaux du lac Fetzara, chez la gentille madame Coulanjon ; tes képis chez Madame Vidal ; tes chapelets et jolies étrennes chez les demoiselles Dufourc ; tes bains de mer à Bab-el-Oued, chez Nelson ; ton éclairage chez Gaillot ; tes burnous, chals-sorties de-bals et autres, de Tunis, du Maroc, tes souvenirs algériens, chez Rayato, le maure ; Solal, le juif ; tes armes curieuses de tous pays chez Seckel ; tes photographies algériennes chez Alary ; ta haute pâtisserie chez l'artiste Lary ; tes confits d'abricots à Laghouat, chez Boissy ; tes petits fours et tes friandes pâtisseries chez la jeune et appétissante M$^{me}$ Gaudet ; tes dragées espagnoles chez M$^{me}$ Luna ; ton macaroni et tes pâtes d'Italie, de blé dur, à Alger ; ta Prise de Sébastopol, chez Calanca ; ta choppe, honnêtement, tranquillement chez la belle Alsacienne, M$^{me}$ Kolb ; tes glaces à l'impératrice, des jolies mains de la belle demoiselle Valentin; ton café au Café de la Bourse; ton punch, idem d'Apollon; tes petits souliers vernis chez Firmi; tes pendules et tes jolies montres chez M$^{mes}$ Cachot; tes montres de marine et de précision chez Gunther, ou Hindenlang, maître, fils de maître; tes cigares et cigarettes chez l'espagnole el Carmen Torrens el Miranda (ça doit être bien); tes grilles et rôtissoires chez M$^{me}$ Minor; tes cravaches chez Mlle Ostertag; tes hautes nouveautés chez les Chapuis, les Joly, les Dupuy; tes baignoires tubulaires chez M$^{me}$ Bourgoin; tes petits pains, dits au lait, à la boulangerie parisienne, chez Mlle....; tes croquets aux noisettes chez Mlle....; ton chapeau à plumes d'autruches chez Artaud; tes castors chez Peysson; tes rubans chez M$^{mes}$ Honoré; tes petits pains indigènes à café, anisés, chez Mlle Mabrouka, du Soudan; tes chaussettes chez M$^{me}$ Ferré; tes ingénieurs civils et militaires, à l'École Polytechnique, car ils valent encore mieux que les tiens, quoiqu'en puisse dire les Cte de ........; tes vins, partout où ils sont bons; ta bière chez Thomas; ton champagne, à Aï; tes cotonnades similaires, à Colmar, à Mulhouse, à Rouen, à Bar-le-Duc; ta gelée de groseilles en grains, id.; tes draps de couleur à

Elbeuf, à Louviers ; tes madelaines, pas celles qui pleurent, mais celles que l'on croque, à Commercy ; tes ustensiles de ménage similaires chez les Jappy frères, les Hildebrand, les Karcher et Weslermers, Gendarme et autres ; tes fromages anisés et ton napage, à Gerarmer ; tes rasoirs-couteaux, chez Bailly, à Langres ; à Nancy ; tes broderies, chez Mlles Claudin, Blanchemin, Alexandre, le grand artiste, et autres célébrités spéciales ; tes fins confits sucrés, chez Cartry ; tes kiches, place St-Evre, chez M$^{me}$ Royer ; tes dragées à Verdun ; tes socialistes en Paradis, si.... ; tes cheminées en marbre onyx sculpté chez les Marigot, les Rambaud ; tes machines chez Monsieur Schneider, au Creusot ; tes petites djibiras d'amazone et tes housses en marocain ou en velours, brodées en soie, en or, en argent, chez nos brodeurs maures, les fameux Mohammed Lemdany, Ismaël, El-Hadj Hamdann, Kobiledjy, Mustapha-Abdelbaki, Mohammed-Zouaci etc. ; ta pommade au jasmin chez Queyroy ; tes chevaux chez les Ouled-Nayls ?

Pour imprimer tes promenades dans les Gaules, l'imprimeur Bastide et son prote Duchâteau, hommes à fameux caractère ? Mon frère Louis, pour directeur général des eaux et forêts, mon frère Auguste, idem des affaires médicales et chirurgicales, le ci-dessus dénommé et soussigné pour juge-président, grand juge ???

A Sedan, ton drap noir chez Blancpain et autres; tes hautes nouveautés chez Bertèches et Bonjean; ton velours de laine et ton oursin chez Montagnac; tes pains d'épices à Reims; tes bonnets de coton et ta flanelle à Troyes, en Champagne; tes soieries à Lyon; ta moutarde à Dijon; ton sel à Dieuze; ta choucroute, tes pâtés de foie gras et ta cathédrale à Strasbourg; tes eaux gazeuses chez J. Hamoud; tes jabots et tes manchettes chez M$^{me}$ Horrer; tes porcelaines au Japon; tes cristaux de Baccarat ou de Saint-Louis chez Delavigne; ton thé en Chine ou chez M$^{me}$ Besse; tes châles des Indes à Kachemir, tes châles français à Paris et à Reims; tes gants à Lunéville; tes dentelles de gala à Bruxelles, de noces à Valenciennes, de baptême à Mirecourt; ton point d'Alençon à Alençon; tes eaux à Plombières pour ta santé, à Bade pour t'amuser, danser, jouer, te ruiner, à volonté; à Biarritz pour être charmé.

Ton impératrice, ton empereur, ton prince impérial au palais des Tuileries?

Tes femmes.... ah.... tes femmes.... un peu partout, mais surtout à.... ta favorite à....

Tu n'as pas même de chaussettes ; il est vrai que tu as des bas, sans pieds, mais ce n'est pas la même chose ; tu n'as pas même de souliers vernis, ni de gants glacés serin, le nec plus ultrà de la civilisation. Pour te punir et t'apprendre à aller plus vite désormais, je *t'impose* de cent cinquante francs, plus ou moins, impôt de guerre, rien que cela, car je suis grand et généreux. Paie tout de suite, sinon je foule aux pieds tes belles moissons, si bien peignées ; je coupe tes figuiers et tes oliviers ; je défonce ou rase ta maison et je séquestre (on appelle cela séquestrer) tes jardins, tes champs, etc. ; j'emmène tes femmes, je ne sais où et pour quoi faire, car je suis…, sur le retour depuis longtemps, et tes femmes ne savent pas faire ma cuisine ; et tout cela pour t'apprendre à te civiliser, à vivre, sinon à crever de faim et de misère avec ton père, ta mère, tes enfants, petits et grands, et c'est moi qui suis un grand conquérant et qui me couvre de lauriers…. pleurants et fumants.

Voilà deux femmes dans un champ, occupées à nettoyer, à peigner leurs blés. Pendant qu'elles y sont, elles pourraient bien profiter de la circonstance pour se peigner un peu elles-mêmes, ou plutôt beaucoup ; ce ne serait pas de luxe. Je leur dis, en passant : Oh! les bonnes, oh! les excellentes femmes, qui travaillent si bien le bien de leur mari. Elles sourient. Nous sommes cependant en pays *manefgui* (insoumis). Or, que dites-vous d'un peuple où les femmes sont soumises, même en pays insoumis ?

Nous passons au pied d'un pic fort élevé et escarpé sur le territoire de la petite tribu des Beni-Barisi. Ces messieurs descendent-ils du beau Pâris ou de quelque enfant de Paris (ville)? J'abandonne la recherche de leur origine à la science plus ou moins ingénieuse de nos savants ; cependant, si un renseignement pouvait éclairer, jeter quelque lumière sur un point de la question, je leur dirai que nous sommes maintenant en pays soumis.

Comptons-nous, tâtons-nous ; il n'y a pas de femmes. Tant tués que blessés, il n'y a heureusement personne de mort. Cependant, étant resté fort en arrière, et l'arrière-garde étant surtout ordinairement attaquée, et aussi ma monture peu sûre, ayant plusieurs fois butté; j'ai personnellement couru les plus grands dangers de... me casser le nez.

Les chemins ne sont plus que des roses ; nous sommes sortis des épines, sans déchirure, écorchure etc.; ah si, j'ai un accroc au genou de mon pantalon, qui me forcera d'en changer, pas de genou, de pantalon. Nous n'avons plus qu'à descendre. Nous arrivons dans l'après-midi à Toutdja. Toutdja est un petit tableau de genre, auquel il ne manque qu'un cadre; un de ces petits tableaux à horloge, où vous voyez des montagnes, des grottes, des cascades, une fontaine, une rivière, un pont, un chemin de fer, un bateau, un village, des maisons, des canards dans l'eau. C'est cela, plus une douzaine de moulins, l'un sur l'autre, à une distance de dix mètres ; des arbres séculaires ; des vergers d'orangers : une djemma ; une petite zaouia ; de petites maisons mauresques, etc. ; des femmes et filles kabyles traversant le fond du tableau, dans les rochers, pour aller puiser de l'eau, un Kabyle au long fusil à l'épaule, etc. Le tableau serait complet s'il y avait le chemin de fer, le bateau et l'horloge ; et à propos d'horloge : je suis étonné que l'on n'ait pas encore pensé à en camper une en pays populeux, chez les Zouaouas, par exemple, au haut d'un point culminant et dominant ; ce serait d'un fameux effet, surtout si la sonnerie était brillante et harmonieuse et jouait ou sonnait de petits airs kabyles. Chaque village, bientôt, voudrait avoir la sienne, quoi qu'on dise de la répugnance des musulmans à cet égard. Alger, Alger française, n'a jamais eu qu'une horloge ; naguère elle était sous le clocheton de la Jénina, l'ancien palais des deys ; mais ce dédale, agglomération successive de salles, de réduits de femmes, de cachots, de corps-de-garde, etc., souvenir, parlant aux yeux, des phases de ces dynasties d'un jour et de leurs mœurs, de leur existence, au jour le jour ; mais ce repaire d'égoïsme sensuel, d'intrigues et de violence étant tombé sous le marteau de la renaissance algérienne, la pauvre horloge, qui, du reste, n'allait pas trop bien, allait tant bien que mal, comme on la poussait, une fois démontée, ne put plus se remonter ; elle se trouva tout usée, comme une vieille mâchoire, tout ébréchée. Elle avait fait son temps. Il en fallait une neuve. Alger ne pouvait pas s'en passer, au moins pour régler son temps, mais où la placer : question d'un intérêt élevé, culminant. Au haut du minaret de la grande mosquée, dirent les éclairés, les éclairants, les clochers de la cathédrale n'étant pas achevés ; et les rétrogrades, je ne sais trop par quoi aveuglés, au sacrilège de crier. Cependant, l'avis fut adopté et une horloge du fameux Schwilgué, de la cathédrale de Strasbourg l'illustre horloger, une horloge *sonnant*, aux quatre cadrans éclatants, et le jour et la nuit l'heure indiquant brillamment, vint par chemins de fer et bateau à vapeur, sans peur, carrément se placer au haut du minaret carré, à neuf restauré, de la grande mosquée d'Alger.

Tout d'abord, les musulmans furent étonnés; puis ils réglèrent leurs montres arrêtées sur la nouvelle heure, en chiffres romains indiquée; or, pour les musulmans, romain c'est chrétien. Cela me fait proposer, lorsque la cathédrale sera achevée, quand? Dieu le sait, de placer sur son clocher, bien plus en vue de la haute Alger, par les Maures habitée, que la grande mosquée, une horloge sonnant et brillant, et le jour et la nuit indiquant brillamment l'heure en chiffres musulmans.

Nous couchons à Toutdja. Je suis étonné que l'industrie française n'ait point encore utilisé ce point. Imaginez-vous des sources abondantes sortant des rochers, de tous les côtés, et formant un ruisseau en tout temps courant et abondant.

Nous partons le lendemain matin pour Bougie. Les chemins continuent à être bons. Ils ne sont pas carossables; mais cela est inutile, puisqu'il n'y a pas de voitures. Il suffit, quant à présent, qu'un mulet bien chargé puisse les parcourir sûrement, facilement, la nuit comme le jour. Les besoins du commerce ici ne réclament pas autre chose. Nous rencontrons plusieurs Kabyles poussant devant eux de petits ânes chargés de sacs de peau de mouton remplis de figues sèches. Chaque bête en porte pour une valeur de quinze francs. Ils vont dans la province de Bône les vendre ou plutôt les échanger dans les douairs, contre du blé, de l'orge ou de la laine. Soixante lieues au moins!

Nous passons sous les arceaux en pierres de taille d'un aqueduc romain, monument dans le genre de celui de Jouy, sur la Moselle, près de Metz. On serait tenté de croire que ces Romains avaient des secrets, perdus aujourd'hui, pour couper et façonner la pierre comme de l'argile, des machines à maçonner, tailler la pierre, construire, édifier; à faire des monuments, comme nous en avons, nous, à filer et tisser le coton, à laminer le fer, etc. En tout cas, ils avaient de fameux ingénieurs hydrauliques. Cet aqueduc servait à transporter les eaux des sources de Toutdja à Bougie et à l'en abreuver abondamment, elle et son port. Nos ingénieurs seraient-ils donc humiliés de suivre l'exemple des Romains; je ne sais, mais ce qui est certain, c'est que les habitants de Bougie s'en trouveraient bien. Nous passons près d'un petit bois marabout, puis nous descendons dans la petite plaine ou vallée qui est au fond de la magnifique rade de Bougie. Il y a sept ans, ce n'était qu'une prairie ; aujourd'hui elle est couverte de moissons. J'y vois des fermes de récente construction.

J'aperçois Bougie, ancienne, très-ancienne petite ville, bâtie gracieusement et pittoresquement, en échelons, aux flancs du mont Gouraïa, et baignant ses pieds dans les eaux de la mer. Voici du nouveau. Une fontaine avec un vaste bassin-réservoir, couvert ; c'est très-bien, comme utilité, mais le monument a un peu trop l'air funéraire. Bougie n'est plus reconnaissable. Elle a, depuis quelques années, été rebâtie à neuf, à la française, sur et avec les ruines des maisons mauresques. Elle a sa place avec son café à la mode, aux tables en plein air. Je ne trouve plus M$^{me}$ Blanc l'aimable providence des voyageurs ; serait-elle partie ? non, elle a seulement changé de place. Elle a suivi la prospérité de la ville. Elle est devenue riche, à force de patience et de travail. Elle a fait construire un nouvel hôtel, l'hôtel de la Marine, très-confortable, mais d'où la vue n'est plus pittoresque. De belles chambres, aux murs peints de couleur claire avec filet violet et bleu de ciel ; de bons lits ; quel luxe confortable !

J'arrive justement au moment du déjeûner. C'est heureux ; car il ne me reste plus de mes provisions de Dellys qu'un morceau de fromage de Gruyère passé à l'état de corne. C'est là le grand défaut de ce fromage, auquel, du reste, je n'en connais pas d'autre, de se dessécher et se durcir trop vite; défaut qui, malgré ses bonnes qualités, le rend impossible comme provision de voyage. Aussi lui préfère-t-on généralement le fromage de Hollande, bien moins bon, mais qui se conserve très-bien et longtemps, et se transporte facilement. Il est lourd, compact et à peu près rond comme une boule, et son poids est de un à deux kilog., ce qui en permet l'envoi et l'emploi, pendant plusieurs jours, sans avarie ni dessèchement, aux petits et aux grands consommateurs, à une seule personne comme à plusieurs. Si nos grands métayers pouvaient fabriquer des fromages, dits de Gruyère, de ce poids et de cette forme, sans en altérer la qualité, et cela pour l'exportation, ils rendraient un véritable service, je ne dis pas à l'humanité en général, mais au moins à celle qui aime et surtout qui mange de leur fromage. Il faut que je fasse un rapport là-dessus, intitulé : « De l'utilité pour le consommateur d'un nouveau format du fromage, dit de Gruyère. »

Bougie est une ville de commerce, déjà fort importante et qui ne peut manquer de le devenir encore davantage dans l'avenir. C'est sur sa place qu'arrivent, que s'écoulent les grains, blés et orges du riche pays de Sétif et des plaines de la Medjana, les huiles d'olives et les figues sèches d'une grande partie de la Kabylie, la plus riche en ces denrées. Nous sommes maintenant en temps mort, puisqu'il n'y a plus d'anciens produits et pas encore de nouveaux ; mais cette année lui sera prospère, car les récoltes en tous genres promettent d'être très-abondantes.

En parlant de produits, en voici un petit, que je ne connaissais pas. Je le trouve sur ma table, au dessert. C'est un petit fromage qui réveille en moi des souvenirs d'enfance et d'estomac. Lorsque notre père était inspecteur des forêts à Nantua, un jeudi, le matin, je grimpai sur une des deux montagnes qui dominent le lac ; montagne dont je voyais le sommet tous les jours, depuis ma fenêtre, en faisant mes devoirs, de fameux devoirs ! Arrivé en haut, ce que je croyais petit, vu d'en bas, se trouvait être grand ; et ce que je prenais pour de la petite verdure, était une forêt. Allant toujours, je m'égarai. J'errai longtemps à l'aventure, et mourant de faim, je finis par découvrir une métairie. On me donna du pain et un petit fromage de chèvre, de forme carrée, je crois. Je trouvai le tout excellent. En rentrant, on me dit que ces petits fromages s'appelaient, dans le pays, chevriers, et qu'ils étaient très-recherchés et très-goûtés des gourmets de Lyon. Depuis lors, et il y a déjà un peu trop longtemps, j'avais tout-à-fait perdu de vue et de goût ces fameux petits fromages, et je viens, ô caprice de la destinée ! je viens d'en trouver un sur ma table, à Bougie, après un certain nombre d'années de séparation ; or, il ne vient certainement pas de Nantua ; d'où donc vient-il, madame Blanc, d'où vient, je vous prie, d'où vient le petit fromage, dont vous voyez la dépouille sur mon assiette et auquel je viens de consacrer quelques souvenirs et quelques coups de dents reconnaissants ? — Monsieur, ce fromage est, ou plutôt était, du mont Gouraïa ; c'est un fromage kabylo-français ; c'est-à-dire qu'il a été fait avec du lait de chèvres kabyles, en pâturage sur le mont Gouraïa, des mains de M$^{me}$...., femme du directeur du phare de Bougie, vieil Italien, ayant servi, autrefois, sous les drapeaux de la France.

— Eh bien, madame Blanc, si j'étais gouvernement, je donnerais à l'estimable M$^{me}$.... une concession en montagnes kabyles, où il y aurait beaucoup de pâturages de chèvres· c'est-à-dire :

genêts d'Espagne, myrthes, etc. ; avec obligation de sa part, d'élever, aux frais du gouvernement, dans la connaissance de l'excellence de son art, plusieurs petites filles kabyles, afin de propager, généraliser la fabrication, la production de ces bonnes petites choses au profit de la gastronomie algérienne et des fillettes kabyles, pour leur permettre d'acheter des peignes et du savon, par exemple. Bien : les ferait-on ronds ou carrés ? question de forme ; grave question. La forme ronde est la plus jolie ; la forme carrée est la plus commode... Je ne me décide pas tout d'abord. Il faut réfléchir ; cependant, sans rien préjuger et pour tout concilier, on pourrait en attendant, en faire de ronds et de carrés. Cela contenterait tout le monde et les amateurs de la forme, et encore plus, et en tout cas, ceux qui préfèrent le fond. Voilà mon idée et ma morale. Vous préféreriez peut-être mieux à l'un et l'autre, le fromage. Eh bien ! quand j'irai en France je vous en apporterai, pas de la morale, du fromage.....

Madame Blanc, j'ai de fins becs, haut perchés, des estomacs de magistrats à gagner, à séduire, à capter ou au moins à ménager ; il me faut une douzaine de fromages, car ils sont très-petits, et lesdits becs et estomacs sont assez bien ouverts. Madame Blanc, je vous refais mon compliment sur l'heureuse et excellente fabrication de votre fromage ; mais je n'en fais pas autant sur celle de votre vin de Pommard ; on le fabrique très-mal à Bougie.

Je m'entends appeler par derrière ; qu'est-ce ? Bon, deux magistrats. Un magistrat parlant et même fort brillamment, en tournée dans son arrondissement, M. le procureur impérial de Philippeville, M. Kuenemann, et M. le substitut de la localité. Non, il n'y a pas de tribunal de première instance à Bougie ; c'est M. le juge de paix, qu'à son air de jeunesse je prenais pour un substitut ; car, maintenant, Bougie a son juge de paix ; c'est un de ses perfectionnements.

M. le juge de paix ! vous vous imaginez peut-être un homme d'âge, à tête chauve ou au moins grisonnante, à lunettes, etc., grave, mûr, sinon vieux. Point, en Algérie, il en est tout autrement. Les juges de paix sont les surnuméraires, les aspirants à la magistrature des tribunaux de première instance. Crée-t-on une justice de paix, on y envoie un jeune avocat, ayant travaillé quelques mois dans un parquet ; ou bien un jeune docteur en droit, sortant de l'école. Or, ce mode de faire n'est bon pour personne, ni pour les administrés, ni pour les administrants. Ceci soit dit d'une manière générale ; car personnellement, notre jeune juge de paix passe pour être de bonne étoffe.

La population des villes, qui sont en état de formation en Algérie, est composée de toute sorte d'éléments et de nationalités. Pour être à même de rendre une bonne justice à de telles populations et de contribuer à lui imprimer un bon esprit dans les affaires, il faut au magistrat, chargé de cette mission, non-seulement la science du droit, mais aussi, et surtout, de la maturité de caractère et de savoir ; la connaissance des hommes et des choses de ce pays ; en un mot, une grande expérience ; il faut de la fermeté sans emportement, sans indignation, du moins apparente, de la fermeté calme et prudente, sous une tenue, une forme extérieure, magistrale ; il faut au dehors, comme aussi chez lui, un sage esprit de conduite en la forme et au fond, toutes conditions d'être qui ne s'improvisent pas, ne s'acquièrent pas dans un jour, sans maîtres, sans enseignements et qu'on ne parvient même à bien posséder, sauf exception, qu'après de longues années d'exercice et de pratique dans la magistrature. Il faudrait, en un mot, pour remplir, bien remplir les très-belles et très-importantes fonctions de juge de paix en Algérie, des magistrats faits et non des magistrats à faire. Il faudrait choisir parmi les juges les plus expérimentés de caractère, de conduite et de savoir et leur confier ces fonctions, comme étant transitoires à celles de président de tribunal. Ainsi conviendraient les fonctions au magistrat et le magistrat aux fonctions. C'est le contraire, ou à peu près, d'après le mode actuellement suivi Car si les jeunes avocats, débutant dans la carrière de la magistrature, ne conviennent pas, en général, aux fonctions de juge de paix, celles-ci leur conviennent encore moins. Dans les justices de paix, pas de barreau, pas de plaidoyers un peu savants, élevés ; rien que des criailleries vulgaires, triviales ; pas ou peu de questions de droit, si ce n'est quelques questions de droit maritime dans les ports ; pas d'affaires importantes par leurs complications : des protêts de billets, des condamnations en paiement de sommes dues et non payées aux échéances ; des demandes de délais; des querelles intestines de ménage ; femmes battues, trop battues par leurs maris ; maris trop agacés par leurs femmes, etc. Pas de compagnie de magistrats, école pratique où le jeune magistrat se forme aux mœurs judiciaires, où il s'inculque l'esprit de la magistrature, cet esprit de digne et libre indépendance, de libre arbitre, d'intégrité et d'impartialité éclairées ; toutes qualités qui ont formé une si belle, une si bonne et si haute réputation à la magistrature française ; mœurs et esprit dont l'inamovibilité est, il faut le dire, tout à la fois la garantie et la sanction ; car l'inamovibilité n'a pas été instituée pour donner des droits aux magistrats, mais bien pour lui imposer des devoirs rigoureux et comme garantie pour les justiciables. Or, les justices de paix, en Algérie n'offrent aucune de ces conditions, dont le concours forme le jeune magistrat et sous le rapport de l'instruction pratique dans les affaires, et sous le rapport du caractère. De plus, en dehors de ses fonctions, à moins d'être condamné à un isolement complet, chose fâcheuse pour un jeune homme, il est exposé au danger apparent et réel de juger, le lendemain, ceux qu'il aura fréquentés la veille.

Je crois donc que, sous tous les rapports, mais surtout sous celui d'une bonne administration de la justice en Algérie, il serait plus logique et plus sage de faire débuter les jeunes avocats, qui se destinent à la magistrature, dans les tribunaux de première instance, comme juges suppléants, substituts et même juges, quand ils auraient fait preuve de capacité suffisante pour cela, que de les envoyer dans les justices de paix, où les magistrats, en fait de science et d'autres choses, n'ont pas grand'chose à apprendre pour eux-mêmes, mais au contraire, beaucoup à apprendre aux autres.

Je rencontre M. Lenoble, lieutenant du bureau indigène de Bougie, et lui fais mon compliment sur la manière cordialement hospitalière avec laquelle les cheiks, caïds et autres de son cercle, accueillent les voyageurs. Je lui fais promettre d'envoyer à Méhemmed-ou-Adouche un bon ouvrier, pour lui construire une cheminée, non pas une cheminée en miniature, comme quelques-unes de celles que j'ai vues dans les maisons de commandements, cheminées de petit ménage parisien, où une seule personne peut à peine se chauffer les pieds, faire chauffer de l'eau pour sa barbe, ou allumer sa pipe, mais bien une cheminée comme celles des cuisines de nos maisons de ferme de France, sous le manteau desquelles on peut, au besoin, faire rôtir un mouton et ses accessoires et réunir tous les gens de la maison. Une cheminée, cela fera sensation dans le pays. Puis après la cheminée, la crémaillère, puis les chenêts, puis les pincettes, la pelle, etc.; et voilà, comme vous voyez, d'un seul coup, notre industrie introduite au foyer de la maison kabyle. Si une autre fois, en repassant, je trouve la cheminée installée, je demanderai à l'industrie et au commerce français un brevet de.... je ne sais pas quoi.... de propagande commerciale et industrielle.

Je pars à midi ; me voici de nouveau à l'endroit d'où je suis parti en mil huit cent cinquante, pour tenter la traversée de la Kabylie ; tentative qui paraissait, à cette époque, sinon impossible, au moins périlleuse et difficile et que cependant, j'ai effectuée fort heureusement par la route, qu'ouvrait alors le colonel de Lourmel, le valeureux colonel de Lourmel, mort plus tard glorieusement sous les murs de Sébastopol. Cette route est aujourd'hui abandonnée ; on y rencontrait trop de pentes rapides. Une nouvelle a été ouverte par les Kabyles en corvées, sur le tracé de nos officiers du génie et la surveillance des sous-officiers.

Une bonne route entre Bougie et Sétif est la condition essentielle de la prospérité de ces deux villes. Les produits, surtout les céréales, abondent dans le pays de Sétif, et ils n'ont pas d'autre débouché que Bougie ; or le prix de transport entre ces deux villes est encore de trois fois celui des céréales transportées ; ainsi, on m'a assuré qu'une certaine mesure de blé, coûtant cinq francs sur le marché de Sétif, revenait à vingt francs, rendue à Bougie. Cela fait trop l'affaire ou plutôt les affaires des muletiers indigènes, et pas assez celles de nos colons et de nos commerçants.

En tous cas, vous le voyez, les routes sont ici, comme d'ailleurs partout en Kabylie, utiles pour tous, vainqueurs et vaincus ; elles ont même enrichi beaucoup de ceux-ci, qui, précédemment, croupissaient dans la misère.

A une heure de Bougie, je prends la route, la grande route, si vous voulez bien, la grande route de Bou-Agbou. Elle n'est point encore achevée sur tout son parcours, mais elle avance. C'est M. Augereau qui l'a fait ouvrir, comme l'autre, à l'aide de corvées kabyles, sur le tracé de nos officiers du génie et la surveillance des sous-officiers de cette arme, transformés en piqueurs des ponts-et-chaussées. Elle est très-bien faite. Ses fossés, ses relevées, ses terrassements sont parfaitement établis. Ainsi voilà des vaincus travaillant avec les vainqueurs, chacun selon ce qu'il peut, à des travaux d'une utilité et d'un intérêt communs, ceux-ci à ouvrir de nouvelles voies au commerce et à l'industrie de leur pays; ceux-là à faciliter l'écoulement et la vente des produits de leurs terres et à en augmenter la valeur. Et cela s'est fait sans effusion de sang. C'est la sagesse, la bonté et la fermeté, tout à la fois, de l'administration de M. le colonel Augereau, c'est la confiance qu'il a su inspirer aux Kabyles, qui ont fait les frais de ce beau monument.

On peut bien des choses avec les Kabyles, quand ils sentent, quand ils voient qu'on veut le bien, qu'on veut le juste. Quant à présent, pour rester dans le sujet, il faut des routes, toujours et partout des routes. Elles étaient autrefois, c'est-à-dire, il y a quelques années, des monuments impérissables et utiles de la victoire; elles sont aujourd'hui et seront désormais les monuments impérissables et utiles de la paix et de la civilisation. Exemple, tiré du passé :

En 1850, M. le général Charon, alors gouverneur de l'Algérie, forma une petite colonne composée de toutes armes, et l'envoya, sous le commandement du général de Barral, expéditionner entre Sétif et Bougie, en plein pays kabyle, et ouvrir une route entre ces deux villes. Un beau matin, notre colonne se trouva au milieu des montagnes, environnée, enveloppée de Kabyles en armes. Il y en avait partout, de tous côtés, sur tous les points. Il fallait vaincre, car la retraite eût été difficile, sinon impossible, en cas d'échec, dans ce pays coupé de ravins embroussaillés et barré par des montagnes escarpées, abruptes. Le général fit ses dispositions ; mais au moment où la colonne s'ébranlait, une balle kabyle le frappa mortellement et le renversa à bas de son cheval. Le jeune et brillant colonel de Lourmel, du 51e de ligne, prit aussitôt le commandement. Tout en massant son monde, il simula un mouvement de retraite ; puis, tout-à-coup, quand les Kabyles, enhardis par la mort du général et par cette apparence de retraite, se croyaient déjà vainqueurs, tout-à-coup, à un signal donné, un coup de canon, je crois, il s'élança et fondit sur eux. Le choc fut si prompt et si furieux, que les Kabyles, frappés d'une terreur qui, certes, n'était pas panique, des baïonnettes dans les reins ou sous le nez, tournèrent les talons, avec ensemble et rapidité, et en un instant ce fut de leur part un sauve-qui-peut général et particulier, un chacun pour soi, une fuite, en un mot, à fond de train, spontanée et désespérée. Sans les difficultés de terrain, pas un n'eût échappé à la terrible baïonnette de nos fantassins et aux sabres de nos chasseurs d'Afrique. Beaucoup périrent cependant. De notre côté, le brave général de Barral fut seul tué. Il paya seul de son sang, de sa vie, les frais de sa victoire ; mais sa mort glorieuse fut vengée d'une manière terrible.

Profitant utilement de la terreur que cette victoire avait inspirée aux Kabyles, le victorieux colonel, qui avait pour chef d'état-major le colonel de Cissey, fit ouvrir par ses soldats, à travers monts et vaux, une route entre Bougie et Sétif. Vingt jours après, pendant mes vacances de juin, j'allais, monté sur un mulet, au pas ordinaire, très-ordinaire, avec deux Kabyles seulement pour guides, que m'avait donnés M. le capitaine Augereau, du bureau arabe de Bougie, et dont un seulement était armé d'un fusil, j'allai, sans autre passeport que son nom, par cette route, de Bougie à Sétif, trajet d'une trentaine de lieues environ.

Le premier jour, je m'arrêtai pour déjeûner dans un petit village, chez des femmes qui me reçurent très-bien. Elles m'offrirent ce qu'elles avaient : des poires, pas de bon-chrétien, du lait et de la galette toute chaude, *ejusdem farinæ*, galette biblique ; pas fameux. J'arrivai vers cinq heures du soir dans un grand village kabyle, situé presqu'au haut d'une montagne, dans la tribu des Guifseurs.

J'y flânai jusqu'à la nuit, entrant dans les maisons, reçu par les femmes, visitant la fontaine pendant que les femmes y étaient. J'y passai la nuit, qui même aurait pu être passée très-agréablement, dans une maison du caïd, le vieux Saadi, bonne tête de vieux finaud. Mais je vous ai déjà raconté cela en son temps, fort longuement et en détail. Enfin, j'arrivai à Sétif, le surlendemain, sans le moindre accident, quoique j'eusse voyagé une partie du second jour avec un seul guide, armé seulement d'une baguette, et quoique j'eusse rencontré en route beaucoup de Kabyles voyageurs.

Depuis cette époque la route a été redressée et améliorée ; on y a construit des caravansérails, tenus par des chefs kabyles ou sous leur surveillance. Elle est aujourd'hui très-fréquentée. Je n'ai pas appris qu'il y fût arrivé le moindre accident. Un Maltais s'en va seul porter son poisson frais de Bougie à Sétif. Autrefois, avant l'établissement de la route, il aurait fallu toute une colonne pour faire le même trajet, encore eût-elle dû avoir sans cesse l'œil ouvert et le jarret dispos, prêt.

Je ne crois pas, soit dit en passant sur ladite route, je ne crois pas qu'il existe dans nos annales algériennes un autre exemple d'expédition, à la fois, je ne dis pas plus, mais aussi glorieuse pour nos armes et aussi utile, aussi fructueuse pour la pacification et la civilisation. Victoire brillante et conquête durable. C'était plaisir de voir, c'était bonheur de voir nos braves et infatigables soldats, après avoir ouvert à coups de fusils, à travers les Kabyles combattants, un chemin, un brillant chemin à la victoire, ouvrir ensuite, à coups de pioche, à travers leurs montagnes, jusqu'alors infranchissables et voilées par une épaisse et antique barbarie, un chemin pour toujours à la paix et à la civilisation; d'une main arrachant les lauriers sanglants de la victoire, mais de l'autre, aussi, plantant à leur place le doux et fécond olivier de la paix et de la civilisation. Qu'est-ce que vous dites de la phrase? Moi j'aime mieux le fond. Ainsi, M. le général Charon a eu, le premier, la gloire heureuse et à tout jamais impérissable, de planter au milieu de la Kabylie le drapeau de la France, c'est-à-dire de la civilisation.

Autre exemple : L'année suivante, si ce n'est même la même année, vers la fin de l'automne, le général Pélissier, alors gouverneur, par intérim, sauta, avec une poignée d'hommes, d'Alger à Dra el-Mizan ; escalada les montagnes des Beni-Kouffix, les fit déguerpir du haut de leurs pics ; redescendit raser les Michtras ; puis, par une habile et hardie stratégie, alla surprendre les Beni-Maacta, qu'il défit. Le tout fut fait en un tour de main, en un clin-d'œil, avec la rapide énergie, avec l'étonnante promptitude de coup-d'œil et de décision qui caractérise le terrible foudre de guerre et d'a... Il fallait, du reste, aller vite en besogne, car le mauvais temps arrivait, et c'est un ennemi bien dangereux, presque invincible même en Algérie. Il revint à Alger sans autre ennemi à sa poursuite, sur ses talons, dans le dos, lui, que la pluie, ennemi redoutable, il est vrai, mais devant lequel on peut fuir sans honte. Il laissait toutefois derrière lui, à Dra el-Mizan, le capitaine Beauprêtre, avec quelques soldats, des turcos, je crois, pour planter et consolider, comme résultat réel et durable de sa vigoureuse et utile campagne, une borne de conquête, de prise de possession, en fondant Dra el-Mizan. Ce point devint bientôt important entre les mains du capitaine. Une route fut ouverte jusqu'à Alger. C'est celle qu'en mil huit cent cinquante-deux, puis en mil huit cent cinquante-trois, M. le général Pélissier étant encore gouverneur, par intérim, j'ai parcourue d'un bout à l'autre avec un seul guide; c'est celle que parcourent depuis lors, sans accident, fréquemment et isolément les colons, femmes ou hommes, de Dra el-Mizan. Cependant elle traverse des solitudes, autrefois coupe-gorges fort dangereux pour les voyageurs arabes et même kabyles. Un de ces lieux même, une source, porte ce nom peu rassurant, en forme d'avertissement : *ochrob ou horobe* (traduction libre ; bois et file !) et pour parler correctement : bois et va-t'en vite ! Le vol, la rapine, l'assassinat y guettaient le voyageur isolé. Aujourd'hui, sécurité parfaite.

Voilà la vraie, la grande, la belle manière de faire campagne en Algérie ; désormais surtout, celle des hommes de tête et de cœur, des hommes de haute portée qui voient dans l'avenir ; vaincre pour s'établir, pacifier, civiliser ; mais ces campagnes, courses militaires au clocher, qui n'ont d'autres causes, d'autres buts que d'égoïstes, d'étroites et de vulgaires ambitions ; d'autres résultats que de dissiper inutilement le sang et l'argent de la France, de laisser derrière elles la ruine et la dévastation, de semer la mort, la haine et la vengeance, ces campagnes sont le fait des impuissants, des hommes de petite, de courte étoffe, de basse vue, qui ne voient qu'un petit point, ou plutôt une tache dans l'horizon de l'avenir, leur intérêt personnel et pressant ; qui ne peuvent ou ne veulent, quoi qu'on dise, quoi qu'on fasse, agrandir et élever leur cœur et leur cervelle au niveau des exigences présentes et des éventualités de l'avenir, des prévisions de l'avenir ; impuissants pour le présent, impuissants pour l'avenir ; impuissants pour la paix, impuisssnts pour la guerre, forts avec les faibles et les écrasant, faibles avec les forts et fuyant devant eux.

Telles ont été les campagnes de mil huit cent cinquante-quatre et mil huit cent cinquante-six, campagnes sans causes et sans buts connus ou au moins avoués ; campagnes avortées dès le principe ; campagnes, quant à leurs résultats, sans gloire et sans utilité pour la France. Quand je dis sans gloire, je parle d'une manière générale, de la direction, de l'ensemble, car partout où les Français combattent, il y a toujours de la gloire. Ainsi, lors de la campagne de mil huit cent cinquante-quatre, M. le général de Mac-Mahon traversa brillamment, avec sa petite colonne, toute la Kabylie, même la tribu des fameux Beni-Illiten et autres, pour rejoindre le général en chef ; sur son chemin, il investit même un village des Beni-Illiten, où s'étaient réfugiés, à la place des femmes et des enfants, les plus fous, les plus enragés Kabyles de la contrée ; mais notre Bayard moderne eut pitié de ces malheureux ; il passa outre ; il fallait à sa valeur d'autres murailles ou d'autres ennemis : il lui fallait Sébastopol.

Dans la même campagne, le général Paté, au courage de géant, au courage de bronze, s'élança, dans un moment très-critique, à la tête de quelques compagnies, et, par sa valeureuse et intrépide présence d'esprit, empêcha peut-être une catastrophe. A la fin de la campagne de 1856, si on peut appeler cela une campagne, le colonel Pellet, par une habile diversion, dégagea M. le comte Randon, maréchal de France, maladroitement fourvoyé et d'un peu trop près pourchassé et reconduit, ramené par quelques bandes de Kabyles effrontés, mais aiguillonnés.

Mais ce sont là des actes, des faits isolés ; car quoi qu'on fasse, ou plutôt qu'on ne fasse pas, l'esprit de gloire de la France surgit et éclate toujours quelque part et de manière ou d'autre.

Mais revenons sur les routes. Si, au point de

vue de la conquête pacifique, ou mieux de la pacification, elles sont d'une absolue utilité, nécessité même, du point de vue purement militaire, elles ne sont pas moins utiles. Les rudes travaux qu'elles nécessitent, au milieu des appréhensions incessantes d'hostilités, d'alertes, de surprises, d'attaques, dans un pays difficile, montagneux, tout en rompant, en endurcissant le soldat à toutes sortes de fatigues, stimulent et développent en lui l'esprit militaire, l'esprit de la guerre et lui en donnent l'habitude.

La nécessité de se construire un abri, un gourbi, de s'y installer le mieux possible, avec peu de moyens, de ressources, de chercher à se pourvoir de lui-même des petits, mais indispensables accessoires de la vie, le rendent ingénieux, inventif, adroit, l'habituent à compter sur lui-même, à savoir se tirer d'affaire, à se contenter de tout et partout. La vie des camps ou plutôt du travail dans les camps, chasse la nostalgie, entretient la gaîté, la bonne humeur et même la véritable discipline. De son côté, l'officier, qui voit de près le soldat, apprend mieux à le connaître et, par conséquent, à le conduire. Lui-même, et cela dans tous les grades, a souvent des commandements ou des missions isolées, qui lui apprennent la pratique, l'à-propos, l'opportunité, la spontanéité des manœuvres, de son art, en un mot, bien autrement et bien mieux que sur un champ de manœuvre de garnison : c'est cet ensemble de travaux qui forme nos colonnes et les prépare aux grandes choses. Quoique je ne connaisse rien aux affaires de la guerre, j'ai été frappé cependant de la manière dont se comportait la petite colonne du colonel de Lourmel, après deux mois de campagne. Dans sa marche, célérité, ordre, discipline ; arrivé au lieu du campement : au bout d'une heure tout était à sa place. Devait-on séjourner ? deux jours après, le camp était une petite ville improvisée.

Le sous-chef d'état major, M. le capitaine Besson choisissait les lieux de campement, avec une admirable sagacité et une entente et expérience parfaites de toute choses, facile défense, vue étendue et dominante, proximité de sources, de fourrage, de bois, etc.

Quant aux combats, ils ne rapportent ni gloire, ni profit, rien que des pertes. En effet, il n'y a ni ligne à rompre, ni bataillons carrés à enfoncer sur le champ de bataille, ni citadelles à trouer, à ébrécher, à renverser, ni grandes opérations de stratégie à combiner et à exécuter, contre un ennemi de force égale, etc. La guerre avec les Kabyles est bien plutôt une série de traques, d'affûts, de battues, soit de jour, soit de nuit; les siéges, la démolition, l'incendie, avec quelques bombes, quelques fusées, parties du dos d'un mulet, de quelques baraques de branchages, de quelques maisons faites de pierres et de boue.

Cette guerre de broussailles est même beaucoup plus meurtrière pour nos soldats que pour les Kabyles ; car, à l'exception de quelques surprises très-rares, ils ne tiennent ferme que quand ils ne peuvent pas faire autrement. Habituellement, pour combattre, ils se mettent à couvert derrière un arbre, une broussaille, un rocher, un accident de terrain, dans un ravin, etc.; là, ils prennent, choisissent leur temps et ne tirent qu'à belle, et pour ainsi dire, qu'à coups sûrs. En temps de guerre, un coup de fusil leur coûte fort cher, et chacun achète ses munitions. Ils combattent ainsi jusqu'à ce qu'il soient découverts et menacés ; alors ils décampent, pour aller se poster ailleurs et continuer ou recommencer le même genre de combat. De plus, la guerre a pour eux un caractère tout personnel. C'est le fanatisme, l'esprit de rapine, de vengeance qui les y pousse. Tous ces mobiles développent à un haut degré leur courage, leurs instincts de ruse et même de cruauté. Ils s'acharnent sur les prisonniers, ou plutôt les tuent et les mutilent; de là des représailles inévitables de là part de nos soldats. Triste et pauvre guerre, comme vous le voyez, peu digne d'un grand peuple; guerre de moucherons enragés. Si elle fait surgir, par hasard, quelques belles et fortes individualités, quelques grands courages, quelque grande capacité, elle ne forme pas nos soldats, notre armée, en général du moins, nos officiers surtout, au courage et aux grandes choses des champs de bataille, et, si elle développe l'énergie de quelques-uns de nos soldats, elle lui donne en même temps des habitudes de cruautés fâcheuses, déplorables.

Un dernier mot, pendant que j'y suis. Les routes répandent un peu partout l'argent de la France; elles mettent partout la confiance mutuelle en circulation, enhardissent la colonisation, le commerce, l'industrie, en un mot, les entreprises de toutes sortes de la paix; elles facilitent aussi les relations de tout genre, d'individu à individu, entre les deux peuples, et entament ainsi les préjugés nationaux réciproques.

La guerre pour la guerre, au contraire, fait glisser l'argent de la France dans les poches de quelques grugeurs, de quelques frelons, sans profit aucun, sans utilité aucune pour le pays, arrête la confiance, met tout en question, empêche les progrès de la colonisation, du commerce et des autres entreprises de la civilisation, détruit souvent ceux qui existaient ou qui commençaient à se former, et entretient et augmente même et envenime l'esprit d'antipathie, de prévention, de préjugés internationaux. Ainsi, à tous les points de vue, des routes, toujours des routes, partout des routes.

Nous suivons en le remontant, le cours de la Soumma, c'est-à-dire une ligne qui lui est parallèle, en touchant de temps en temps quelques coudes de ses sinuosités. Partout nous trouvons des champs de blé et d'orge, dont les épis sont formés; la récolte s'annonce magnifiquement. Nous sommes suivis par un Kabyle qui revient de la fenaison. Il paraît que les Kabyles de Bougie se mettent à faucher. Cela est fort avantageux pour l'avenir, car cette circonstance va augmenter les relations d'intérêt réciproques entre eux et nos cultivateurs. Tout le monde y gagnera. Les faucheurs qui viennent d'Italie ou de la Sardaigne, ne coûtent pas moins de cinq francs par jour à nos cultivateurs, plus la nourriture ; prix énorme. Les Kabyles n'exigeront pas même la moitié de ce prix.

J'aperçois à notre gauche une croix sur un tertre en pierre, contre le bas de la montagne; c'est là qu'ont été recueillis les restes de quelques-uns de nos braves soldats, surpris par des neiges imprévues et morts de misère. Le monument en pierres sèches qui les recouvre, est une espèce de mur, il commence à s'écrouler de malfaçon, car les Kabyles ont respecté et la croix et le monument. C'est en servant la France que ces malheureux ont succombé si cruellement ; ils mériteraient un souvenir apparent, qui ne s'écroule pas.

Nous passons près de ruines romaines ; ce sont des murailles en pisé fort épaisses ; ça devait être un camp ou un lieu de réclusion. Nous arrivons vers cinq heures sur le sommet d'une montagne, aux pentes parfaitement cultivées, dans un village considérable des Fnayas, d'où la vue s'étend sur le bas et le haut de la Soumma à une distance très-grande ; on voit tout le pays.

De là nous gagnons l'établissement de M. Gautier, bâti vis-à-vis, mais plus bas et sur le flanc d'une montagne, plantée d'oliviers.

C'est une construction française, simple et de bon goût. C'est là que nous devons retrouver nos deux magistrats. Diable, nous arrivons un peu tard; on est au dessert. Heureusement M<sup>me</sup> Gautier avait très-bien fait les choses, et nous ne mourrons pas de faim chez elle.

Demain matin un de MM. les magistrats, le magistrat parlant, va faire avec M. Gautier une tournée tout près des insoumis et me propose d'en être; accepté à l'unanimité, j'en serai. Notre grave juge de paix est un fort agréable convive, quoique un peu pétulant et de sève exubérant. Ça ferait un substitut de première qualité. Il y a des lits pour tout le monde.

Nous partons le lendemain matin à six heures et commençons à grimper. M. Gautier nous fait voir une porcherie, qu'il fait établir près de la forêt; une porcherie en plein pays kabyle, en pays de musulmans, où on a horreur de ces bêtes. En voilà un progrès de fait. Le bois que nous traversons est clair. C'est le chêne-liége et le chêne-zène qui dominent. Mais ces arbres ont été maltraités par l'incendie et les troupeaux, et je ne vois pas de beaux arbres.

Cependant l'activité et la force végétative de ces essences sont tellement vivaces, que beaucoup de sujets persistent à vivre, quoique leur tronc ait été atteint et même roussi par l'incendie, et poussent, malgré cela, de petits rejets sous les branches carbonisées. Jusqu'à présent les bois ont été sans valeur pour les Kabyles, puisqu'ils ne trouvaient pas à les utiliser, aussi n'hésitent-ils pas à y mettre le feu, pour procurer quelques pâturages à leurs troupeaux. L'administration, dans un intérêt général et même dans leur propre intérêt, fait tous les jours des efforts pour diminuer, si non empêcher totalement, ces habitudes désastreuses. Le moyen le plus efficace serait, quand on sera en mesure, de les intéresser à l'exploitation. Cette exploitation, matériellement parlant, ne me paraît pas devoir offrir beaucoup de difficultés, et ses produits pourront descendre assez facilement, même jusqu'à la Soumma.

Nous visitons le bordj de M. Wagner, qui domine tout le pays et que j'avais déjà aperçu de loin ces jours derniers.

C'est une triste et aride résidence, quoique la vue doive y être magnifique. Vue que nous ne voyons pas, car, depuis notre départ nous marchons à travers un brouillard épais, aussi épais qu'un brouillard de matinée d'automne en Lorraine, un brouillard de vendange, à ne pas voir à dix pas devant soi. Nous nous arrêtons aussi sur un petit plateau culminant, où sont les ruines d'un poste romain. Toutes les pierres sont là, pierres de taille de fortes dimensions, superposées sans mortier. On pourrait en reconstituer le fort. Aujourd'hui, contre une de ces murailles est bâti un gourbi, qui sert de corps de garde à quelques Kabyles.

Nous entrons dans la forêt de Beni-Idjer, tribu insoumise ; même épais brouillard. Les arbres, chênes-zènes que je puis voir, sont d'une très-belle venue. Ils ont de vingt à vingt-quatre mètres de tige et sont droits comme des sapins. Leurs branches ne sont pas très-longues, ce qui fait supposer qu'ils ont crû en massif. M. Gautier m'assure que, plus on avance, plus les arbres sont beaux ; il paraît qu'il y en a de fort gros. Ce seraient de véritables futaies séculaires. Il faudra que je voie cela.

Nous redescendons par un autre chemin que celui par où nous sommes montés. Nous traversons un petit village, où on nous offre des figues, malgré le ramadan ; puis, un peu plus bas, un autre beaucoup plus grand ; quelques maisons ont un petit étage en saillie, comme les anciennes maisons d'Alger. Ce village a un grand air d'aisance. Derrière plusieurs maisons j'aperçois de petits jardins, bien cultivés. Oh! voilà du nouveau : une maison avec premier étage, ayant une fenêtre et un volet vert. Quel luxe. Ce village, avec quelques annexes, forme une petite république, qui s'administre très-bien. Il est environné d'une véritable forêt de superbes oliviers en plein rapport.

Il règne dans toute cette contrée, comme du reste dans tout ce que j'ai vu depuis deux jours, un air de paix, de sécurité et de prospérité qui révèlent de la part de M. le colonel Augereau, un grand esprit d'organisation, de justice, de prudence et de sagesse. On se dirait, on se croirait en France. Cela me donne plus que jamais la conviction que les Kabyles, malgré leurs préjugés, ne sont insoumis que quand ils sont mal conduits, et que tout sera dit, ou au moins presque tout, quand on les aura dotés d'une justice criminelle, de juges de paix, de bons gendarmes et de bons administrateurs civils et percepteurs; car le temps de tout cela est venu.

Je crois que le chemin s'allonge à mesure que nous avançons; nous devions être de retour à dix heures du matin pour déjeûner et voilà que nous arrivons à trois heures de l'après-midi. Les autres nous ont attendu pour déjeûner; bien obligé de l'attention : on en profitera.

Après le déjeûner nous allons visiter les ruines de Tixila, qui couvrent une petite montagne, et qu'on retrouve encore au bord de la Soumma. Il y a des citernes et une enceinte de hautes murailles, sur la destination de laquelle on n'est pas d'accord. Etait-ce un temple? Ou un pretorium? Ces ruines forment encore une salle longue, ayant de chaque côté une espèce de couloir, dont on ne voit pas l'issue. Cette salle donne entrée dans une autre, en forme carrée, moins profonde que large, ayant ou ayant eu un pilier à chacun de ses angles, pilier à corniche, dont un est encore debout; les autres sont renversés. Cette construction est près de la rivière. Si ce point est salubre, ce dont je doute, puisqu'il a les pieds dans l'eau, on pourrait y créer un petit centre commercial de détail, pour desservir les environs.

Oh! un coup de fusil. C'est notre juge de paix qui tire sur un porc-épic. Les chiens s'élancent, en voilà un qui est furieux. L'animal, serré de trop près, lui a lancé ses dards à la face; quatre s'y sont plantés, l'un sous la mâchoire, l'un sous l'œil, et les autres dans la gueule. Ils tiennent si bien que notre juge est obligé à des efforts de poignet pour les arracher. Le porc-épic s'est caché. Il n'y a plus moyen de l'avoir. Un spahis allume du feu à l'entrée de son terrier pour l'enfumer, mais nous partons. Nous nous séparons. Mon juge est parfaitement monté, à faire envie à un officier de cavalerie, un cheval de guerre et muni d'un excellent fusil Devisme. Il a un chien de chasse, mais malheureusement maintenant on ne chasse pas.

La journée est trop avancée pour nous engager en pays nouveau; d'ailleurs, bien que je vienne de marcher pendant une heure pour me remettre de la fatigue d'être resté huit heures à mulet, sans étrier, je ne suis pas fâché de me reposer. Nous retournons chez M. Gautier. M. Gautier est un habitant de Bougie, qui est venu avec sa femme se fixer en plein pays kabyle. Il a construit un moulin à huile à manége, et il a noué des relations pour son industrie avec les villages voisins. Sous ce rapport il a bien choisi sa place, car tout le pays des environs est couvert d'oliviers. M. Gautier paraît doué de beaucoup de bon sens, de tact, d'esprit de conduite et d'expérience du pays. Il sait vivre au milieu de tout son monde kabyle, en faisant avec tous de bons comptes. Il a fait un jardin potager derrière sa maison, et a commencé un verger. M^me Gautier a son parterre de l'autre côté ; vous voyez qu'en Kabylie on ne se contente déjà plus de fruits. Je lui ai promis d'employer au besoin toutes sortes d'intrigues pour lui faire obtenir un petit crédit dans les belles serres et les brillants parterres de M. Hardy ; car notre savant et habile directeur cultive aussi les fleurs et les fruits. Il faudrait en Algérie beaucoup de colons comme M. Gautier.

Nous partons le lendemain de bon matin ; nous nous rapprochons de la Soumma. Bientôt la vallée, qu'elle arrose, se rétrécit, et il n'y a presque plus place que pour son lit. Nous passons sous des pics de rochers, ébranlés par le tremblement de terre de septembre dernier. Ils surplombent tellement le chemin, que le passant hâte le pas comme s'il craignait de se voir subitement, par leur chute, écrasé, aplati. Le cours de la rivière est rapide. On pourra un jour tirer parti de cette circonstance pour canaliser ses eaux. Si cela était possible, le commerce et l'industrie de ces contrées y gagneraient beaucoup, les transports étant fort chers. Nous arrivons, vers neuf heures du matin, à un petit marabout, Sidi-Aïche, et nous trouvons, cachés et ombragés sous des oliviers, tout un goum et plusieurs tentes. C'est M. Wagner, du bureau arabe, en tournée. Je lui fais une visite, en passant, et je déjeûne avec lui et M. le capitaine de spahis de Pons. M. le capitaine étudie avec quelques hommes le tracé d'une route. Je voudrais voir ces Messieurs partout en Algérie. Ils sont les premiers guides et les premiers jalonneurs de la civilisation et de la pacification.

M. Wagner passe, chez les Kabyles, pour être juste, mais un peu sévère, un peu dur.

Nous continuons. Le pays perd de sa fertilité, de sa richesse de végétation, sans être cependant tout à fait aride. Les montagnes de la Kabylie ont cela de remarquable et de propice pour l'avenir, si toutefois on sait en profiter. Elles ne sont jamais entièrement dépourvues de végétation, si ce n'est les pics ardus, les pointes de rocher.

A l'horizon, devant nous, la vallée est littéralement barrée par une montagne isolée et escarpée, qui ressemble de loin à une butte de polygone d'artillerie; elle présente sa face au cours de la rivière; on dit qu'on y trouve des ruines romaines. A droite, au haut d'un mamelon, on distingue le bordj de sidi Ali Chérif.

Nous y arrivons dans la soirée. C'est un vaste

bâtiment, ou plutôt une vaste enceinte carrée, toute neuve et de construction française. Au milieu d'un des côtés, celui qui regarde la vallée, est la porte d'entrée, surmontée d'un pavillon. Au fond et en face de l'entrée est le principal corps de logis, avec cour mauresque intérieure, vaste salon, belle chambre à coucher de chaque côté, au premier étage. Grande salle à manger au rez-de-chaussée. Le tout est meublé et orné très-convenablement et confortablement à la française. Sur la cheminée de la salle à manger sont deux lampes de forme nouvelle, dont le corps est orné de reliefs représentant saint Louis rendant la justice sous son chêne. C'est d'un bon exemple.

Derrière ce corps de logis sont les cuisines kabyle et française, un four immense, un joli petit bain maure, très-bien entendu, comme je le comprends, et d'autres dépendances. Tout autour de la cour d'entrée, les écuries pour chevaux et mulets. Sidi Chérif est absent au moment de notre arrivée, mais il ne tarde pas à arriver. Je ne le connaissais que de vue; nous faisons plus ample connaissance à table, car il nous traite à la française C'est un bel homme de près de trente ans. Il parle français. Comme il se tient sur la réserve, je ne puis le juger que sous le rapport extérieur. Il est poli; il a du maintien. Cependant nous dînons assez gaîment. Il a une cuisinière française; le dîner est français, si ce n'est le pain qui est maure et très-délicat, et un plat de kouskoussou fait de main de maître ou plutôt de maîtresse.

Je ne trouve pas Saïd ben Bou-Daoud. Il est à Alger; mais on l'attend demain. Il est venu passer quelques mois à Alger. Il faisait à la Mosquée un cours de grammaire arabe. C'est un jeune homme de jolie et douce figure, de complexion délicate, fort gentil de manières. Il est parent de Sidi Chérif par les femmes.

Nous passons la journée de dimanche, moi à flâner et à prendre quelques notes, qui, comme toujours, sauf quelques noms propres, ne me servent à rien, ayant parfaitement la mémoire de toutes choses, si ce n'est des mots. Sidi s'occupe d'affaires, reçoit et expédie des courriers, rend la justice, reçoit des réclamations, etc. On lui amène un assassin.

Il est convenu que nous irons déjeûner demain à Chellata, à la zaouia. Ce sera hardi; car c'est aujourd'hui que finit le ramadan, et c'est demain que commence la fête religieuse, etc. Le lit est bon.

C'est aujourd'hui lundi, le premier jour des

fêtes de ramadan. Je pars vers neuf heures du matin ; j'enfourche une très-bonne mule, fort élégamment harnachée, et monte vers Chellata, qui se trouve presqu'au haut de la montagne. Sidi est parti dès le matin. Je suis escorté d'une demi-douzaine de cavaliers. Après deux heures de montée escarpée, j'arrive. Chellata est un tout petit village situé sur un petit plateau, aux aspects assez sévères. On me conduit dans la maison des hôtes. C'est une petite maison, avec cour intérieure, à peu près de la forme des maisons mauresques d'Alger. Je monte dans une chambre au premier étage, où je trouve des chefs des environs et des parents de Sidi. On m'offre un déjeûner kabyle fort bon, des pâtisseries surtout, au miel, excellentes. Le café ensuite est apporté dans une très-belle cafetière en argent, aux armes du prince Jérôme, avec une inscription de Son Altesse Impériale à l'adresse de Sidi Ali Chérif. Je visite la zaouia, école d'adultes. Les étudiants sont en burnous de fête ; cependant je n'en vois qu'une trentaine. Les autres sont allés passer le ramadan chez eux. C'est leur temps de vacances. Les étendarts des aieux de Sidi-Chérif sont déployés sur leurs tombeaux. Ces tombeaux sont très-simples ; le fondateur de la famille de Sidi Chérif ayant voulu qu'il en fût ainsi pour lui et sa postérité. Ce fondateur est un Chérif, il descend de Mohammed ; il est né dans le Maroc. Il vint jeune encore à Chellata, où il y avait déjà une petite zaouia. Il était pauvre, mais d'une grande vertu et d'un grand savoir. Il jeta la lumière autour de lui, et bientôt sa réputation s'étendit au loin. Le cheik de la zaouia le prit en affection et lui donna sa fille, d'une grande beauté, en mariage. Depuis lors la zaouia devint très-célèbre et on y vint étudier de tous les points de l'Afrique. Elle aurait eu, dit-on, jusqu'à deux cents étudiants, qui venaient y apprendre la littérature, la poésie, les mathématiques, l'astronomie et surtout le Coran. Ces étudiants donnaient une dizaine de francs, je crois sept francs, en arrivant, une fois payés, et, pour cette modique rétribution, étaient instruits, nourris et logés et quelquefois habillés. Ce prix était peu de chose et insuffisant ; mais les fidèles, les grands, les tribus mêmes y suppléaient par leurs offrandes et leurs dons, qui ont porté les revenus de la zaouia à des sommes considérables et qui ont successivement formé la fortune actuelle de Sidi Chérif, qui est, dit-on, fort belle et même considérable.

Aujourd'hui la zaouia n'est plus qu'une lourde charge ; le prix de toutes choses ayant énormément augmenté, triplé, et les redevances ayant, d'un autre côté, diminué. Cette dernière circonstance s'explique par la conduite de Sidi Ali Chérif, le descendant et le représentant de la famille. Il est allé à Paris ; il a accepté la domination française ; il a vécu avec les Français, les roumis, et il a même pris beaucoup de leurs habitudes extérieures ; il n'en fallait pas davantage pour s'aliéner les esprits des fidèles et perdre de l'ancien prestige de la famille à leur yeux. De là, moins de dons, etc. Cependant Sidi s'est conduit en cela en homme intelligent, prévoyant et en honnête homme. Il a compris, qu'en s'alliant et en servant franchement les Français, il serait beaucoup plus utile à son pays et pourrait lui rendre beaucoup plus de services qu'en guerroyant ou même en agissant d'une manière équivoque. Ses coreligionnaires ne comprennent pas encore cela ; mais plus tard ils lui rendront justice et lui porteront autant, si ce n'est même plus, d'estime et de vénération qu'à ses ancêtres ; mais sous un autre jour, sous un autre ordre d'idées. Cependant maintenant, pécuniairement, matériellement parlant, il est en perte réelle, puisque ses dépenses ont augmenté et que ses revenus ont diminué. Ce sacrifice est méritoire.

Il est seul descendant de sa race, si ce n'est son fils ; il y a même une particularité de famille sous ce rapport, assez curieuse : c'est que depuis Chérif, le premier fondateur de la famille, il n'y a jamais eu, à chaque génération, qu'un fils vivant ; en un mot. il n'y a eu, jusqu'à présent, qu'une succession de génération de fils uniques, de telle sorte, qu'aujourd'hui, il n'y a pas de branches collatérales par les mâles et qu'il est le seul existant de sa race. Lui-même n'a qu'un fils, quoiqu'il ait eu plusieurs femmes qui lui ont donné, il est vrai, trois filles. Aujourd'hui il n'a plus qu'une épouse et ne veut plus en avoir qu'une, imitant en cela les mœurs françaises. Du reste, il y a fort peu de Kabyles qui aient plus d'une femme. Ceux, cependant, qui ont un certain train de maison en ont plusieurs, mais comme la domesticité n'existe pas, c'est surtout pour faire face à tout, sans préjudice, cependant et sous toutes réserves de tous autres droits ; car, en fait de choses matrimoniales, Mohammed ne.... j'allais dire ne plaisante pas, et c'est le contraire.... Mohammed a tout réglé entre les épouses. En tout et pour tout, de la part du mari, égalité parfaite de procédés matrimoniaux, de toute nature, pour chacune d'elles, même poids, même mesure ; je ne sais, par exemple, qui tient la balance ou qui marque comme au billard. Mais revenons à Ali Chérif. Comme tous ses ancêtres, il n'a donc qu'un fils ; c'est un jeune garçon d'une douzaine d'années, d'une figure fort intéressante ; il paraît d'une complexion et d'une santé un peu délicates, et je crois que le climat d'Alger lui sera plus favorable que celui un peu rude et très-variable de ces montagnes. Sidi a l'intention de l'envoyer au collége d'Alger l'année prochaine, mais à quel collége ? Car nous avons deux colléges à Alger ; l'un universitaire et même universel, déjà ancien ; l'autre arabe, à l'état de création. L'un très-bien dirigé, depuis longtemps en très-bonne et très-grande voie de prospérité et dont l'enseignement répond, ou à peu près, à tous les besoins des populations algériennes ; ses études littéraires classiques, études scientifiques, mathématiques, études primaires, écriture et lecture françaises, même pour les indigènes y sont réunis avec beaucoup de sagacité, de prévoyance, et de connaissance des exigences de ce pays. Je dirai à ce propos, par occasion et en passant, par parenthèse, que l'entrée de nos colléges ne saurait être rendue trop accessible à tous par une diversité d'enseignement répondant ou correspondant à la diversité des conditions de notre société.

Le personnel de MM. les professeurs offre une remarquable réunion sous tous les rapports, de mérites fort distingués. Déjà des Arabes des trois provinces y ont envoyé des enfants, dont l'un, même, M. Mohammed ben Daoud, fils de l'agha des Douars d'Oran, est déjà à l'école St-Cyr. A l'exception des prières, de l'instruction et des devoirs religieux, tout leur est commun avec les autres écoliers, études, récréations, promenades. Chacun d'eux cependant suit, selon son désir ou celui de ses parents, la spécialité d'études qui conviennent à ce à quoi il est destiné. Cette éducation en commun a les immenses et très-désirables avantages et résultats de faire naître entre les écoliers indigènes et français des sympathies, des amitiés d'enfant à enfant, qui dissipent, dissolvent les préventions et préjugés réciproques et préparent pour l'avenir une fusion vraie et profonde entre les deux races, à l'heureux profit de tous. Nous avons, au surplus, sous les yeux, entre autres, deux exemples fort remarquables de cette vérité. MM. Hamed ben Rouyla et Ali ben Chérif, qui tous deux ont été envoyés et élevés en France dès leur enfance. M. Ahmed ben Rouyla est petit-fils du secrétaire intime de l'ex-dernier dey d'Alger et fils d'un intime d'Abd el-Kader, mort en exil volontaire à Beyrouth ; c'est aujourd'hui un très-élégant jeune homme, de très-belles et bonnes manières. M. Ali ben Chérif est le fils de Sidi Hadj Hamed Chérif, ex-secrétaire et parent de Ben Hellel ben Sidi Embarek, puissant marabout de Koléah, tué en combattant contre nous près d'Oran, après avoir joué un rôle important dans la guerre. Aujourd'hui, ce qui reste de sa famille est en Egypte et les biens sont sous le *sequestre*. Si Hamed Chérif, homme fort instruit et fort respectable, descend de Sidi Chérif, l'un des plus anciens et des plus vénérés marabouts d'Alger, dont le tombeau existe encore dans la haute ville, où il est l'objet de pieux pèlerinages. M. Ali ben Chérif et M. Hamed ben Rouyla ont été pris dans la smala d'Abd el-Kader. Aujourd'hui nos ex-petits ennemis sont chargés de commandements importants en pays arabe. Ils les remplissent avec beaucoup de distinction et d'utilité pour les indigènes et pour nous. Inspirant de la confiance à ceux-là et par leur nom et par leur caractère et par leur religion, ils savent en profiter pour les éclairer sur les avantages, d'abord matériels, de notre civilisation. Amis estimés parmi nous, ils nous indiquent les bonnes voies à suivre et à ouvrir.

Les jeunes indigènes, élevés très-jeunes parmi nous, mais *surtout en France*, sont et seront donc, comme fonctionnaires, de bons auxiliaires, de bons intermédiaires et éclaireurs de notre civilisation parmi leurs coreligionnaires. Le collége actuel d'Alger, le collége universitaire, offre l'éducation qui peut les former, ou au moins les préparer à entrer dans cette voie. Le collége arabe en offrira-t-il autant? N'offrira-t-il pas plutôt le contraire? Ne connaissant pas la pensée qui a présidé à sa création, je m'abstiendrai d'en parler, car je ne me prononce pas sur les choses avant de connaître leurs causes, leurs raisons d'être; cependant l'idée, le motif de cette création seraient-ils de prouver aux indigènes par un monument apparent, par le fait de dépenses considérables, que le gouvernement s'occupe réellement de leur existence morale et intellectuelle, et surtout de leur nationalité et de leur religion? S'il en est ainsi, il y aurait, sous ces divers points de vue ou rapports, bien mieux à faire : il y aurait à créer à Alger une institution d'un intérêt bien plus général, plus large, plus actuel, plus urgent même, d'une portée pour l'avenir bien plus vaste, plus grande, plus profonde et féconde qu'un petit collége, où quelques fils d'opulents pourront seuls tenir place.

Cette institution, cette création serait une école normale supérieure d'instituteurs primaires indigènes musulmans, où seraient enseignés, sous notre direction, le français, la littérature, la religion et la législation arabe et kabyle, institution qui n'existe nulle part en Algérie, et n'a même pas d'analogue. Elle serait d'autant plus utile, nécessaire, indispensable même, que les maîtres d'école musulmans commencent à manquer dans les tribus. Les rares, très-rares maîtres d'école ou cheiks, très-clair-semés parmi les tribus, sont sortis des zaouïas; or, aujourd'hui, les zaouïas se dépeuplent à vue d'œil et ne tarderont pas à devenir désertes; les intelligences, qu'elles appelaient et absorbaient autrefois, trouvant maintenant des issues plus avantageuses, plus profitables dans les bureaux arabes, les emplois de cheiks, etc., dans le commerce, et, d'ailleurs, l'enseignement n'y étant déjà plus suffisant pour les besoins nouveaux qui naissent et grandissent de tous côtés chez les indigènes. Cette pénurie présente et surtout future d'éléments d'instruction, d'éducation pour l'enfance et la jeunesse, est telle que les indigènes seront forcés d'appeler des maîtres d'école du Maroc et de Tunis. Dans cet état de choses il serait, sinon dangereux, du moins impolitique, de ne rien prévoir, de ne rien préparer.

La création d'une école normale d'instituteurs primaires indigènes musulmans serait donc, dans les circonstances actuelles, nécessaire, indispensable. Elle se formerait de jeunes gens déjà lettrés, tirés de chaque tribu, et, autant que possible, fils de marabouts, de talebs, de cadis, de maîtres d'école, sans exclusion, toutefois, pour les autres. Quand ils sauraient le français, on leur ferait suivre les cours de mathématiques et de sciences au collége français; ce qui les mettrait en rapports, en relations intellectuelles et de bon voisinage avec nos professeurs et nos élèves. Après trois ou quatre années de nouvelles, de bonnes et fortes études, pendant lesquelles ils auraient dégorgé l'esprit arriéré et de mauvaise humeur, qui trame encore à vide, il est vrai, au fond de bien de zaouias, ils seraient renvoyés saturés de nos idées, de notre esprit, ou au moins sous leur influence, dans les tribus, en qualité d'instituteurs et greffiers des registres de l'état civil, avec traitement du gouvernement, et y deviendraient, même à leur insu, intellectuellement, moralement et politiquement parlant, des intermédiaires éclairés de libre transmission de notre civilisation, et de pacifiques régénérateurs, par l'enfance, de leur vieil ordre de choses, tout rempli de misère morale et physique.

Ceux d'entre eux qui se seraient fait remarquer par leur aptitude et leur intelligence hors ligne, pourraient être envoyés, après avoir terminé leurs études à Alger, dans nos facultés en France, pour y suivre les cours supérieurs et spéciaux à leur vocation. Ils pourraient devenir ensuite magistrats, fonctionnaires, médecins, etc.

Une école, une grande et haute école, ainsi organisée, sauf à en étudier les détails, les appropriations, etc., remplirait tout d'abord et au delà, en la débordant même, la lacune actuelle ; elle satisferait à toutes les exigences, à tous les besoins, même religieux, des populations indigènes musulmanes. Quant à ses destinées, dans l'avenir, elles seraient immenses, magnifiques et infinies, car elle deviendrait un jour, bientôt peut-être, un foyer permanent et incessant de lumières civilisatrices, non-seulement pour l'Algérie, mais aussi pour toute l'Afrique. En conséquence, et pour conclure, comme on dit en termes de basoche, ou plutôt pour morale, comme on disait autrefois, j'aime mieux ce mot : il généralise et dit plus de choses, il est plus social ; l'autre est plus sec ; pour morale donc, je propose de fusionner, le mot est de mon invention, le collége arabe, à l'état de création, dans le collége français en état d'action, et de remplacer ledit collége arabe par mon école normale. Quant à son directeur futur, l'homme remarquable qui a été étudier la littérature, la législation et l'esprit des mœurs arabes sur les lieux, près de leur berceau, le savant **M. Perron**, il couronnerait glorieusement les beaux travaux de sa vie, en donnant l'existence, la lumière, la direction à l'organisation de cette grande œuvre de pacification et de civilisation.

Voilà mon idée : elle est à prendre ou à.... ne pas laisser. Il faut que je demande pour elle un brevet d'invention, car je commence ou plutôt finis par croire que : qui ne demande rien, n'a rien, absolument comme dans la magistrature de Pékin. A moins cependant que les mandarins ne vous sachent, comme on dit vulgairement, dans les coulisses, bien appuyés, épaulés, protégés, bien en...., etc.

Sidi Ali a été élevé par le cheik de la zaouïa Sidi Mabrouk ben Hamimid, arabe d'une tribu des environs de Bouçada, homme, à ce que l'on dit d'un grand sens et d'une grande sagesse. Il a élevé Sidi Ali dans un bon esprit. Aussi notre jeune Chérif a-t-il su se tenir en dehors des intrigues politiques et militantes d'autres marabouts, et est-il resté, comme son sage mentor, dans sa sphère, celle des belles-lettres, de la religion et de la science. Tôt ou tard, l'opinion publique de leurs coreligionnaires leur rendra justice.

C'est aujourd'hui le premier jour de fête du ramadan, célébré avec tant de faste à Constantinople et de joie à Alger. Au coup de canon, qui annonce la fête, toutes les faces amaigries, attristées, pâlies et blémies par un long jeûne, toutes faces de carême, s'il en fut, s'épanouissent gaîment et se réjouissent ; la joie éclate partout, chez les jeunes, chez les vieux, chez les grands, chez les petits, chez les hommes, chez les femmes. La veille, vous les voyez aller à la mosquée, la tête basse et tirant la jambe ; le lendemain, la tête en l'air, et ne pesant pas deux onces. Cependant ici, aujourd'hui, la tristesse est dans l'air, sur les visages, pourquoi ? C'est que pendant qu'ils nous fêtent, eux, les nôtres frappent de mort ou de désolation leurs frères. C'est qu'aujourd'hui, dès la pointe du jour, jour ingénieusement choisi, le canon a tonné dans la montagne ; mais ce n'était pas un signal heureux de fête : c'était un signal fatal de mort. Notre armée s'est ébranlée ; elle a commencé ses opérations, comme on dit. La guerre a commencé ; le jour était cruellement choisi.

La guerre ! et pourquoi ? La guerre, quand on pouvait tout avec la paix, si l'on avait su ou, plutôt, si l'on avait voulu. La guerre ; eh ! contre qui ? Contre des faibles, et parce qu'ils ont du cœur. La guerre à Sébastopol ; elle était grande, nécessaire et glorieuse ; elle était juste, si une guerre peut être juste. Là, du moins, la France s'adressait au géant, au colosse du Nord, comme on disait autrefois, qui devenait gênant, écrasant, et le faisait plier et trébucher. Quand tu veux marcher, regarde devant toi.... Là, la France frappait de la lance et de l'épée du chevalier, pour soutenir le faible contre le fort et combattre pour lui. Mais ici, elle vient, armée de toutes pièces, combattre ou plutôt frapper un enfant, mauvaise tête, à la poitrine nue et sans autres armes, pour ainsi dire, que la vaillance de son cœur. Ici, la France combattant, c'est le fort qui frappe, qui écrase le faible.

Guerre injuste, guerre impie, guerre impolitique.

Injuste, car de quel droit la France envoie-t-elle ses soldats, ses vaillants soldats, soldats qui voudraient à leur vaillance d'autres ennemis, des ennemis mieux armés, de quel droit les envoie-t-elle, clouer de leur bayonnettes au seuil de leur porte ces malheureux montagnards? Est-ce parce qu'ils cultivent bien leurs terres ; qu'ils sont industrieux ; qu'ils sont partout animant, vivifiant nos marchés, cultivant nos jardins, nos champs? Est-ce par le droit du plus fort ? Jusqu'alors, il me semble, le droit du plus fort, pour la France, avait été un droit de générosité. Aujourd'hui c'est donc le droit d'un père qui tuerait, assommerait son enfant pour le corriger de ce qu'il a du salpêtre dans le cœur et dans la tête.

Guerre impie, car c'est une impiété de la part

de la France chrétienne et catholique, de tuer au lieu de civiliser ; d'employer le fer et le feu, au lieu de l'esprit du christianisme.

Impolitique, car il est toujours impolitique de la part du fort de frapper inutilement et injustement le faible ; c'est une lâcheté qui excite à la fois l'indignation et la pitié des forts et dont, au besoin, ils savent profiter, et qui soulève la haine et l'esprit de vengeance chez tous les petits et en fait des ennemis éparpillés partout. C'est de la fausse gloire ; or, la France ne veut pas de celle-là et aucun de ses gouvernants, rois, républicains, empereur, n'avaient donné jusqu'à présent à la France, à l'Europe, au monde enfin, l'exemple de pareils simulacres, d'aussi sanglantes parodies, les Napoléon, moins que tous autres, si cela est possible. Jamais, jusqu'à ce jour, on n'avait pu dire d'elle : « A vaincre sans péril, on triomphe sans gloire. »

Cette guerre m'est odieuse. Ce bruit de canon a gâté ce jour ce fête. Je m'en vais au bordj Agbou.

Je pars jeudi vers midi avec deux cavaliers. Je continue à remonter la Soumma, après l'avoir traversée. La vallée s'élargit. J'entre sur le territoire des Beni-Abbès. Leurs villages sont bâtis sur des crêtes de montagnes et ont, pour la plupart, de loin, l'aspect de châteaux-forts, de citadelles du moyen-âge. Leurs montagnes sont à ma gauche ; à droite sont les montagnes de Illoula, puis celles des Beni-Mellikeuch, et, à l'horizon, le Djurjura. La vallée s'étend, se prolonge devant moi à perte de vue.

Je tombe, à une grande distance l'un de l'autre, sur deux postes de trois hommes, Kabyles des Beni-Abbès ; ils surveillent la route contre les actes isolés de brigandages possibles des Beni-Mellikeuch et autres, qui se trouvent cependant de l'autre côté de la rivière. Pendant que j'y suis, à côté de la rivière, je ferais cette observation ou remarque, c'est que nulle part je n'ai vu un village kabyle situé près d'une rivière ou d'un cours d'eau, à moins que ce ne soit sur une hauteur, et nulle part, non plus, je n'en ai vu en plaine ou dans une vallée. Avis à nos administrateurs, constructeurs de villages.

J'arrive vers trois heures au bordj de Sidi Lacdar, kaïd des Beni-Abbès, bâti sur une éminence. C'est une vaste enceinte de murailles carrées, de nouvelle construction française, avec quelques petits pavillons. Je trouve Sidi Lacdar en affaires. C'est un homme de vingt-huit ans, grand, élancé, à tête aristocratique et de jeune aigle apprivoisé. Il a des manières aisées et distinguées. On voit qu'il est né et qu'il a vécu dans une famille habituée au commandement. C'est un grand seigneur arabe aux airs et au ton aristocratiques ; il est d'une ancienne famille, sans doute de conquérant, qui, par son intelligence, son courage soutenu, a su, de génération en génération, se conserver une sorte de pouvoir ou au moins d'influence dans toute la contrée et soutenir habilement et vigoureusement son primitif prestige, par une valeur réelle se renouvelant sans cesse.

Chez les Zouaouas et les autres Kabyles, il n'en est pas ainsi, et, si ce n'est leurs marabouts, qui ont une espèce de noblesse de religion et d'instruction, il n'y a pas de noblesse d'origine, c'est-à-dire de naissance, de nom, de caste. Chez eux, égalité de condition et de naissance. Leurs villages sont composés d'hommes cultivant la terre ou exerçant un métier, ou faisant le commerce ; tous vendent eux-mêmes leurs produits. Ils sont parfaitement indépendants les uns des autres et ne reconnaissent que la suprématie de la force réelle, d'une grande intelligence, d'un caractère supérieur et même de la parole et du courage. Cette suprématie est leur noblesse, mais comme elle ne dérive pas d'une institution, elle est tout éventuelle et cesse et tombe, quand cessent et tombent ses causes, ses conditions d'être, c'est-à-dire la force, la fortune, le génie, la parole, le courage, etc. Chez un peuple formé petit à petit d'éléments semblables et qui n'a jamais supporté aucun joug, aucune conquête ; chez lequel chaque individu, à défaut de protection, de pouvoir gouvernemental, est obligé de ne compter que sur lui-même dans les grandes occasions de la vie, les non-valeurs, quelles que soient, du reste, leur origine, ne pouvaient avoir longtemps un cours forcé ou du moins le conserver longtemps.

Il y a cependant dans les tribus des hommes quelquefois très-influents, mais, je vous le répète, cette influence a toujours pour cause une valeur actuelle quelconque. Ainsi, mon ami Saïd, des Beni bou Ardenn, qui a été tué dans l'échauffourée de septembre dernier, et qui m'avait reçu deux fois chez lui, au sein de sa famille, était le coq de son village. Il était très-brave de sa personne, audacieux même ; il avait un parti nombreux par ses frères, ses cousins, etc., qui avaient tous des fusils. Il me montra même, un jour, avec un certain air de fierté, une douzaine de fusils enfermés dans son bahut.

Ainsi Mohammed ou-Ali, des Beni-Mendès, aîné de famille, beau garçon de trente ans, brave, intelligent, et qui, plus éclairé ou loyal que les autres, est resté fidèle à l'autorité française pendant les mêmes événements.

El-Hadj bou Djemma, du village d'Abd el-Krim, au sommet de Beni-Ouadia, actuellement détenu à l'île Sainte-Marguerite, et dont je vous ai déjà parlé, grand gaillard de dix pouces, raide, sec et fort comme une barre de fer, homme d'action et d'audace, et ayant dans sa famille des hommes de tête et de parole. Nous sommes grands amis. Il avait pour rival d'influence Amar ben Amara, homme, à ce qu'il paraît, d'une vaste intelligence et cerveau à intrigues.

El-Hadj Mokthar, des Beni-Ouassif, grisonnant, influent par son intelligence et l'habileté de sa parole.

Lahoussin ben Had-Arab, de Tekechourte, bel homme de quarante ans, bonne tête, sage, prudent, etc., etc.

Voilà la noblesse kabyle, noblesse de valeur intrinsèque et d'actualité. Comme je vous le disais, il ne pouvait pas y en avoir d'autre chez un peuple n'ayant pas de pouvoir gouvernemental quelconque fonctionnant hiérarchiquement et n'ayant jamais eu, jusqu'à présent, de vainqueur, de conquérant.

La noblesse, en France, comme caste, n'a pas d'autre origine que la conquête d'abord, et ensuite l'exercice du pouvoir. Qu'était-ce, en effet, que les principautés, les duchés, les marquisats, les comtés, etc.; les princes, les ducs, les marquis, etc., sinon un système hiérarchique, les uns de petits gouvernements, les autres de petits gouvernants, ayant droit de lever des hommes d'armes, des impôts, de rendre la justice, toutes sortes de justices, etc. Toutes ces institutions ont eu leurs raisons d'être et leur utilité, leur nécessité même, leur beau temps, voire même leur bon temps; mais elles ont fini, comme toutes choses, par vieillir et mourir. Qu'en reste-t-il aujourd'hui? Des souvenirs de gloire, de haute civilisation, de grands mérites, etc.; mais rien que des souvenirs, et même quelquefois des ruines stériles.

Voilà ce qu'il reste de l'ancienne noblesse comme caste. Je me rappelle bien avoir entendu, dans ma tendre enfance, de dignes et vénérables têtes portant perruque ou l'ayant porté, dire, soutenir, en politiquant, que la noblesse, en France, était le soutien du trône et de l'autel. Très-bien pour le discours, car ce noble et valeureux soutien, en réalité, a-t-il empêché que la tête d'un saint roi de France ne tombât sous le couteau fatalement aveugle de 93, pour aller rouler dans la fange révolutionnaire? A-t-il empêché, ce noble soutien, que l'autel ne soit renversé, brisé ; que ses prêtres soient proscrits, guillotinés, fusillés ou noyés, ou massacrés pendant les fureurs de cette affreuse époque. A-t-il empêché 1830, ce soutien qui, soit faiblesse, vétusté, impuissance radicale et finale, fléchit toujours sous la couronne, sous le trône, qui s'y appuient, et laisse s'écrouler les anciennes choses de France, sans savoir ou pouvoir les renouveler, les rajeunir, les faire progresser de front avec les progrès des temps nouveaux.

Un ordre nouveau a surgi ; avec lui une autre, une nouvelle noblesse, c'est-à-dire une hiérarchie gouvernementale nouvelle : c'est celle des hauts fonctionnaires civils, militaires, ecclésiastiques, des grands propriétaires, des grands industriels, qui ont réussi, des hommes utiles à leur pays et à l'humanité, quels qu'ils soient ; noblesse d'autant plus forte, qu'indépendamment de ses priviléges réels, elle repose sur une valeur personnelle, réelle, et que, de plus, elle s'entretient, se recrute, se renouvelle sans cesse des forces vives de la nation. Voilà la véritable noblesse de nos jours, quel que soit le système de gouvernement, et celle de l'Empire en particulier. L'autre n'a plus rien de sérieux et de réel. Elle est, de nos jours, chose de collection ou de mémoire, dont la France doit s'honorer et qu'elle doit vénérer, et encore utile, encore bonne, cependant, à fournir des ambassadeurs au roi de Prusse et aux princes allemands, qui ont la noblesse d'origine et de nom en haute estime et vénération. Mais, en France, cette espèce de noblesse, du reste, de nos jours, très-souvent d'emprunt, rien que d'emprunt, aux titres équivoques, simulés, faux, n'est plus, pour la plupart, maintenant, qu'une affaire de mode et de *bien porté*; c'est pour les hommes ce qu'est la crinoline pour les femmes : une apparence, rien qu'une apparence; quelque chose de gonflé, il est vrai, mais de vain, de creux, de faux et de menteur. Autres temps, autres mœurs. Chaque pays, dit-on, chaque mode. Ne devrait-on pas dire aussi : chaque temps, chaque mode; chaque temps apporte son changement.

Si cependant une noblesse gouvernementale ou

hiérarchique est absolument ou seulement relativement nécessaire en France, par rapport aux institutions analogues existant dans les autres Etats de l'Europe, eh bien, il en est une, à l'état de germe, dont Napoléon I<sup>er</sup> a créé l'origine, en fondant l'institution de la Légion-d'Honneur.

Cette institution pourrait être développée grandement, hautement, largement. Elle est dans des conditions de vitalité d'autant plus fortes qu'elle est née de la vérité des choses et des temps. Elle pourrait être réorganisée en corps hiérarchique de noblesse, avec des devoirs et des droits nouveaux pour ses membres, des priviléges, ou honorifiques ou réels, matériels, suivant la position sociale des élus ; car il n'y a pas de noblesse réelle et effective sans priviléges. Elle aurait de nouveaux grades ou au moins de nouveaux degrés, tels, par exemple, que ceux de cavaliers. écuyers ou plutôt postulant chevaliers, ou autres dénominations plus modernes. Ce serait sa milice avec tous les médaillés civils et militaires qui seraient rattachés à ses cadres.

Cette noblesse, cette institution de corps de noblesse qui, du reste, est la seule compatible et possible avec l'état actuel de nos mœurs, de nos idées et même avec l'esprit de nos lois, serait d'autant plus forte, qu'elle comprendrait dans ses rangs tous les genres de mérites, de vertus, de courages, en un mot, toutes les valeurs, et aurait, par conséquent, des représentants et des militants intéressés dans toutes les conditions sociales et dans toutes les parties de la France.

Certe, je demanderai un brevet de…. perfectionnement pour ma proposition.

Voilà la noblesse qu'il faut à la France, une noblesse de valeur intrinsèque, ayant sa raison d'être, ses titres apparents, vrais et sanctionnés par la loi et les mœurs, les idées, l'opinion publique et non des titres trop souvent vermoulus, équivoques et même faux, et ne conférant plus à ceux qui s'en pavanent, que de vaines, que de surannées et de posthumes prétentions. Ce serait, succédant à une noblesse morte, une noblesse vivante, bien vivante et se renouvellant sans cesse des forces vives de la nation.

Justement deux hommes des Beni-Abbès, Hamed ben Launès, des Ouled-Djemma, et Hamed ben Nasser, sont avec Sidi-Lacdar. Ils vont s'en retourner dans leur village, qui se trouve sur la route de Kalaa. Il y en a un qui a une mule ; l'occasion est bonne ; j'en profite. Je monte sur la mule par-dessus mon bagage et.... allons.

La grimpade ou la grimpée, choisissez le mot, est rude. Décidement, il faut leur organiser quelque chose, non pour leur faire de nouvelles routes carossables, ce serait inutile pour leurs besoins actuels, mais pour rendre praticables les leurs, praticables de telle façon, qu'on puisse les parcourir, comme ils disent eux-mêmes des nôtres, la nuit comme le jour, sans regarder devant soi. Je vois beaucoup de villages ; le pays n'est pas riant et encore moins d'un aspect fertile, quoique très-peuplé de petits champs de petits blés, soignés comme si les grains étaient des grains d'or. Partout où il y a un morceau de terre, il est utilisé. Il y a aussi partout, où cela est possible, des oliviers et des figuiers. Si cette partie des Beni-Abbès n'est pas fertile, elle passe en revanche, pour être très-industrieuse. C'est ce que, depuis longtemps, je me proposais de voir.

On y fabrique des burnous blancs, gris, à bandes grises et blanches, qui ont une grande réputation de beauté et surtout de solidité et de durée dans toute l'Algérie.

Kalaa, vers laquelle je m'achemine, passe

pour être un grand marché de la matière première, de la laine, dont la plus belle vient du Sud.

Après une heure et demie de rude grimpée, j'arrive sur une espèce de triple crête de montagnes couverte de trois villages tout proches les uns des autres. Je suis conduit chez le cheik. C'est un bel homme de cinquante ans, à figure souriante et fine. Il est très-poli. Il me fait entrer sous le porche de sa maison et on y dépose mon bagage. Mais comme il commence à y avoir à sa porte affluence de curieux pour me voir, il ferme ladite porte au nez des indiscrets. Il m'apporte des gâteaux aux œufs très-bons, du miel et du lait. C'est encore aujourd'hui jour de fête et de gala. Il me fait visiter sa maison et me montre plusieurs burnous en pièce, non montés, non brodés, destinés à la vente. Je ne veux pas dire des pièces d'étoffe à faire des burnous, mais bien des burnous d'une seule pièce ; car ces vêtements ne se coupent pas comme nos manteaux en plein drap, mais se tissent pièce à pièce. Il n'y en a jamais qu'un sur le métier, y compris le capuchon ; toujours de la même forme. Il est ensuite monté, rassemblé, garni et brodé. Il n'y a que les hommes qui en portent, les femmes n'en portent jamais. Mon caïd me propose d'aller faire un tour. Nous sortons.

Les maisons sont très-bien bâties en pierres sèches et sont plus spacieuses que celles que j'ai vues jusqu'à présent. Nous passons près d'une tégémaïde, construction couverte, mais à jour et sans porte, où les hommes se réunissent pendant la journée pour flâner assis ou causer. Les pierres de ces espèces de bancs sont noires, de grain très-fin, et semblables à celles dont est fait le tombeau du duc de Bourgogne, Charles le Téméraire, qui est venu se faire occire sous les murs de Nancy, dans l'étang Saint-Jean, aujourd'hui gare de chemin de fer; tombeau que j'ai vu quelque part dans une église ou cathédrale de Belgique, ce pays où la science et l'art religieusement mystiques du moyen-âge ont laissé tant de types variés de ses monuments si beaux, si grandioses, si originaux et de ses autres œuvres. Ces monuments recèlent d'admirables chefs-d'œuvres de peinture et de sculpture en bois. J'avais beaucoup entendu parler des uns, mais pas du tout des autres; aussi, quand j'en rencontrai, croyais-je faire des découvertes. Un jour, cependant, je fus devancé; je trouvai l'ami Maison immobile et le regard fixe devant un confessionnal. Serait-il, par imprévu, encore plus criminel que je ne le croyais, et la vue d'un confessionnal aurait-elle éveillé en son âme des remords? Attendrait-il un confesseur pour se décharger la conscience de quelque crime affreux, avec circonstance aggravante, de nuit, d'escalade et même d'effraction, crime prévu et puni par les dispositions de l'article 9e des commandements de Dieu et punissable des peines de l'enfer?

Non, heureusement non; il était tombé en extase devant deux figures d'anges sculptés en plein bois, mais de céleste inspiration.

Nous suivons une longue rue étroite et arrivons sous une espèce de corps-de-garde, de porte de ville. Il est rempli de femmes et d'enfants regardant au dehors. Nous sortons et nous nous trouvons, hors du village, sur une petite place. Une foule nombreuse y est assise ou debout, hommes, femmes, enfants. Il y a spectacle en plein air.

Nous allons, traversant la foule, nous placer à un endroit élevé et en évidence, premières places, et nous nous asseyons par terre, comme tout le monde et au milieu de tout le monde. C'est un saltimbanque marocain avec deux enfants, que je me rappelle avoir vu dernièrement à Alger, qui ont l'honneur de *travailler* en plein air, et de récréer la brillante société par leurs tours d'adresse et de force. Un des enfants, espèce de petit chat-tigre, mais mince, svelte et dégagé, plus noir que blanc, aux grands yeux brillants, aux dents blanches, s'élance à mes pieds, en bondissant, et me fait l'honneur de me présenter ses respects par une cabriole imprévue, un soubresaut un peu sauvage. Je lui donne une pièce blanche. Ces saltimbanques marocains ont toujours, dans leurs exercices, quelque chose et même beaucoup des bêtes du désert. Puis le Marocain, espèce d'Hercule, presque noir, quoiqu'il n'ait pas le type nègre, fait grimper ses enfants sur ses épaules et sa tête, et, les échafaudant en pyramide, traverse la foule et vient se camper ainsi devant moi, supportant, par la seule force de l'équilibre, son échafaudage vivant. Décidément il me fait les honneurs de la séance. Je lui donne deux francs, comme aux premières places du cirque de l'Impératrice, aux Champs-Élysées. Si jamais je me trouve à Paris en même temps que quelqu'un de l'assemblée, par un hasard non impossible, je lui ferai la réciproque politesse; je le conduirai à Franconi, et il ouvrira des yeux bien plus grands que pour voir le Marocain. Suis-je en France ou en Kabylie? Suis-je en Kabylie ou en France?

Me voyez-vous sur une place publique, aux premières places, assister, tranquille comme Baptiste, à un spectacle en plein vent, au milieu d'une foule de populaire kabyle, sans gendarmes, sergents de ville, etc., le chef couvert d'un chapeau blanc, d'une entière blancheur, en feutre, vêtu d'un habit de chasse, montre en or, chaîne en or, étalée au gilet, bottes molles à l'écuyère, de Rouvière, mon artiste en chaussures et aussi artiste-père de toute une collection de petites filles, en cuir de Russie de couleur naturelle, pas les petites filles, en cuir de Russie, mais les bottes, les petites filles, comme les grandes, étant faites, elles, de roses sans épines, de violettes, de plus je vous vois, plus je ....., de marguerites, de beaucoup de fleurs de bon thé et d'autres ingrédiens analogues, pas de soucis.... mais, à propos de bottes, quel cuir ils ont, ces Russes; il est inusable; décidément il fait bon marcher avec, bague-chevalière en or, à l'index, que Louis m'a donnée, à son mariage, et dont je me sers, en voyage, comme de cachet, quoique mon chiffre ne marque guère, et, de plus, par fantasia, laissant flotter au vent un caban blanc, d'étoffe de Tunis, garni d'arabesques en cordon de soie; luxe algérien. Nous retraversons la foule et rentrons par le même chemin.

Mon bagage est déposé dans une des maisons de Hammed-d'Arab, mon cheik. Car il y a trois maisons dans la cour. Celle-ci est assez vaste et bien garnie de vases en terre renfermant des provisions. La nuit venue, on apporte une lampe en terre; mais j'allume une bougie que je plante dans un grand bougeoir en fer battu et étamé : objet qui excite l'envie de mon cheik.

Si l'industrie française était moins routinière, elle pourrait se créer, en Kabylie et dans toute l'Algérie, chez les indigènes, de nouvelles branches de débouchés pour ses produits. Ce serait de fabriquer très-économiquement, en fer battu et étamé et même en fonte, des ustensiles de ménage et de cuisine, semblables, d'abord *absolument semblables* à ceux des indigènes, qui sont en cuivre, et alors fort chers, ou en terre, et alors cassants, lourds, incommodes et longs à se chauffer. Je suis convaincu que les similaires de ces ustensiles indigènes, fabriqués et livrés par notre industrie, dans de bonnes conditions de solidité, de commodité et surtout de bon marché seraient bientôt répandus partout en Afrique, et trouveraient bien vite place et faveur sous le toit du Kabyle, comme sous la tente de l'Arabe du Sud. Il en est de même pour les cotonnades; nos industriels ne se doutent pas du parti qu'ils en pourraient tirer, en travaillant, en fabriquant de nouveaux objets, mais toujours similaires des tissus en laine indigènes. Je ferai certainement un mémoire là-dessus, une autre fois, quand je n'aurai pas d'ordres et de contributions à débrouiller; mais, en attendant, une simple observation générale à l'adresse de notre commerce et de notre industrie: c'est qu'en fait de spéculations commerciales et industrielles à commencer avec de nouvelles gens, il ne faut pas leur proposer, leur offrir, pour débuter, des choses dont ils ne connaissent et ne devinent même pas l'emploi, l'usage, mais bien des choses similaires aux leurs, meilleures que celles-ci et à plus bas prix. C'est là le commencement à tout. Ce que je dis, du reste, pour le commerce et l'industrie, peut très-bien s'appliquer aussi aux spéculations de notre civilisation moderne, à l'égard de la civilisation des indigènes; mais assez de digressions.

La nuit venue, je dîne en famille, à l'exception de mon cheik, qui veut attendre que j'aie mangé pour en faire autant. C'est toujours la même cuisine : kouskoussou au poulet. Je dîne donc avec ses deux grands fils et un invité. Après le kouskoussou je fais du café à l'esprit-de-vin, du bon, et j'en envoie à toutes les dames dans de jolies petites tasses mauresques, dites de Trieste et de Stamboul, et comme on n'en fait pas en France, et puis après j'en régale la société.

Hammed-Darab me présente son plus jeune fils, adolescent d'environ quatorze ans, d'une figure douce et intelligente. C'est un tolba ; il sait écrire et lire ; il me montre son écriture, qui est très-bonne, et me lit plusieurs passages du Coran, à la grande satisfaction du papa. Je lui donne un petit étui d'écolier allemand : j'en ai acheté plusieurs à Strasbourg. Il est en fer-blanc, peint de fleurs et contient un petit couteau, une plume en roseau de Stamboul et un crayon. L'écolier est enchanté de mon présent.

L'invité parle un peu français. C'est un jeune homme qui a été quelques années garçon au cercle de Constantine. Il paraît que les villages, que j'ai aperçus en venant, ont tous une spécialité ; dans les uns on fait des batteries de fusil ; dans d'autres des couteaux et autres taillants ; dans ceux-ci de la bijouterie en argent ; dans ceux-là de la bijouterie en cuivre ; dans d'autres du savon, de la poudre, etc. Si j'avais plus de temps, je verrais tout cela ; certes, je reviendrai. Quant aux burnous, comme ils sont l'ouvrage des femmes, on en fabrique partout. Il faudra que je sache si, pour ce dernier objet de l'industrie féminine, les produits sont insuffisants aux demandes, à la consommation. Dans ce cas, il y aurait moyen de les augmenter au profit de ces dames et demoiselles, qui sont réellement dignes d'intérêt par leurs mœurs laborieuses. Ce progrès aurait lieu par les femmes.

Le lendemain matin je fais quelques petits présents aux dames et je donne à mon cheik un des couteaux que j'ai fait faire à Langres, chez Bailly, sur le modèle de ceux de Bouçada, un similaire, ce qui paraît lui faire grand plaisir. Je fais marché avec l'ex-garçon de café ; il me demande huit francs pour me conduire, moi et mon bagage, sur sa mule à Kalaa. C'est cher, mais je n'ai pas d'autre moyen. Nous partons. Nous rencontrons un jeune homme vêtu à la mauresque et monté sur une superbe mule, une bête de mille francs. Il parle français ; il me dit être attaché au général Jusuf et me propose de m'accompagner. Une bouche de plus ou de moins pour mes hôtes, en ces temps de gala.... viens.

Nous recommençons à regrimper, car il paraît que Kalaa est niché au plus haut des montagnes. Plus nous avançons, plus la nature présente des aspects accidentés. Ce ne sont que pics, ravins profonds, surfaces remuées profondément ; on dirait que des tremblements de terre ont tout bouleversé ici. Il y a cependant de la végétation à peu près partout et des cultures aussi, partout où cela est possible, dans les moindres coins, mais de maigres cultures.

Nous passons près du marabout Sidi-Lemouhoub. Il est environné de plusieurs pins assez gros et sacrés. C'est une très-bonne chose que ces arbres marabouts ; ils échappent à toutes les dévastations de l'homme et répandent autour, et même au loin, leurs semences ailées, qui renouvellent sans cesse le repeuplement des bois. Il paraît que Sidi-Lemouhoub avait pour spécialité miraculeuse de tranporter, *ad libitum*, d'un bout du monde à l'autre et où cela lui plaisait, des arbres tout entiers, avec feuilles, racines, sève, etc.

Voilà, à notre droite, un immense espace très-élevé et maigrement peuplé de pins et de chênes rabougris. Le sol manque ; nous sommes fort élevés. Mamouche, mon guide, me conduit dans un groupe de maisons, appelé Zina, chez le cheik

Hammou Hassen. C'est un jeune homme, qui nous fait fête, ainsi que son vieux père. Nous déjeûnons avec des gâteaux aux œufs, du miel excellent et du lében et.... du café!! Quel progrès.... Sa femme Thessadite est timide, elle n'ose s'approcher, cependant on me l'amène et je lui fais un petit présent. Politesse pour politesse.

Enfin, voilà Kalaa; quel nid d'aigle. Mais non, je n'y suis pas encore ; car, tout-à-coup s'ouvre à mes pieds un ravin, précipice imprévu. Quelle pente pour descendre, quelle pente pour remonter. Une pente en plongeon; puis une pente en échelle. Au fond et au milieu de la vallée ou plutôt du ravin est un singulier accident de terrain. C'est un tertre d'une assez grande longueur et lui-même à pic, de chacun de ses côtés, qui ressemble de loin, je veux dire de haut, à un terrassement élevé de chemin de fer. Le haut de ce tertre était sans doute dans un temps très-reculé le fond du ravin. A la suite de quelque tremblement ou grand mouvement de terre, les deux montagnes se seront séparées un peu plus et l'auront laissé là en plan. Si seulement il servait à quelque chose ; mais, au contraire, il est là en travers du chemin à escalader ; à ses pieds, de l'autre côté, coule un petit ruisseau, au bord duquel est un petit jardin, planté d'arbres fruitiers. Deux femmes sont occupées; l'une à étendre au soleil un haïk, l'autre à piler une espèce de terre blanchâtre et dure, qui sert à dégraisser et à nettoyer les tissus. Nous grimpons à l'échelle.

Ce qui me fait croire qu'il a dû y avoir ici de grandes révolutions terrestres, c'est que je vois des montagnes qui ressemblent à de gigantesques éboulements, puis des crevasses profondes, en forme de puits, enfin une nature désordonnée, bousculée, bouleversée, éboulée, déchirée, éraillée sans rime, ni raison, et comme en révolution.

Cette fois nous sommes bien en haut. A l'entrée est un petit marabout à gauche du chemin; à droite, c'est un casse-cou ; nous passons près de murailles en ruine, qui ne sont pas de construction romaine. Ce sont, à ce qu'il paraît, les restes d'une espèce de kasba. Le haut de la montagne est un plateau assez vaste et lui-même un peu accidenté. Il reste trois villages de l'ancien Kalaa et les ruines d'un quatrième.

J'ai oublié de vous dire que j'ai une connaissance dans cette ville, c'est Djeraba ben Bouda, cheik ou caïd ; je l'ai vu à Alger avec Saïd ben bou Daoud; il y vient quelquefois pour les affaires de son commerce, qui paraît être assez considérable. Il tire de notre ville des tissus de coton et même de laine de nos fabriques ; il achète près des juifs, pour les vendre dans le Sud, des bijoux fins, montés en pierres précieuses. Je les ai conduits tous deux au théâtre ; on jouait la Juive, pièce à grand spectacle. Si ce n'est les ballets, les marches et processions des chevaliers, etc., les décorations et changements à vue, ils n'y ont pas compris grand'chose, et ont eu la tête tant soit peu cassée de tout le tapage instrumental et vocal de la musique. Le théâtre pourrait être cependant, de temps en temps, un moyen d'action ou du moins de grand divertissement pour les indigènes ; mais il faudrait, pour cela, composer deux ou trois pantomimes spéciales à grand spectacle, les unes héroïques et les autres d'un comique bien marqué, avec musique *ad hoc*, qu'on jouerait dans les grandes occasions, pendant les courses, par exemple, etc.

Les Romains entendaient, sous ce rapport, les choses bien autrement que nous ; je ne veux pas parler des combats d'hommes ; car, sous ce rapport, nous faisons mieux qu'eux, sur un autre théâtre, cependant, en Kabylie ; je veux parler de leurs jeux et de leurs divertissements publics. Nous avons déjà, il est vrai, l'institution des courses ; mais elle n'est pas assez développée. Elle devrait être l'occasion d'un grand marché de chevaux de cavalerie et autres et de transactions sur les laines et les grains entre Français et Indigènes. Le nombre des prix devrait aussi être augmenté : Prix du commerce d'Alger, composé surtout d'objets d'industrie française, propres aux indigènes. Prix des Dames d'Alger ; en voilà un que tout le monde voudrait avoir.

Et le prix de Sa Majesté Eugénie, la très-belle, très-gracieuse et très-catholique impératrice des Français !

Il ne pourrait être décerné qu'à des jeunes gens non mariés, montant des poulains et pouliches, et se composerait du trousseau matrimonial d'une fille arabe et du harnachement du cavalier, plus le denier de poche, pour mettre les choses en train.

Voilà un prix qui affolerait, qui, spontanément, entraînerait filles et garçons, le prix du prince impérial !

Mais ne causons pas comme cela à la porte ; entrons.

Mamouche me conduit chez mon cheik. Les salamalechs commencent. Il m'installe dans une belle et spacieuse maison, appellée la maison du sultan, fichtre!.. On m'apporte un tapis piqué, en soie bleu de ciel, aux fleurs jaune d'or ; quel luxe. Les cheiks de deux autres villages viennent me faire visite et m'inviter à dîner. Je suis bon prince, pas fier, pas trop fier, avec les bonnes gens,. grands ou petits, j'entends à l'endroit de la nourriture, mais je n'ai pas trois estomacs ; si, j'en ai un, un bon même, et qui ne dédaigne pas une politesse, quand elle est bien faite et qu'il y a....

Dans l'après-midi je vais visiter les trois villages ou quartiers : Ouled-Aïssa, Ouled-Aroun et Ouled-Hamadouch, accompagné de leurs cheiks Hamed ben Behed, Mohammed bel-Hadj et Djeraba. Je commence par la mosquée. C'est un bâtiment carré à toit à deux pentes. Au premier étage de la façade, qui donne sur la rue, est un petit péristyle à arcades, assez original, et d'où on appelle à la prière. L'entrée est de côté ; elle a une grande porte sculptée en arabesques. En mettant le pied sur le seuil, je vois trois ou quatre fidèles priant ; l'un d'eux a une tête et une dignité de maintien remarquables. J'hésite à entrer avec mes grosses bottes, pour ne pas blesser la susceptibilité religieuse, car tous les musulmans se déchaussent toujours en entrant dans une mosquée.

Cependant, comme mon cheik insiste, j'entre. L'intérieur est un grand carré. Dix-sept piliers avec arceaux, disposés comme ceux de la mosquée de la Pêcherie, à Alger, soutiennent le plafond. Le long du mur, du côté de la niche, où l'*imam* se met pour faire la prière, plusieurs œufs d'autruche sont suspendus au plafond; quelques-uns portant des inscriptions arabes. Il y a encore, indépendamment de cette mosquée, dans les trois villages, une dizaine d'autres, mais beaucoup plus petites. Celle-ci porte le nom de mosquée du Sultan. Quelques maisons ont un petit jardin attenant.

Une maison appartenant à la famille des Mokrani a un premier étage ; je la visite. Je rencontre des hommes qui, tout en causant, filent ou dévident de la soie, dont ils se servent surtout pour broder et garnir les burnous. C'est là le travail des hommes, les femmes ici ne maniant pas l'aiguille. Je découvre, dans différents endroits, quatre canons étendus à terre et servant de siéges aux flaneurs. Ils sont en bronze. Deux sont d'un gros calibre, les deux autres sont de forme allongée ; c'est ce qu'on appelait autrefois des couleuvrines ; l'une d'elle est boursoufflée vers le milieu de sa culasse et même fissurée, ce qui prouve qu'on s'en est servi.

Kalaa a eu des sultans. Les habitants prétendent que leur ville était la capitale de toute l'Algérie, avant que les Turcs se fussent emparés d'Alger. Sa situation est cependant plutôt celle d'une citadelle de refuge, que d'une capitale. On dit que pendant les guerres avec les Français, c'est dans ce lieu que les indigènes déposaient leurs richesses. Je me fais conduire chez le cadi; je le trouve en séance; il est installé, accroupi sous le porche de sa maison, procédant à un partage entre mineurs. L'affaire terminée, il me fait voir son registre minute, sur lequel il inscrit ses jugements. Ce registre est revêtu de plusieurs visas, sous les signatures Boutet et Cara, officiers du bureau arabe de Bouareridj.

Cette mesure est d'une très-bonne innovation juridico-administrative; cela ne m'étonne pas. On reconnaît le cachet de la sagesse de M. le colonel Dargent. Ces messieurs n'en sont pas moins bien habiles d'être ainsi, à la fois, bons militaires, bons administrateurs et bons inspecteurs judiciaires; je connais des juges qui seraient fort embarrassés pour inspecter un régiment et le faire tant soit peu manœuvrer, à moins que ce ne soit pour commander en avant. C'est, je crois, M. le colonel Marmier qui a succédé à M. Dargent; d'après tout ce que je vois, il serait aussi en bonne voie administrative.

Chez les Beni-Abbès, il n'en est pas comme chez les Zouaouas. Les Beni-Abbès ont pour loi civile le Coran; cela s'explique. Depuis fort longtemps, cette tribu ayant été, par ses habitudes commerciales et industrielles, en relations suivies avec les musulmans des villes d'Algérie, a dû nécessairement en accepter les idées et la législation. Nous faisons le tour extérieur des villages ou plutôt des quartiers; quelle série continue de casse-cous : le long des maisons, des sentiers larges comme la main, puis l'abîme, sans aucune espèce de parapet, de garde-fou. Il paraît qu'il y arrive quelquefois des accidents parmi les enfants. Il y a de petits endroits où viennent s'asseoir les gens de la ville, les jambes pendantes sur l'abîme. On y a une vue très-pittoresque et très-étendue; on y domine le pays à une grande distance; le village en ruine a été détruit, il y a une douzaine d'années, dans une guerre intestine.

Nous rentrons, et, la nuit venue, grand gala. Il y a des invités. La table est mise, une véritable table à manger, avec pieds pliants; c'est la première que j'en vois en Kabylie; des fourchettes, une cuiller pour moi; des chaises, quel progrès dans le mobilier! D'abord c'est une espèce de soupière remplie de pâtes courtes, cuites dans un bouillon poivré et pimenté d'une manière supérieure. C'est fameux. Ça fait venir les larmes aux yeux; ça fait sortir la sueur par tous les pores, mais c'est fameux, c'est même bigrement bon. Après, un kouskoussou de haute cuisine, des poulets rôtis, etc. Oh! un petit plat de côtelettes, ayant la prétention d'être un mets français. Djeraba me les fait remarquer et m'en offre. Il est l'œuvre culinaire d'un nègre qui a servi des Français. Voilà donc pourquoi elles sont si noires de brûlure. Il les a faites à son image, je veux dire de sa couleur, ne croyant pouvoir faire mieux; enfin, il y a de l'intention, une intention très-caractérisée; il y a même progrès, car adopter un plat nouveau, de la part de la cuisine séculaire, dix fois, je ne sais combien de fois séculaire, des musulmans kabyles, c'est presque un changement de religion; non ce n'est pas un changement de religion, mais c'est, du moins, un article nouveau; et c'est beaucoup que d'introduire quelque chose de nouveau chez un pareil peuple. Ceci a l'air d'un paradoxe sacrilége; mais quand on pense qu'il y a bien des gens ici, comme ailleurs, qui ont plus d'estomac que de cœur, qui se font, selon le dicton, un dieu de leur ventre, mon observation ne doit plus paraître paradoxale à un tel point de vue. Il n'y a rien, d'ailleurs, qui touche un étranger, le dispose favorablement, ébranle et même fasse fondre ses préjugés, antipathies et préventions nationales, comme de lui parler sa langue et de lui offrir, loin de sa patrie, une cuisine paternelle, je veux dire maternelle, ou plutôt une cuisine de famille; comme aussi il n'y a rien qui dispose en faveur de l'étranger comme de l'entendre parler votre langue et le voir manger de votre cuisine, comme s'il avait fait cela pendant toute sa vie.

Eh bien... partant de là, et aussi d'autres considérations d'un ordre moins spéculatif, mais plus matériel, je trouve excellente la cuisine indigène et je le prouve. N'allez pas conclure de là que je prétende envoyer en Kabylie des cuisiniers français comme missionnaires, quoique les cuisiniers français, cependant, aient assez contribué à civiliser les Russes et même les Anglais; je ne pousse pas les choses à ce point; je dis seulement que le libre échange d'articles de cuisine entre deux peuples aussi différents de mœurs et d'habitudes que les Français et les Kabyles, a pour résultat de faire tomber des préjugés et préventions réciproques, de former une espèce de lien, au moins, entre les ventrus, les gourmets et généralement entre les individus des deux peuples qui sont fortement portés sur leur bouche, et il y en a beaucoup. Il ne faut pas tirer des exagérations de ce que je dis, comme l'ont fait plusieurs raseurs à propos d'autre chose. Mais savez-vous d'abord ce que c'est, ce qu'on appelle un raseur en Algérie? Un raseur c'est...: ma foi, je vous le dirai une autre fois..., ça vous ennuierait trop, et moi aussi : en un mot, cependant, c'est, à peu près, comme un cheveu dans ou sur votre soupe, un petit os, dur comme pierre et imprévu dans votre ragoût, une graine de grenaille dans votre gibier, un gravier dans votre salade, des vers dans votre fromage, des mouches dans votre vin, etc.

J'avais dit, et même écrit, que nos sœurs de charité et autres étaient appelées à conquérir à la civilisation du christianisme la vieille et profonde barbarie des mœurs kabyles, parce qu'elles seules pouvaient l'attaquer au cœur, c'est-à-dire dans le sein, dans l'intimité de la famille, par les services d'utilité immédiate, morale et matérielle, qu'elles pouvaient, seules, dans l'état actuel des mœurs kabyles, rendre, insinuer, porter dans la famille kabyle. Et les raseurs, gens, du reste, en général, ou de mauvaise foi, ou intéressés ou payés, c'est la pire espèce, ou enfin ignorants, aveugles et obtus, et même pointus, de dire qu'on devrait former des bataillons de sœurs et m'en donner le commandement pour aller conquérir la Kabylie. Ma foi, au fait, ils ne croyaient pas, sans doute, si bien dire. En tout cas, il n'en coûterait pas du sang et des millions; il est vrai, par exemple, qu'il n'y aurait ni petit, ni grand cordon, ni joli petit gros bâton.

Quoi qu'ils en disent, j'espère bien, je compte bien même voir une bonne petite garnison de mes soldats, qui, après tout, pour batailler et vaincre à leur manière, en valent bien d'autres, dans la bonne ville de Kalaa et autres lieux.

Je voudrais voir, je désirerais voir, et j'ai ce désir depuis déjà fort longtemps, je voudrais voir, dis-je, nos chères sœurs ouvrir au beau milieu des tribus kabyles, même les plus reculées, des maisons de bon secours, où les femmes kabyles trouveraient des remèdes et des traitements efficaces contre les maladies de leurs enfants; où elles mêmes et leurs jeunes et surtout leurs petites filles apprendraient à se perfectionner dans ce qu'elles savent déjà faire : par exemple, à tisser, en quelques jours, avec des métiers français, des burnous, dont la confection ou plutôt le tissage exige de quinze à quarante jours avec des métiers kabyles ; où elles apprendraient, ce qu'actuellement elles ignorent tout-à-fait, beaucoup de petites choses d'une utilité de ménage absolue, cependant, pour le bien-être matériel et par suite moral de leur famille, par exemple, à désinfecter, à défaut de savon, leurs vêtements et ceux de leurs enfants par l'emploi des cendres et du charbon, c'est-à-dire, pour parler tout bonnement, tout simplement et appeler les choses par leur nom, apprendraient à faire la lessive ; ce préservatif des affections de la peau, affections provenant de la malpropreté vestiaire, ne coûtant rien.

Personne ne peut, quant à présent, leur enseigner ces choses de ménage et d'intérieur, si ce n'est les femmes, et, parmi les femmes, nos sœurs, nos chères sœurs, seules, par l'esprit de suite et de persistance de leur institution et leur esprit personnel de charité patiente et d'abnégation absolue, peuvent, seules, je ne saurais trop le répéter, mener ces entreprises féminines et chrétiennes à bonne et heureuse fin.

Jusqu'à présent les femmes kabyles n'ont connu

de notre civilisation que la force de nos armes et ses terribles effets, les maux de la guerre. Leur antipathie, leur haine contre nous n'étaient donc pas seulement l'effet de vieux préjugés de musulman à chrétien, mais aussi, et plus encore, comme vous le voyez, l'effet naturel, très-naturel et très-rationel de causes très-réelles. Malgré cela, cependant, je suis convaincu que si elles entrevoyaient l'existence des femmes chez nous, si nos chères sœurs déchiraient le voile sanglant qui cache encore à leurs yeux notre civilisation, bientôt haine, antipathie, préjugés, alors sans causes réelles, s'évanouiraient, se dissiperaient, laissant à leur place des désirs de rapprochement et surtout d'assimilation. Cela ne se ferait pas, cependant, sans combats, mais, cette fois combats sans effusion de sang, avec les soldats et les armes de la charité et comme toujours suivis de la victoire ; car, sous ce rapport, comme sous les autres, nous avons aussi les premiers soldats du monde.

Je ne sais même pas pourquoi, soit dit par occasion et par la raison qu'une idée en chasse ou plutôt en fait venir une autre, je ne sais pas pourquoi la France n'a pas encore pensé à les utiliser plus grandement, plus puissamment au perfectionnement de notre civilisation intime et à la propagation, et à l'insinuation, dans les masses, des idées pratiques de paix et de concorde intestines, en les mettant à la tête d'une vaste et puissante force armée féminine à créer. Ainsi, de même que nous avons une armée de jeunes gens pour arrêter et, au besoin, comprimer les désordres à l'intérieur, assurer et maintenir notre puissance à l'extérieur, pourquoi n'aurions-nous pas aussi une armée, une milice de jeunes filles destinée à prévenir, à dissoudre ces désordres à leur naissance, armée employée à l'intérieur seulement; car, certes, je ne l'enverrai pas guerroyer à l'extérieur; non que je doute de la victoire, puisqu'après avoir bien musiqué, chanté et dansé avec l'ennemi, elle finirait par doucement l'envelopper, gentillement, et duement en l'épousant, l'enfoncer, et alors donc, finalement, et par ainsi victoire et conquête assurées.

Au surplus, en bloc, voici mon idée:

Tout d'abord les dispositions générales des lois sur le recrutement des jeunes gens pour notre armée, actuellement en vigueur, seraient rendues applicables aux jeunes filles, avec, toutefois, les modifications naturelles résultant de la différence de service, de la destination des conscrites, de leur âge, de la durée de leur service, etc. : détails.

Ainsi, formation annuelle de tableaux de recensement de la jeunesse juponnée, fixation des contingents, tirage au sort, etc.; conseils de révision, modifié, bien entendu, quant à la composition du personnel, répartition des contingents dans les différents corps de l'armée, etc.

Mon armée formerait trois grands corps, qui seraient :

Un corps d'élite ou de la Garde : Service dans les hôpitaux ;

Un corps spécial savant : Service dans les écoles, maisons d'éducation, orphelinats, enfants trouvés, etc.;

Un corps de réserve ou de la ligne : Service dans les ouvroirs, salles d'asiles, colléges, infirmeries, prisons, etc.

Vous voyez qu'ainsi toutes les spécialités personnelles de la société trouveraient leur emploi; depuis l'humble, mais indispensable journalière, jusqu'au bas-bleu le plus distingué, le plus foncé.

Chacun de ces corps comprendrait autant de légions que de départements ; légions départementales, qui auraient leur colonel-général et leur état-major au chef-lieu du département. La légion se composerait de bataillons arrondissement..., de compagnies cantonales et de pelotons communaux.

Les grades seraient semblables ou au moins analogues à ceux de l'armée. Le cadre des officiers, cependant, ne serait composé que de sœurs en religion, c'est-à-dire engagées dans les ordres religieux et de réengagées volontaires. Les grades de sous-officiers, maréchaux-de-logis, sergents, caporaux seraient donnés, à l'avancement, aux conscrites ou miliciennes. Tout cela, du reste, ferait l'objet d'une loi spéciale.

Des décorations honorifiques et privilégiées, de divers ordres, seraient créées, tels que celles de l'ordre de la Croix de diamants ou des Diamants de la croix; Grande croix, Moyenne croix, Petite croix; l'ordre du Bouquet, des Rubans; de Fleur de Marie, de la Médaille fleurie, etc.; ou tous autres. Ces décorations conféreraient des priviléges réels, pendant la durée du service, et après la rentrée au foyer paternel ou l'entrée au foyer conjugal. Une loi organique réglerait le tout.

L'uniforme serait différent pour chaque corps, ainsi que le fourniment. En général, la tenue serait sévère, mais élégante et gracieuse. La coiffure en cheveux serait d'ordonnance, en petite tenue. Le corset serait toléré. Le port du corsage et autres accessoires ne seraient pas défendus. En tous cas, le tout ne serait pas passé au laminoir, comme pour les sœurs.

La crinoline-panier serait permise, mais seulement comme cage à éducation de poulets ou cloche de primeurs.

Un conseil, fortement composé, serait chargé de présenter des projets.

Chaque grand corps serait commandé par une maréchale, relevant de la *Souveraine*. Il pourrait, selon les nécessités reconnues, être créé des divisions territoriales, ou plutôt des grands commandements.

Des commissions seraient chargées d'étudier tous les détails, service, hiérarchie, discipline, devoirs, etc., etc. Une loi réglerait le tout.

Maintenant, voyez-vous mon armée à l'œuvre? Entrevoyez-vous toute sa force, toute son immense puissance d'action insinuative et régénératrice, régénératrice, spirituellement parlant, bien entendu, sur l'esprit de populations naissantes? Voyez-vous nos jeunes et tendres, autant que vaillants soldats, semés sur toute la surface de la France, empoignant l'esprit révolutionnaire ou socialiste, ou tout autre, *ejusdem farinæ*, au berceau, le berçant, le charmant, lui donnant la becquée mora'e, intellectuelle et professionnelle ; le pétrissant, le formant jusqu'à bon entendement. Voyez-vous nos jeunes soldats, de toutes les conditions sociales, partout tramant à travers les diverses conditions sociales, jusqu'à présent, si non ennemies, au moins divisées, des fils d'union et de concorde indissolubles, et faire, ainsi, d'éléments hétérogènes un tout homogène.

Si l'esprit des révolutions, qui, d'ailleurs, chez un peuple, n'est autre dans son origine, que l'esprit de vitalité et de progrès, aveuglément, égoïstement et fatalement comprimé, et, par suite, forcément dévoyé, si désormais l'esprit des révolutions, quelle que soit la forme sous laquelle il se révélerait, se produirait, quelles que soient l'influence ou plutôt les influences sous lesquelles il naîtrait, ne résisterait pas à la tactique, aux efforts, aux forces combinées de ma jeune et de nouvelle espèce, armée; le vieil esprit révolutionnaire ou socialiste, du reste, déjà tant soit peu radoteur et suranné, n'aurait plus, de son côté, qu'à enfoncer son vieux bonnet usé et troué sur son nez cassé, quel que soit, d'ailleurs, dudit bonnet la couleur passée, et aller se.... promener ou mieux encore se.... coucher et pardon et amen pour ses vieux et vilains péchés.

Encore un mot ou deux et j'ai fini : les remplacements seraient absolument interdits et les jeunes filles les mieux élevées, surtout moralement, ainsi que les mieux dotées, seraient dirigées sur les corps savants pour y servir à l'éducation des petites filles des conditions pauvres.

Encore une petite idée de détail, rien qu'une petite, qui me pousse, après coup : à l'expiration de leur temps de service, il serait accordé aux meilleurs soldats des primes... dotales !!! J'ai dit.

Quant aux femmes musulmanes, si, comme je vous l'indique, elles entrevoyaient l'image du Christ autrement qu'à travers des baïonnettes, des incendies, des fusées à la congrève, etc., gare à Sidi Mohammed, qui fait si bien les affaires des hommes ; car les mères de famille, les femmes et les filles se mêlant de la partie, bientôt il tomberait enseveli et à tout jamais oublié sous les piqûres, les étreintes, les coups incessants, petits et grands, d'une guerre féminine, secrète, silencieuse, muette, mystérieuse, mais acharnée, rancuneuse, vengeresse, implacable, impitoyable.

En attendant, si nous achevions de dîner; comme je vous le disais, il y a des invités, qui ne mangent qu'après moi; moi d'abord, trois ou quatre des plus huppés après et puis le vulgaire; comme toujours, s'il en reste. Plusieurs écorchent quelques mots de français; l'un a été plusieurs années amin de la corporation de Ben-Abbès, à Constantine; un autre est employé à Bône et à Guelma. Le cheik El-Hadj Mohammed connaît Marseille; il y est resté assez longtemps, en revenant de la Mecque. Il est entré dans les églises les jours de fête; il y a vu les femmes françaises (je préférerais que ce soient les femmes kabyles qui voient ainsi les femmes françaises). Il paraît rapporter de bons souvenirs de son séjour en France; cependant, un jour qu'il était malade, il s'approcha d'une marchande de fruits et de légumes sur le marché pour lui demander ou acheter quelque chose. Cette femme le renvoya brutalement, comme un chien, dit-il, parce qu'il était mal vêtu; il a ce mauvais procédé sur le cœur. Je retrouve à mes côtés mon homme de la mosquée; il n'est pas de Kalaa; je le crois de la famille des Mokrani; c'est un bel homme. Il a de la gravité et de la dignité dans les manières, mais quelle tête! il y a dans sa physionomie de l'intelligence calme, de la pénétration, pre... .e de la douceur et de la fermeté. C'est, me dit l'autre voisin, Hamed ben Bousid-Mokrani. Je voudrais bien voir son crâne, il doit être énorme. J'ai mon cadi de l'autre côté. La soirée se prolonge ; puis chacun va se coucher et je congédie Djeraba.

Il s'est donné beaucoup de mouvement ; mais ce n'est cependant pas lui qui m'a fait les honneurs du logis. C'est un homme de cinquante ans, de figure fine, mais bienveillante, aux manières très-polies, sans exagération, un homme comme il faut. Il se nomme El-Hadj Chabenne, je ne sais pas ce qu'il est.

Le lendemain matin j'ai de nouveau la visite des cheiks, qui m'invitent à venir manger chez eux ; mais je veux partir. Je n'ai plus que quelques jours, et je n'oublie pas les Zouaouas. En déjeûnant, Mamouche me dit que le cheik El-Hadj est en difficulté avec mon ami Djeraba, bien, cependant qu'ils se fassent bonne mine ; que El-Hadj prétend n'avoir aucun tort, etc., et, qu'enfin, il désirerait que je me mêlasse de l'affaire, pour les raccommoder. Très-bien ; on ne peut mieux ; certainement.

Qu'est-ce que j'apprends, Sidis ; comment ! deux cheiks donneraient l'exemple de la discorde, de la division, à leurs administrés? Comment! moi, qui n'ai reçu que de bonnes impressions de la politesse et de l'hospitalité, du caractère des gens de Kalaa, j'emporterais un…?

Je n'entends pas cela ; je ne sais qui, de vous deux, a tort ou a raison ; vous avez même probablement tort tous les deux : mais je n'entre pas dans ce détail ; qu'on s'embrasse, non, qu'on ne s'embrasse pas, il n'y a ni dames ni demoiselles, mais qu'on se donne des poignées de mains et que cela finisse. Mon petit Djebara, malgré sa figure doucereuse, a l'air un peu rancuneux, il a quelque chose sur le cœur. L'autre est plus âgé ; il a un peu l'air d'un grand sournois ; mais c'est égal. Enfin, après avoir un peu marchandé, mon petit s'exécute. La paix est faite. J'exige cependant qu'on fasse les choses à la française ; poignée de main générale ; j'en suis ; mais peu politique, une de vraie, comme les anciens.

Je pars ; mes trois cheiks me font la conduite ; en passant devant les canons d'hier, les gros, je descends de mulet et en prends la mesure, que voici : 2 mètres 50 centimètres de longueur, sur laquelle 1 mètre 45 centimètres de culasse ; 31 centimètres de diamètre extérieur d'embouchure y compris la saillie du rebord ; 17 centimètres d'embouchure interne. Au-dessus de la lumière est un L majuscule avec une couronne fleurdelisée.

Cinq rangées de fleurs de lis, en relief, superposées au-dessus les unes des autres, la pointe tournée vers l'embouchure, ornent la moitié supérieure et antérieure de la circonférence du canon, depuis la ligne séparative de la culasse jusqu'à l'embouchure. Elles sont ainsi disposées : Une rangée de six, au milieu et sur la même ligne que la lumière et l'L couronné : une rangée de cinq, de chaque côté de celle-ci, et enfin une rangée de six de chaque côté de chacune de ces dernières. Je prends l'empreinte d'une d'elles, ainsi que de L couronné.

Ce canon, comme les trois autres, laissés, sans doute, à Djigelli, par l'expédition qu'y fit faire Louis XIV, je crois, durent être ensuite transportés, par les Kabyles, à Kalaa; heureux précurseurs de notre conquête et de notre prise de possession ultérieures. La ville des ex-sultans, ou l'ex-ville des sultans, nous les a fidèlement gardés; c'est, d'ailleurs, sa spécialité, de garder des trésors. Il faut lui en savoir gré.

Ça fait toujours plaisir de trouver des fleurs de lis, souvenirs de la vieille France, au cœur de la Kabylie, sur un pic, dans une ville réputée inaccessible. Fleurs de lis prophétiques, car, à quelque temps de là, deux siècles à peine, un petit-fils de saint Louis, vengeant la captivité du grand roi, en Afrique, faisait planter sur le fort l'Empereur et sur la casbah des deys, la bannière fleurdelisée de la vieille France; et, tout en tombant, donnait ainsi, à la jeune France, la plus belle, la plus grande conquête qu'elle eût jamais; la plus belle et la plus grande conquête pour ses armes et pour sa civilisation, pour le présent et pour l'avenir; la plus belle et la plus grande conquête, qui annexait enfin et pour toujours l'Afrique barbare et mystérieuse à la France, non-seulement par les liens de la victoire, mais aussi par ceux plus durables, plus indissolubles, plus intimes de la civilisation, du christianisme.

Il existe de plus de petites inscriptions en caractères arabes, burinées avec une pointe de fer ou d'acier. Ce canon m'a paru en bon état, il est étendu à terre, le long d'un mur. L'autre est dans une autre place; il m'a paru du même calibre, mais, comme il est couché sur sa lumière, je n'ai pu reconnaître s'il est français.

Mes cheiks me reconduisent jusqu'au petit marabout, et là je prends congé d'eux. Je reviens par le même chemin, en passant en vue de quelques petits villages ou plutôt de quelques groupes de maisons.

Lorsque nous sommes engagés sur ledit chemin, Mamouche me dit qu'il y en a un autre, qui a été ouvert par le général Bosquet et qui est très-bon, mais plus long. Je regrette de ne l'avoir pas pris, car j'aime beaucoup à voir nos progrès dans ce pays.

J'ai oublié de vous dire que, près du poste romain, dont je vous ai parlé et que j'ai vu à l'entrée de Beni-Idjer, nous avions suivi pendant quelque temps une route également ouverte par M. le général Bosquet. Ce général, du reste, a laissé dans ces montagnes de très-bons et honorables souvenirs et comme militaire et comme administrateur.

Nous revenons sur nos pas sans aucun incident ou aventure, si ce n'est la rencontre d'un vieux bonhomme, qui va, monté sur sa mule, et qui nous salue, et d'un petit garçon et d'une petite fille. Celle-ci court après sa chèvre sur un talus escarpé. Je ne sais qui des deux, de la sautillante bête ou de la gentille enfant, est la plus gentille et la plus drôle. Plus loin, nous passons devant trois ou quatre hommes postés dans les broussailles, près du chemin. Les hommes des villages des environs montent la garde dans ce lieu, chacun leur tour ; car le chemin étant très-fréquenté par les marchands, leur arrive-t-il quelquefois d'y être attendus, détroussés et même assassinés par des malfaiteurs. Mamouche prétend que ce sont toujours des Beni-Mellikeuch, qui, je crois, ont bon dos et pourraient bien porter, non-seulement le poids de leurs méfaits, mais aussi celui des méfaits des autres. Ce que c'est que la réputation. Assez récemment, deux ou trois Beni-Mellikeuch se seraient faufilés, comme des chacals qu'ils sont, me raconte mon homme, dans des broussailles près de la route, à l'endroit où est maintenant le poste, et auraient assommé un Beni-Abbès passant, lui auraient volé son mulet, et se seraient sauvés au plus vite avec leur proie dans leurs montagnes, comme des chacals qu'ils sont, ne manque pas d'ajouter mon narrateur. On y a mis un poste par prévoyance, pour l'avenir ; on aurait dû le mettre ailleurs.

Nous rejoignons une femme entre deux âges, marchant pieds nus, comme elles le font toutes, du reste. Nous faisons un bout de chemin ensemble. Les femmes, ici, sont, bien que voyageant seules, rarement insultées. Une insulte à une femme isolée et sans appui serait un cas de guerre de tribu à tribu; et, d'ailleurs, est considérée comme une insigne lâcheté.

Près du village de Djemea, nous rencontrons des jeunes femmes et des jeunes filles, revenant chargées chacune d'une outre remplie d'eau. Elles sont généralement bien; mais en voilà une petite surtout, qui est très-jolie.

C'est pitié que de voir ces pauvres femmes et filles pliées sous le poids de leurs outres ou de leurs énormes amphores, grimper péniblement, par un soleil accablant, d'affreux casse-cous de chemins, pour rapporter, quelquefois de fort loin, la provision d'eau pour le ménage. Cela est même tellement pénible qu'on y habitue les petites filles de longue main; ainsi, dès l'âge de cinq ans, vous les voyez accompagner leur mère, portant, à petit dos, une petite miniature d'amphore.

J'avais bien cherché, en attendant les petits travaux de grande utilité publique féminine, un moyen. J'avais pensé à un mulet banal ou même à un âne. Mais l'animal quelconque serait bientôt une cause de discorde et de conflit féminin. Je n'avais donc rien trouvé de bon, lorsque je lus, par hasard, une notice de M. Rohen sur les alpagas, les lamas et les vigognes. Or, d'après ce que dit ce hardi et utile voyageur de ces animaux, ils feraient bien l'affaire, et sous ce rapport et sous d'autres encore, ils seraient tout aussi utiles aux femmes kabyles.

Ainsi, bêtes de somme de petite force, les hommes, ne pouvant s'en servir, les abandonneraient aux femmes; bêtes à belle et bonne toison, très-propre à être convertie par les femmes en vêtements chauds, ce qui manque, pendant l'hiver, à leurs enfants; bêtes à lait, très-rares en Kabylie. De plus, à la fin de leur carrière, elles deviendraient bêtes à manger. Toute la famille, hommes, femmes et enfants, trouverait donc profit à leur éducation, et elles deviendraient les bêtes favorites de la maisonnée.

Mais comment s'en procurer? Je ne prévois pas pouvoir, dès longtemps, faire des économies suffisantes pour cela. Il faudra que je sollicite une haute et puissante et gracieuse protection pour me faire prêter, des bergeries du *gouvernement*, quelques-unes de ces bêtes pour les installer, à titre d'essai, dans mon azib du Djerdjera.

Je tiens conseil avec Mamouche.

— Conduis-moi dans un village où l'on fabrique des fusils, des bijoux, etc.

— Dans lequel? Dans celui-ci, on fabrique des fusils, seulement; dans celui que tu vois là-bas, des bijoux, etc.

— Alors, comme je n'ai pas le temps de visiter chacun d'eux, conduis-moi dans un village où l'on fabrique des fusils; nous verrons après.

Nous redescendons par Djemea et le traversons incognito pour aller à Tazaërte, situé en face sur une hauteur. Dans tous les nombreux villages que j'aperçois, des mosquées ou djemma sont posées d'une manière apparente, et beaucoup de ces petits monuments ont, en façon de façade, au premier étage, un petit péristyle à arceaux, d'un effet très-pittoresque. C'est de cet endroit qu'on appelle ou qu'on invite les fidèles à la prière, sur un ton de voix très-élevé.

Les rues de Tazaërte me semblent plus larges que dans les autres villages. Nous allons chez le cheïk; il me reçoit très-bien et me fait monter, au fond de la cour, à un petit premier étage, dans une petite chambre; il nous y apporte des dattes, des raisins secs, du pain et du café. Je lui dis que je désire visiter quelques armuriers et nous sortons ensemble. Nous en visitons successivement quatre.

Ces industriels artisans n'ont pas d'autre atelier que leur porche. Ils travaillent assis, en causant avec les passants. Ils ont une installation dans le genre de celle de l'Auvergnat, dit magnat, en Lorraine, qui était établi à l'angle de l'Université, en face des murs de la cour du collége, à Nancy, et autour duquel nous faisions cercle, en attendant l'heure de l'ouverture de la porte et des classes. Ils fabriquent eux-mêmes les batteries et les crosses des fusils et des pistolets. Les bois sont en noyer; je remarque qu'ils sont bien ajustés.

Je termine mes visites par Saïd bel-Mihou, qui demeure presque en haut du village. C'est le meilleur, le plus habile; la réputation du pays. Quand il apprend la cause de ma visite, il me fait un accueil des plus démonstratifs. Il me fait entrer chez lui, m'offre des espèces de beignets frits dans l'huile, du miel et des oranges; il veut même me les faire prendre; j'en mets deux dans mes poches. Il me montre tous ses fusils, et notamment une batterie assez bien faite. Les canons, ou du moins la plupart, viennent de Tunis, qui les tire de Liége; cependant il s'en fait quelques-uns en Kabylie, mais fort peu, parce qu'ils reviennent trop cher.

Il fait maintenant un fusil de commande de deux cents francs ; il sera garni en argent et en corail. Il m'apporte les garnitures d'argent ; ce sont des bandes d'une espèce tôle d'argent, découpées et évidées en dessins, qui ne manquent pas d'originalité. Saïd bel-Mihou a une nombreuse famille ; ses ouvriers sont ses enfants. Cet homme a une figure intelligente ; il montre ses armes comme ferait un artiste qui a le goût des arts ou un ouvrier qui a pris goût à son métier. Il me reconduit jusque chez le cheik. Voilà sur la porte de celui-ci quelque chose de nouveau, que je n'avais pas remarqué ; c'est cette inscription en gros caractères français : *Frappez pour M Mahommed-Braba-Ben-Kabouche, cheik*. La plaisanterie est originale et de bon augure, mais qui sait lire le français ici, ou même l'arabe ? le français pas, et l'arabe très-peu. J'aimerais mieux voir un a, b, c, d, etc., ça viendra.

L'encre des lettres en a un peu pâli ; il me prie de les retracer. Bientôt ils auront à leur porte une sonnette avec : « Sonnez pour M... » Le père du cheik nous attend ; il est, comme son fils, très-prévenant. Leurs familles, femmes, filles et enfants ont bonne mine, bonne figure.

Je voudrais aller coucher au village des Beni

Mansour, ou plutôt j'hésite entre ce dernier et le bordj de Sidi Laedar. Allons toujours. La pluie tombe. Le chemin est triste et le pays a un aspect sauvage ; des rochers, des broussailles, des ravins, quelques essences forestières, pins et chênes de maigre venue. Le ciel est pris profondément de toutes parts par de gros nuages épais et gris foncés. Voilà plusieurs sentiers qui se croisent. Quelle solitude de malheur : quel carrefour du crime et, pour comble, Mamouche se plaît à me raconter que, là-même, à l'endroit où nous sommes, il y a quelques jours, un Beni Abbès a été assassiné par des Beni Mellikeuch, embusqués, qui lui ont pris son mulet et se sont sauvés comme des chacals. Le Beni Abbès aurait résisté, ils résistent toujours, c'est pourquoi il aurait été tué. Ah ça, animal, tu commences à m'ennuyer avec tes bêtes histoires ; elles sont toujours les mêmes ; ce n'est pas que j'ai peur : mais tu pourrais bien choisir un autre moment et un autre lieu. Une histoire d'assassinat le matin ; une histoire d'assassinat l'après-midi : ce n'est pas rassurant pour le soir ; je n'ai pas envie de fournir le sujet d'une pareille histoire pour le soir. Allons un peu plus loin tenir conseil, sous cet arbre. « Le mulet est fatigué ; Beni-

Mansour est bien loin, dit-il. » Quand ces gaillards ne veulent pas aller quelque part, on est toujours bien loin ; quand ils veulent aller quelque part, on est toujours bien près, même serait-on fort loin. « Il y a un village dans la montagne, où on fait de la sparterie; le cheik est un brave homme, il a des moutons, des bœufs, etc. ; » je te vois venir ; cela veut dire, mon drôle, que tu es sur ta bouche et que tu ne serais pas fâché de bien dîner. Un autre village est plus près ; on y fabrique de la poudre ; je ne serais pas fâché de voir cela ; mais demander l'hospitalité à des gens qui fabriquent de la poudre... ce n'est peut-être pas sûr, pas prudent. Ce n'est pas un métier de bonnes, d'honnêtes gens. En tout cas ils doivent avoir les mains biens noires et le caractère dangereux, si le métier influe sur le caractère. Cet imbécile avec ses histoires..... je crois que je me suis un peu aventuré ; si mon madré me conduisait dans quelque affreux guet-apens — je ne connais personne ici.... et ça a l'air d'un pays de voleurs.... Ah bah ; allons d'abord voir les fabricants de poudre.

Après être passé sous un arbre marabout et près d'un marabout de forme carrée avec dôme, Sidi Salah, nous entrons dans un petit village.

Quelques maisons font saillie sur la rue au-dessus de la porte. Je passe, sans être descendu de ma bête, près d'une tégémaïde couverte, où sont plusieurs hommes que je salue, comme si j'étais du pays ; bien qu'un peu étonnés, ils me rendent la politesse d'un bon air. Un d'eux est accroupi à terre et tisse un tapis de sparterie avec de l'alfa.

Nous entrons chez le cheik. Il est absent, il est au bordj des Beni Mansour. Son jeune frère me reçoit ; il me fait monter dans une chambre à un premier étage, bordée d'un balcon, sans balustrade. Cette chambre est assez spacieuse et propre. Son mobilier se compose d'un grand bahut et de quelques vases en terre ; une assiette française est suspendue à une ficelle par un trou, comme objet de luxe.

Au bout d'une heure arrive le cheik; Mohammed ou-Ali, jeune homme d'environ vingt-cinq ans, vif. Je reçois la visite du marabout de l'endroit: M$^r$ ou plutôt Sidi Bachir ben Sidi Salah. C'est un homme bien portant, de trente-cinq ans ; il a la barbe noire et fournie, la figure calme, le regard de bonne nature, quoique parfois un peu sournoisement bienveillant. On nous apporte une collation ; de l'excellent miel en rayon, des noix, des morceaux de gâteaux aux œufs. Mon marabout n'a l'air d'abord de ne rien voir, puis insensiblement, et toujours sans avoir l'air d'y toucher, le miel, les gâteaux, les noix, le lait se fondent et disparaissent comme par enchantement ou plutôt désenchantement. Je le regarde ; il me regarde ; nous nous sommes compris. Il y a entre gens de tous pays, qui sont doués d'un bon, d'un fort appétit et qui sont un peu sur la bouche, une espèce de francmaçonnerie d'intuition. Mon saint homme a les dents blanches et serrées, les joues fermes, l'abdomen pas en sac, en besace, mais bien proportionné, bien rond, comme un homme qui digère bien, un abdomen se portant bien et portant bien.

Mohammed ou-Ali et ses parents me montrent du soufre et du salpêtre, destinés à la fabrication de la poudre, ainsi que des balances de grossière imitation française, servant à régler les proportions du mélange des ingrédients. Le salpêtre est cristallisé en petites aiguilles. Ils prétendent que certaines terres des environs en sont imprégnées. Nous sortons, et près de la tégémaïde, ils me font voir plusieurs mortiers en pierre ou marbre noir et deux pilons en bois. Il paraît que ces objets sont d'un commun usage.

Le soir, je revois Sidi Bachir ben Sidi Salah (M. Bachir, fils de M. Salah); décidément c'est un beau et bon mangeur; il sait manger. Je lui offre de mon café; il est appréciateur; c'est plaisir. Après le dîner nous prolongeons la soirée. Le menu s'est retiré. Sidi Bachir, Mohammed ou Ali, moi et mons Mamouche, qui m'a l'air d'un madré compère, restons seuls à bavarder. Sidi Bachir est un homme d'un grand bon sens, qui connaît bien les hommes et les choses de son pays et voit très-bien par où ces dernières pêchent, sont vicieuses et insuffisantes. Je lui explique ce qu'il peut comprendre de notre système judiciaire, sous le rapport de l'organisation du personnel et de l'administration des choses. Il paraît trouver très-sages les garanties qu'on exige des magistrats, et surtout l'inamovibilité qui les rend indépendants de tous et ne permet à aucune influence d'avoir prise sur eux. Je lui explique que, comme contre-poids, nos lois punissent très-sévèrement le juge prévaricateur et, qu'en tous cas, il est déshonoré aux yeux de tous pour le moindre acte d'improbité.

Une chose, qui d'ailleurs est le plus à sa portée, frappe surtout mon marabout, c'est que les cadis français ne reçoivent rien des parties et sont payés par le gouvernement, « bssah », me dit-il, me répète-il, comme cela, pas de tentations irrésistibles ou du moins entraînantes ; comme cela, l'homme, sous le magistrat, n'est pas exposé aux griffes, aux affreuses griffes de la misère, du besoin, aux tristesses, aux ennuis décourageants de la pauvreté, aux préoccupations soucieuses, aux embarras dissolvants de la gêne, etc. ; il a de quoi vivre, le nif, l'honneur, pour le reste.

J'ai toujours pensé, du reste, depuis que j'ai été un peu mêlé aux affaires judiciaires des indigènes et les ai observés sérieusement, que l'administration de la justice exercée, en ce qui les concerne, à leur égard, par la magistrature française, ou au moins sous sa direction immédiate, serait un des plus grands et des plus féconds, si non le plus grand et le plus fécond mobile de civilisation et de pacification, comme aussi le meilleur moyen de faire estimer, respecter notre domination dans les masses et même de la populariser.

Rendre ou faire rendre bonne justice aux indigènes serait aussi, et dès à présent, et ce, avec abstention absolue de toute immixtion à la politique proprement dite, serait aussi, dès à présent, dis-je, d'une excellente politique générale et particulière pour hâter et fonder solidement, indestructiblement la pacification et commencer l'assimilation ; si non encore la fusion.

Eh bien, le croiriez-vous, à Alger même, la justice indigène, personnel et administration, est en dehors de notre magistrature.

Il y a quelques années, il n'en était pas ainsi ; elle relevait de nous ; il y avait progrès ; aujourd'hui, il y a reculade !

Reculade dénotant de la part de l'administration quelconque qui l'a provoquée un égoïsme étroit, un esprit sans portée et anti-civilisateur, et de la part de qui l'a souffert, faiblesse et impuissance magistrale.

Sidi ne connaît pas Alger ; il n'est jamais sorti de son trou ou plutôt de son pigeonnier, car il est assez haut perché. Il a une belle aisance kabyle ; il vit en famille ; il a encore sa mère ; il n'a que trois femmes, le pauvre cher homme, et trois petites filles. Il a eu déjà plusieurs garçons, mais ils meurent tous en bas âge, ce qui le désespère.

Il est ainsi retenu par une foule de fils, qui, bien qu'élastiques, font chaîne, cependant, et sur place l'enchaînent. Son père était, de son vivant, un marabout très-renommé par sa sagesse, ses lumières et son esprit de modération. Il n'a pas peu contribué, dit-on, a maintenir les Beni Abbès dans un bon esprit de paix. M. le colonel Dargent, le nom est heureux, bien porté et de bon aloi, M. le colonel Dargent, survenant, les mit, à son tour, par la sagesse éclairée ferme et prudente de son administration, aidé, aussi, il est vrai, par leurs mœurs laborieuses et commerciales, les mit à son tour, dis-je, et les maintint dans une bonne voie de progrès.

Tout ce que je vois, tout ce que j'entends me confirme plus que jamais et d'autant plus fort dans la conviction que tous les Kabyles ou Lakbayls, comme ils se nomment eux-mêmes, et surtout les fameux Zouaouas, à cause de l'intensité de leur population, des nécessités de leurs conditions d'être, d'exister, et de leurs fréquentes relations d'intérêt avec nous, pourraient ou plutôt devraient être désormais administrés par des fonctionnaires et des institutions de l'ordre civil. Je dirai même plus, c'est que l'introduction et l'action de ces nouveaux éléments et agents administratifs au milieu d'eux hâteront ou plutôt opéreront, seuls, rapidement et profondément, la fusion et l'amalgame de leur civilisation, d'une autre ère, et en retard, dans la nôtre.

Quant à leur antique et traditionnel esprit d'indépendance et de nationalité, esprit qui caractérise presque tous les montagnards, il n'est déjà plus qu'un fantôme fondant de jour en jour, pour le peuple, devant l'éclat de notre puissance, et, pour l'individu, devant l'intérêt personnel, matériel et moral, fantôme qui aura bientôt disparu, dissipé, si nous sommes quelque peu prudents.

Je ne parlerai pas de notre puissance, le Kabyle, qui est partout en Algérie, la voit partout. Quant à l'intérêt personnel, il l'entraîne irrésistiblement, inévitablement, vers nous; il le précipite, les yeux et les mains ouverts, dans notre civilisation, moralement et matériellement. Presque toutes, sinon toutes choses, lui viennent de nous. Son pays, couvert de montagnes élevées et escarpées, est peu propre à la culture des céréales; aussi l'orge, la base de l'alimentation quotidienne, n'est pas commune, abondante dans beaucoup d'endroits, et le blé, alimentation de luxe, manque ou est très-rare presque partout. Sous ce double rapport, la production est de beaucoup au-dessous de la consommation et il ne peut se procurer à bon marché ce qui lui manque de ces denrées que sur nos marchés arabes, ou dans nos ports. D'un autre côté, les quelques produits, tels que l'huile d'olive et les figues sèches, qui dépassent, année moyenne, sa consommation, ne trouvent de vente avantageuse, pour lui, que dans nos villes et dans nos ports. Comme vous le voyez, de quelque côté qu'il se tourne... nous sommes maîtres de son existence; et il le comprend déjà. Il n'y a que nous qui ne le comprenions pas, ou, du moins, qui nous conduisions, nous comportions comme si nous ne le comprenions pas. Je viens de parler du propriétaire, qui, bien que propriétaire, est cependant généralement fort pauvre, à notre point de vue, et n'a que juste de quoi faire vivre sa famille, la terre étant extrêmement divisée et insuffisante pour nourrir toute la population.

Quant au prolétaire, très-commun partout et surtout en Kabylie, il est encore plus sous notre dépendance. Ainsi le Beni-Enni, armurier, forgeron, bijoutier, prend ses matières premières chez nos marchands, dans nos villes, et vend les produits de son industrie ou les fait vendre sur nos marchés arabes; le Beni-Saada colporte ces produits, les bracelets en corne noire et les plats de bois, tournés par les Beni-Illiten ou les Beni-Menguelettes, jusqu'à Tougourt; son voyage, allée et retour, dure d'un à deux mois et lui procure un bénéfice d'une valeur de trente à soixante francs en espèces ou en objets d'échange, tels que dattes, laines fines, haïks et autres provenances du Sud ; Or, pour ne pas être volé, pillé en route, il a besoin de notre protection ; le Beni-Boudrar fait le commerce de bestiaux, il va les chercher jusque chez les Hannenchas, à la frontière de Tunis, pour revenir les vendre sur nos marchés arabes et kabyles ; le Beni-Djened et l'Irkfaouais descendent de leurs montagnes pour venir faire les moissons et les fenaisons de nos colons et les moissons seulement chez les Arabes; les Arabes ne sachant pas encore récolter le foin ; ce qui, cependant, leur serait si utile et profitable et empêcherait leurs bestiaux de crever de faim dans les hivers trop pluvieux ; aussi aurait-on dû le leur enseigner avant toute autre chose; car le jour où l'Arabe fauchera et emmeulera du foin, ses habitudes nomades, ou plutôt mobiles, conditions forcées, nécessaires de son existence, quant à présent, changeront et il deviendra cultivateur, cultivant et demeurant sur place fixe, comme nos propres cultivateurs, comme les Kabyles; mais revenons à ceux-ci ; le Beni-Djened et l'Irkfaouais descendent de leurs montagnes, dis-je, où ils n'ont pas toujours du pain, c'est-à-dire du kouskoussou, ou du travail pour en gagner, pour venir s'employer dans nos usines, pour travailler dans les jardins ou servir de manœuvres à nos maçons, griller et piler le café, etc.

Ainsi, partout chez les Kabyles et pour tous, division, détail, petite agriculture, petite industrie, petit trafic, petits intérêts, gagne-pain, comme conditions d'existence. Le tout avec nous ou par nous. En général, plus de ressources en hommes qu'en produits. Or, les hommes manquent en Algérie à nos colons, qui se plaignent de la rareté et de la cherté de la main-d'œuvre; tandis que la Kabylie pourrait non-seulement leur fournir des bras à bon marché, mais fournir aussi à notre commerce et à notre industrie des colporteurs hardis, habiles, infatigables, acclimatés, connaissant les ressources et les besoins du pays, qui iraient colporter et répandre leurs produits dans toute l'Afrique française et autre encore très-peu explorée et exploitée sous ce rapport.

Mais pour opérer ou faciliter ces combinaisons, qui n'ont rien, comme vous le voyez, de belliqueux, il faudrait la paix partout et constamment et d'une manière certaine, sans arrière-pensée, et la paix, dans ces conditions, est-elle toujours possible avec les bureaux arabes, dont le personnel est composé exclusivement de militaires ?

Il y a une dizaine d'années, lorsque nous ne connaissions que très-peu les Kabyles et qu'ils ne nous connaissaient pas davantage, notre autorité s'établit à main armée au milieu d'eux, aussi à main armée. Alors des bureaux arabes y furent créés. Ces bureaux, subissant bientôt les influences des conditions d'existence des Kabyles, ne tardèrent pas à devenir administratifs, aussi administratifs que cela était possible et compatible avec le caractère militaire, tout militaire, purement militaire, exclusivement et rien que militaire de ses fonctionnaires officiers ou officiers fonctionnaires.

Ils acquirent sous ce rapport une grande importance sans autre appui, aide ou auxiliaire armés, étrangers à l'élément kabyle, que quelques soldats français, quelques spahis indigènes. Nos officiers dans ces postes avancés de notre civilisation se montrèrent tels qu'ils sont partout et toujours, c'est-à-dire, dignes et à la hauteur, dans leur sphère, de la belle et nouvelle mission qui leur était confiée. Au milieu du désordre général, antique et traditionnel des tribus

Kabyles entre elles, et malgré les antipathies, les préjugés et les haines hostiles, invétérés depuis des siècles contre l'étranger, en général, et le chrétien, le roumi en particulier, ils introduisirent les premiers éléments d'ordre et implantèrent les premiers germes d'aministration et de justice régulières ; ils ouvrirent en un mot le premier sillon à notre civilisation moderne. Ils firent autant ; ils firent plus qu'on n'était en droit d'attendre de soldats, dont la mission, en définitive, est plutôt de renverser, de détruire, que d'élever, de construire, d'édifier.

Que justice, qu'éclatante justice, que grand honneur leur soient donc rendus ; ils ont bien, comme toujours, comme partout, ils ont bien mérité de la patrie, de l'empire.

Mais s'ils ont su, s'ils ont pu implanter les premiers germes, les premiers éléments de paix et de civilisation, s'ils ont pu commencer l'œuvre de paix, de civilisation, de régénération, leur est-il possible désormais de les continuer, sans *incidents* militaires, leur est-il possible de les perpétuer et surtout de les féconder et de les développer puissamment et heureusement et toujours pacifiquement.

Avec une administration, qui a toujours l'épée

à la main et la mèche allumée sur la lumière du canon, c'est-à-dire, qui est animée, qui est mue par l'esprit militaire, l'esprit de la guerre, des combats, naissant un germe d'insurrection, surgissant un conflit, un *incident militaire*, un simple mécontentement, dont la cause est trop souvent juste, équitable, avec une telle administration belliqueuse, de son essence et par l'éducation et la destination purement militaires de ses fonctionnaires, la pointe de l'épée, le feu du canon ne se sont-ils pas souvent, très-souvent, trop souvent *prima ratio* au lieu d'être *ultima ratio*?

Le droit du plus fort est bien entraînant, bien fascinant, bien hallucinant, mais aussi, par contre, bien aveuglant, très-souvent. Et puis une affaire embrouillée, non débrouillée, peut faire naître un cas de répression, l'obligation de châtier une tribu, quelques tribus à l'humeur indocile, rebelle, et de faire un exemple, en un mot la nécessité (plus ou moins nécessaire, si ce n'est pas du tout), d'une petite ou grande expédition, d'une petite ou grande campagne, mais en tout cas, toujours d'une petite guerre ! Or, pendant ces temps, MM. les officiers des bureaux arabes sont en scène, au premier plan ; ils marchent à la tête de leurs goums ; ils ont leur parti plus ou moins ami, leur parti plus ou moins ennemi ; ils font sous les yeux du général en chef, tantôt de la diplomatie, tantôt des opérations, des mouvements militaires, tels que : hardis coups de mains, brillantes et profitables rasias, plus ou moins profitables pour tous, heureuses et habiles diversions, etc. Le tout ultérieurement couronné de gloire, des lauriers de la victoire, sous la forme d'épaulettes, de rubans, de cordons, du fameux, honorifique et profitable petit bâton, pour le plus grand, en commandement, et voir même leurré de l'éphémère et fugitif espoir d'un chimérique duché *in partibus et montibus infidelium*, un peu trop haut perché et hasardé, puis *ridiculement* s'envolant en.... fumée.

Que voulez-vous on est soldat ou on ne... et le soldat français, quand je dis soldat, je me sers d'une expression générique, qui comprend nécessairement et glorieusement l'officier, et le soldat français se flatte, et à bon titre, et à bon droit, de l'être, soldat.... et un fameux encore... On a l'esprit, le feu sacré, l'amour sacré de son métier, et chacun son métier, c'est ce qui fait que....

A ..., j'avais pour voisin un maréchal.... ferrant, excellent ouvrier, crâne mari, l'idole de ses enfants, pompier fini, toujours le premier au feu..., non à l'eau..., non au feu, je veux dire à l'eau... ah! ma foi, toujours le premier à l'eau et au feu, la poitrine couverte de médailles de sauvetages aquatiques et autres; mais il avait toujours soif, pas de gloire, et quand il avait soif, il buvait toujours. Lui donnait-on un conseil amical à cet endroit; il répondait avec la sérénité de la conviction et presque même du devoir et d'un air étonné, à déconcerter le conseilleur et à lui faire croire, à son tour, qu'il avait dit une bêtise : « C'est l'état qui veut ça. » Lui parlait-on de ses enfants : ils se seraient mis au besoin entre le marteau et l'enclume de papa ; de la femme : « mon homme, disait-elle avec fanatisme, n'a pas son pareil au monde ; il aime bien, c'est vrai, à boire un petit coup, mais.... c'est l'état qui veut ça. »

Il est au contraire de l'essence, de l'esprit du métier du fonctionnaire civil, comme aussi de son honneur et de son intérêt, d'administrer de manière à rendre impossibles toutes causes de mécontentement et, en tous cas, de les prévenir, de les dissoudre à leur naissance. C'est là l'esprit de son métier, le feu sacré de son métier, sans arrière-pensée, et à chacun son métier. Pas de fausse, pas d'équivoque position.

Je ne crois pas devoir en dire davantage sur cette vérité, selon M. de la Palisse.

C'est en raison de toutes ces considérations, et d'autres encore, que je pense qu'il est grandement temps et opportun, nécessaire, indispensable, urgent même, d'introduire nos institutions civiles, ou au moins d'analogues, avec leurs fonctionnaires naturels au milieu ou plutôt sur tous les points de la Kabylie ou des Kabylies, je dis : ou plutôt sur tous les points des Kabylies, parceque ces contrées n'ont pas, à proprement parler, de milieu administratif, de point de centralisation administrative possible, étant, comme je vous l'ai déjà dit, extrêmement divisées, quant à la géographie, aux intérêts, aux industries, aux diverses aptitudes des populations et, l'administration à leur donner, devant être en rapport avec cet état de choses et surtout une administration de détail par dessus tout, une administration de localité, de détail ou plutôt une administration *en détail*.

Ces institutions auraient les mêmes bases, les mêmes principes et le même cadre que celles de la métropole ; elles seraient toutefois, modifiées, simplifiées et appropriées, dans leurs rouages et leur application, en raison des nécessités ou d'après les nécessités résultant des différences, existantes encore actuellement, mais momentanément, entre notre civilisation moderne, qui a toujours marché et progressé depuis des siècles et la civilisation kabyle qui s'est arrêtée et n'a pas bougé, si ce n'est pour reculer, depuis la dissolution de l'empire romain et sa disparution de l'Afrique.

Mais comment faire, diront les gens de bonne foi, je ne parle pas des autres et ne m'en occupe pas, comment faire, diront les gens de bonne foi, qui ne connaissent pas le fond des choses et ne peuvent même pas les connaître, comment faire?

Or, le voici, en vérité, en vérité je vous le dis, *hak*, vrai, comme disent les Arabes, tout simplement, brièvement, provisoirement ou plutôt préparatoirement, quant à présent, et comme je crois, du reste, vous l'avoir déjà fait entrevoir dans ma correspondance, il y a deux ou trois ans : ce serait de diviser la Kabylie en trois ou quatre départements, soit trois ; celui du Djerdjera, chef-lieu à Tizi-ou-Zou ou Djemma Saharidj ; celui de la Souma, chef-lieu au Bordj Akbou, et celui des Babors, chef-lieu à Sétif, et de transformer les commandements des cercles et les bureaux arabes, y existant actuellement, en préfectures, sous-préfectures et annexes civiles. Cette transformation administrative, de forme et de fond, serait augmentée et complétée par de nouveaux et indispensables éléments, modes, agens et moyens d'administration.

Ainsi, il serait créé dans chaque préfecture et en relevant, un emploi d'ingénieur des Ponts-et-Chaussées ; un emploi de receveur-contrôleur ; un emploi d'officier supérieur de gendarmerie et une institution judiciaire double ; l'une pour les Français et sujets français, et l'autre mixte pour les indigènes musulmans.

Dans chaque sous-préfecture, il serait organisé une combinaison administrative en sous-ordre analogue, ainsi : création d'un emploi de fonctionnaire des Ponts-et-Chaussées ; d'un emploi de percepteur ; d'un emploi de médecin ; d'un emploi d'officier de gendarmerie, le dit officier, bien entendu, accompagné de son brave monde, de ses bons et braves accessoires et aides, les bons gendarmes ; enfin, création d'une justice de paix à double compétence, comme je l'expliquerai. Un petit hospice ou maison de bons secours y serait ouvert aux petites orphelines kabyles, aux femmes et à leurs enfants malades. Des traitements et des remèdes y seraient donnés aux hommes ; le tout gratuitement, sauf à en comprendre le coût dans les impôts. Ces établissements seraient tenus par des sœurs.

Les fonctionnaires de cette nouvelle administration, c'est-à-dire les préfets et sous-préfets auraient pour attributions, entre autres :

Les préfets, de traiter les affaires générales du département, affaires administratives et politiques, affaires politiques, dans le cas où il y en aurait, de contrôler sans cesse les actes administratifs des sous-préfets et de faire contrôler par ses auxiliaires, les auxiliaires des sous-préfets, de donner l'impulsion à l'ensemble du service et enfin, de correspondre directement avec l'autorité supérieure.

Les sous-préfets, eux, auraient pour attributions principales, politico-administratives, de veiller à la tranquillité générale, à la sécurité des chemins, à la bonne tenue des marchés publics, de provoquer, et, au besoin, de prendre, d'urgence, les mesures nécessaires pour assurer le tout, de rechercher quels sont les besoins et les ressources, en toutes choses, des tribus, afin de pourvoir aux uns et d'ouvrir des débouchés aux autres, d'améliorer les chemins existants, de les rendre parfaitement praticables, de jour et de nuit, et sans efforts, pour les bêtes de somme, d'en ouvrir, au besoin, de nouveaux, pour les mulets seulement, entre les tribus, et pour les voitures entre les chefs-lieux de préfecture et de sous-préfecture, de faire amener, même de loin, les eaux des sources dans les villages qui en sont privés, d'établir des petites écoles ; d'assurer le service médical, etc., etc., etc., de se mettre en rapport direct avec les amins des villages et les conseils ou djemmâa, d'écouter beaucoup, de voir beaucoup avant, d'agir vivement après, etc., de favoriser les enrôlements militaires des jeunes têtes ardentes, turbulentes, afin, au besoin, de les faire casser en tout honneur et gloire et utilité, sans crimes ni délits.

Pour commencer, comme point de départ, et pour aller du *connu* au *prévu*, la nouvelle administration, forme et fond, serait confiée, à l'instar du mode de faire des bureaux arabes, serait confiée au libre arbitre de la sagacité du sous-préfet, de sa sagesse, de son appréciation, de son habileté, de son expérience personnelles, etc.; sauf, toutefois, pour les affaires principales, le vu, l'approbation préalables du préfet, et, pour toutes les affaires, son contrôle ultérieur.

Son personnel particulier se composerait de secrétaires indigènes et de secrétaires français, surnuméraires préfectoraux ou administratifs.

Il devrait avoir plus de bons chevaux et de bons mulets dans son écurie que de plumes et d'encre dans son écritoire, devant traiter la plupart des affaires *de visu* et *illico* et devant être, par conséquent, administrativement parlant, plus souvent à cheval qu'assis. Sous ce rapport, comme du reste, sous beaucoup d'autres, MM. les officiers des bureaux arabes ont très-bien compris quels sont les meilleurs modes ou manières de faire avec les Kabyles. Il serait, en effet, au moins embarrassant, fort embarrassant pour tous de faire des écritures, de la bureaucratie, de la forme avec des gens qui ne savent ni lire ni écrire et chez lesquels tout, en administration, se passe en faits. Exemple, de ma part, *de visu* :

C'était la veille des labours. L'amin fit une collecte dans tout le village. Chacun donna selon ses moyens pécuniaires : qui vingt francs, qui quinze, qui dix, qui cinq, qui un franc, qui cinquante centimes, etc.

Plusieurs bœufs furent achetés avec le produit de cette collecte et immédiatement abattus. Cet office est ordinairement rempli par des descendants de nègres affranchis, blanchis par suite de mélanges des races. Il fut fait de leur chair, de la chair des bœufs, autant de parts égales qu'il y avait de bouches, grandes ou petites, plus ou moins, mais en général plutôt plus que moins, ouvertes, sans distinction, dans le village. Ces parts furent rangées en carré à terre dans un champ et chacun vint chercher la sienne et celle des siens.

Il y eut bien par ci par là quelques criailleries, car rien ne se fait chez les républicains kabyles, sans criailler, sinon toujours beaucoup, du moins toujours un peu. « ma part est plus petite que celle des autres. » « J'ai plus d'os que de viande et de graisse, etc. » L'amin, qui présidait à la distribution avec ses tommans, cria plus fort que l'un, parla à l'oreille de l'autre et tout fut dit, tout fut fini; chacun emporta son lot composé, équitablement, d'un peu de tout, de gras, de maigre, d'os, etc., le tout enfilé dans une baguette.

Autre exemple, aussi de visu : une fontaine ne coulait plus, égarée, enfouie, qu'elle était, sous un éboulement. On tint conseil et il fut décidé que la source serait recherchée et, bon gré mal gré, en bonne voie ramenée; puis qu'une forte maçonnerie serait édifiée pour que, désormais, elle puisse couler à perpétuité, sans jamais être empêchée ou se fourvoyer. On fit venir d'Ouled Meleld, village des Beni Yayia, un fontainier-maçon, émérite en cette chose, Sidi el-Hadj Mohammed Saïd, marabout, fils de marabout, artiste-architecte hydraulique, de vocation, de source, si vous aimez mieux, ayant fait le pélerinage de la Mecque et le voyage de Stamboul, et en grande réputation chez les Zouaouas. Le maître ès-arts se mit à l'œuvre, sans autres instruments de précision et outils que ses deux yeux, ses deux mains, ses deux pieds, une vieille truelle française, un vieux marteau, une espèce de règle en bois informe et sans autres aides que huit servants, habitants du village, de corvée volontaire, chaque jour, à tour de rôle. Sous sa direction, l'éboulememt fut déblayé et la source égarée et enterrée fut retrouvée et déterrée. Il maçonna un bloc de pierres de toutes grosseurs et de mortier contre le talus, d'où elle sortait, en lui ménageant au milieu et à travers un petit conduit en forme de canal, au bout duquel il fit un bassin, et couvrit le tout d'une tebna.

Le monument hydraulique coûta six cents francs

y compris le prix de la chaux de fourneaux français, les Kabyles n'en employant que fort peu dans la construction de leurs maisons, la fabriquent fort mal ; les honoraires-journées du Sidi artiste-architecte-fontainier, à raison, prix exorbitant, de cinq francs par jour ; mais non compris la valeur des corvées et des kouskoussous gratuits ; chacun, à son tour, dans le village, régalant notre homme, car, une fontaine, c'est chose très-importante, là où l'eau est rare et chez gens qui ne boivent pas de vin ; c'est de plus, et surtout et sous bien des rapports, une grande affaire pour les femmes qui sont obligées d'aller la chercher à dos et quelquefois très-loin, et par quels chemins ! Aussi les kouskoussous offerts devaient-ils être soignés, si non toujours de première qualité.

Tous les jours l'amin et les tommans faisaient sur les lieux des travaux, des visites et inspections qui duraient depuis le matin jusqu'au soir. C'était, d'ailleurs, le rendez-vous général, où chacun voulait paraître avoir mis la main à l'œuvre commune. Les vieux donnaient des conseils ou critiquaient. Les autres travaillaient au milieu des rires, des lazzis et des conversations de tous. Mon architecte ne se servait de la truelle que pour les enduits, pour le reste, il maçonnait avec ses truelles naturelles, ses mains et même ses pieds. Il était superbe d'air important et capable. Tous lui obéissaient au moindre signe.

Ces actes administratifs, le premier par son esprit de charité patriarcale, qui décontenancerait le plus rude, le plus forcé socialiste moderne, et tous deux par leur simplicité de forme et d'exécution, démontrent suffisamment que, pour entrer naturellement, facilement dans les mœurs kabyles, notre administration, au moins pour commencer, devrait procéder avec une grande simplicité de forme, une grande rapidité d'action et d'à-propos et une grande économie d'argent.

A propos d'économie et pendant que j'y pense, une petite observation d'économie politique, plus ou moins bien placée, mais juste au fond; celle-ci : c'est que la Kabylie est, généralement, tellement bien peuplée, divisée, possédée en détail, cultivée, exploitée de toutes les manières, qu'à moins de jeter tous ses habitants par-dessus leurs montagnes dans la mer, ou de les envoyer se griller, se brûler, se dessécher, se momifier ou se calciner, au choix, à volonté, dans les sables et sous le soleil de l'intérieur de l'Afrique, il ne faut pas songer à y coloniser autre chose que notre industrie, notre commerce et notre civilisation ; la colonisation, pour le surplus, pour le reste, étant déjà et depuis longtemps parfaitement et complètement faite. Je reprends :

Comme vous le voyez, les nouveaux fonctionnaires civils, c'est-à-dire les préfets et les sous-préfets devraient avoir, dès le début, en commençant, pour ainsi dire, carte blanche, sauf contrôle, bien entendu, et contrôle sérieux et sévère.

Aucun maniement de fonds des contribuables ne devrait se faire par leurs mains. Ainsi, tous les fonds provenant de la perception des impôts, des amendes, des ventes, etc., etc., seraient versés directement dans les caisses du Trésor.

Il pourrait être créé un emploi de préfet, général en chef, chargé d'inspecter et de contrôler, sans cesse, l'administration des départements. Sa résidence ou plutôt ses résidences seraient à Paris, à Alger et partout en Kabylie; c'est le préfet qui voit tout, qui entend tout, qui est partout.... et le reste.

En résumé, les attributions des susdits fonctionnaires civils seraient les mêmes, en principe et en substance, et sauf appropriations locales, que celles des fonctionnaires du même ordre, en France et, sous le rapport administratif, seulement administratif, que celles des commandants de cercles et de bureaux arabes.

Quand, ce qui, je crois serait rare, très-rare, quand, dis-je, mon administration civile, malgré son esprit de paix et de conciliation, sa prudence et sa sagesse, ne serait pas venue à bout, après avoir tout épuisé, de *l'humeur indocile et insoumise* d'une tribu quelconque, cette tribu serait livrée à la guerre, et alors *vœ victis*, ce serait au tour de notre armée d'agir. Ainsi chaque chose serait à sa place et chacun ferait son métier.

Comme sanction indispensable, active, permanente et, au besoin, exécutoire de ce système administratif nouveau, une colonne mobile serait organisée dans chaque département. Elle serait composée de corps de toutes armes, excepté de cavalerie, si ce n'est de quelques spahis, gendarmes, ordonnances, chargés de la correspondance. Chacune d'elle entrerait en campagne dès le mois de février et y resterait jusqu'à la fin de juin. Evitant ainsi les pluies et l'humidité de l'hiver et les chaleurs excessives de l'été et de l'automne, elle échapperait aux fièvres terribles qui tuent nos soldats ou, au moins, sévissent cruellement contre eux pendant ces saisons. Elle camperait. Elle serait occupée soit à manœuvrer, soit à faire des travaux d'utilité publique, tels que routes de grande communication, ponts et autres travaux, dont l'exécution serait momentanément impossible, quoique nécessaire, avec les ressources ordinaires en bras et en argent. L'ensemble de ces travaux, nécessités par les circonstances, et les opérations militaires, seraient combinés pour les trois colonnes.

Ces colonnes seraient en état de guerre entre elles ; guerre ouverte.

De cette manière nous aurions toujours, en cas de guerre, n'importe où, et même ailleurs qu'en Afrique, une avant-garde parfaitement prête à entrer, dans les vingt-quatre heures, au premier coup de baguette, en campagne.

Voici, maintenant, comment j'organiserais l'administration de la justice criminelle et civile.

Un tribunal serait créé dans chaque chef-lieu de département. Son personnel se composerait d'un conseiller, premier-président, détaché de la cour d'Alger, d'un président, de quatre juges de première classe, d'un avocat général, d'un procureur impérial, et de deux substituts.

Au civil et au correctionnel, ce tribunal, composé de trois juges, aurait, à l'égard de tous les Français et sujets français, européens de l'arrondissement, les mêmes compétence et juridiction que nos tribunaux de première instance ordinaires. Cependant, à l'égard des indigènes musulmans, il n'aurait cette compétence qu'au correctionnel seulement. Composé du conseiller premier-président, de quatre juges et de l'avocat général, il connaîtrait des appels des jugements civils des juges de paix et de ceux du tribunal correctionnel d'assises ou à sessions.

Ce dernier tribunal se constituerait à époques fixes ou déterminées par la nécessité des choses, avec un juge du chef-lieu du département, président, deux juges de paix, celui du canton où aurait été commis le délit et celui d'un autre arrondissement ou canton, et du procureur impérial ou d'un substitut de chef-lieu. Il aurait des sessions correctionnelles, soit aux chefs-lieux des arrondissements, soit enfin en tous autres lieux du département, selon que cela serait jugé nécessaire et opportun. Sa compétence pourrait être augmentée d'un degré, c'est-à-dire comprendre la connaissance des crimes punissables de la réclusion. Les appels de ses jugements seraient portés, comme je viens de vous le dire, au tribunal d'appel correctionnel du chef-lieu du département.

Quant aux indigènes, au civil : voici ce que je

proposerai, car il va sans dire qu'au criminel, ils seraient passibles de la même juridiction que les sujets français; mais je m'aperçois que j'oublie le premier degré de juridiction, au civil, pour les Français ou habitants de l'Algérie non musulmans, c'est-à-dire la justice de paix.

Il serait donc créé dans chaque chef-lieu de préfecture, de sous-préfecture et même, au besoin, de canton, un tribunal de justice de paix à compétence étendue, c'est-à-dire à compétence de tribunal de première instance, en matière civile pour les Français et sujets français seulement. En matière de simple police, elle serait de droit commun pour tous et sans distinction de nationalité et de religion. Je reviens aux musulmans.

Il serait créé pour eux dans chaque chef-lieu de département, d'arrondissement et de canton un tribunal civil de première instance. Ce tribunal serait composé du juge de paix français de ce chef-lieu, comme président et de deux juges indigènes musulmans ou cadis de deuxième classe. Il aurait les mêmes compétence et juridiction à l'égard des indigènes musulmans entr'eux que celles des tribunaux de première instance français et aurait de plus la compétence des justices de paix.

Ce tribunal, composé et présidé, comme je viens de le dire, siégerait au nombre de trois, assisté d'un commis greffier indigène ou au moins sachant parler la langue kabyle ou la langue arabe. Le juge de paix président serait chargé des conciliations, ainsi que de la juridiction des marchés ; il pourrait cependant, déléguer un des juges indigènes pour remplir l'un et l'autre de ces offices. La procédure serait la même que celle suivie devant nos justices de paix ordinaires. Il pourrait être fait, cependant, quelques suppressions et simplifications relativement aux actes de signification des jugements contradictoires et d'autres pièces, aux délais dans les actes d'ajournements, etc.

Les parties, quel que soit leur sexe et leur âge, devraient comparaître en personne, à moins d'empêchement réel ; elles pourraient toutefois se faire assister.

La législation musulmane, ou les usages kabyles, seraient appliqués selon les circonstances et les lieux.

En cas de partage d'opinion entre les deux cadis ou juges indigènes musulmans, ce qui arriverait souvent, le juge français, président, se prononcerait pour l'opinion qui se rapprocherait le plus de l'esprit de la législation française, et, en cas de lacune dans la législation du Coran ou des usages kabyles, ce qui arriverait aussi souvent, il appliquerait la législation française, c'est-à-dire notre code civil et ses appendices.

Les appels des jugements de ce tribunal seraient portés devant un tribunal ou Cour-Medjelès impérial, siégeant au chef-lieu du département. Cette cour se formerait, quant à la composition de son personnel magistral, judiciaire, du conseiller premier président du tribunal français du chef-lieu du département, comme président, et de trois juges indigènes musulmans ou cadis de première classe. Même procédure et même législation. Le président français aurait voix prépondérante.

Les appels des arrêts de ce tribunal mixte-medjelès seraient portés à la Cour de Cassation, devant une chambre spécialement créée à nouveau et composée d'un personnel magistral analogue; c'est-à-dire, de quatre conseillers français et de trois conseillers ou cadis musulmans ou de tout autre nombre combiné de manière à ce que, le cas échéant, la réunion des votes des magistrats français puisse prévaloir, prédominer, l'emporter sur celle des magistrats musulmans.

Il serait absolument interdit aux juges indigènes, cadis nommés par le gouvernement, de passer ou recevoir des actes de convention, de remplir, en un mot, en quoi que soit, les fonctions de notaire, etc. Le greffier musulman y serait autorisé, mais provisoirement et sous la surveillance du juge de paix français président.

Les crimes seraient jugés par une Cour d'assises formée comme elle l'est actuellement, ou du conseiller premier président, du chef-lieu du département, de deux conseillers venus d'Alger et de deux juges du tribunal.

J'ai bien pensé au jury, qui est assez dans les mœurs kabyles ; mais, toute réflexion faite, il serait plus prudent, quant à présent, de l'ajourner. D'ailleurs il ne serait ni rationel, ni digne pour nous, de donner aux Kabyles une institution que nous trouvons ici prématurée pour nous.

Vous avez déjà compris que la mission principale, quant à présent, des magistrats français serait surtout d'inspirer à la magistrature inindigène, cet esprit de sage indépendance, de libre arbitre éclairé, d'intégrité et de désintéressement suprêmes qui fait la gloire de la magistrature française.

Je ne vous donne pas ces projets comme étant

absolus, absolus en tous points ; ils devraien être étudiés sur les lieux, avant leur application et pourraient recevoir des modifications nécessitées par des conditions d'être différentes de département à département. Ainsi, par exemple, dans le département de la Soumma, le chef-lieu judiciaire pourrait être autre que le chef-lieu préfectoral ; il pourrait être à Bougie, parce que cette ville est la seule du département où il y ait une population française assez considérable et importante, quant aux intérêts judiciaires, pour y motiver cette création, tandis que sous le rapport des intérêts administratifs, il serait plus important, plus essentiellement important, que le siége préfectoral soit en plein milieu des intérêts kabyles.

Sous ces mêmes rapports, la question pour Dellys, Tizi-ou-Zou et Djemma Saharidj, dans le département du Djerdjera, seraient à examiner.

Voilà, à peu près, en principe, et sauf études sur les lieux, d'appropriation et d'application, le cadre de mon organisation franco-arabico-kabylo-bellico-pacifico-juridico-administrative, fusioniste et civilisatrice. Il me semble qu'elle vaut bien la peine que je demande, pour elle, un brevet de.... quelque chose, sinon d'invention, n'ayant inventé ni la législation, ni les magistrats français, ni la législation ni les magistrats musulmans, oh! une idée... un brevet de *fusion*!!!

En effet, cette organisation serait une fusion entre les institutions réciproques des deux peuples, fusion préparatoire à la fusion des races, que je crois très-possible en un temps prochain et ce malgré l'axiome ou maxime, l'aphorisme paradoxal de feuilleton d'un de nos plus brillants et féconds écrivains, celui ou celle-ci : qu'un Français et un indigène africain, dûssent-ils bouillir jusqu'à la fin des temps dans la même marmite, leur bouillon ne se mêlerait jamais. Cet axiome ou cette maxime, ou plutôt ce paradoxe, très-hasardé à l'égard des hommes entre eux, n'est pas même, quant à présent, absolu, au moins, en tous cas, à l'égard des hommes et des femmes les uns envers les autres ; ainsi, je connais et pourrais même citer, entre autres exemples, vivant dans des positions sociales assez élevées, tel Français et telle indigène, qui ont si bien, je ne dirai pas bouilli dans la même marmite, le même pot-au-feu, mais qui ont si bien ardé, brûlé, grillé, *sami-sami*, *soua soua* (ensemble), et rôti dans la même alcôve, sous les mêmes rideaux, qui ont si bien croisé, mêlé, fusionné leurs feux, leur essence, etc., les ont même si bien mariés, car c'est le mot et la chose, moralement, physiquement, grammaticalement, légitimement, légalement et même religieusement parlant, que... des diamants, bien que de pays différents étant, font, cependant, en s'arrangeant, des bijoux charmants, ou, pour parler moins métaphoriquement et tout simplement et clairement, du mariage de gens, de belles et bonnes gens, étant même de pays fort différents, naissent cependant de beaux et bons enfants.

Et à propos de... cela, les Romains, qui, il faut bien le reconnaître, s'entendaient assez bien à gouverner les peuples vaincus, quoiqu'en définitive cela ne leur ait pas beaucoup profité, les Romains, dis-je, non-seulement se mariaient avec leurs femmes, femmes des vaincus, mais même, au besoin, adoptaient leurs dieux. Il est vrai que sur la quantité et la qualité de la chose, un de plus, un de moins... Ils se soumettaient aussi à leurs lois; nos lois ne sont-elles pas un mélange des usages gaulois et des lois romaines, augmenté plus tard des usages des Francs? Et cependant l'esprit de la civilisation romaine, esprit du paganisme, était l'orgueil, tandis que l'esprit de notre civilisation, esprit du christianisme, est l'esprit de charité et d'humilité!!! Ne serait-il pas, d'ailleurs, politique, si toutefois on veut *réellement* la pacification vraie, sincère et certaine de la Kabylie, ne serait-il pas politique d'adopter, en renouvelant et relevant les unes, et moralisant et honorant les autres, les institutions et les magistrats des indigènes ? Ne serait-ce pas là un puissant et intime trait-d'union ou plutôt une facile et heureuse voie de communication, double voie de communication entre les deux civilisations, facilitant pacifiquement l'introduction réciproque au sein, au cœur l'une de l'autre, de ce que chacune d'elle a de bon ? Car si notre civilisation a beaucoup à donner, n'a-t-elle donc rien à recevoir ?

Une bonne administration générale, d'ensemble et de détail pour toutes choses matérielles et morales manque en Kabylie, ainsi qu'une administration indépendante, impartiale, éclairée, régulière et intègre de la justice civile et criminelle, celle-ci manque absolument, et ces bienfaits de notre civilisation, accumulés, chez nous, par des siècles, iraient s'insinuer et bientôt s'épanouir au for intime de la société kabyle. De de son côté, la civilisation kabyle, toute primitive, et, par cela même qu'elle est primitive, ne pourrait-elle pas donner quelque chose à la nôtre, en bien des détails, un peu trop, parfois, compliquée, dévoyée, gourmée, et même faussée; par exemple, j'aime assez les exemples, en fait d'administration judiciaire, mais, seulement, quant à la forme, à la simplicité, à la rapidité, à l'économie, en un mot, du temps et de l'argent, du mode de procéder des cadis, et en fait des choses matrimoniales, surtout en fait de choses matrimoniales....

Je ne veux pas, certes, parler de la pluralité des femmes, qui cependant, selon certaines gens, ne manque pas, quelquefois, d'agrément, mais qui a plus d'inconvénients que d'avantages, en ce qu'elle détruit la bonne harmonie intime de la famille. Mais ne serait-il pas, en théorie et surtout en pratique, d'une morale plus élevée, plus en harmonie avec l'esprit du christianisme, pour des chrétiens, d'un meilleur esprit de famille, plus rationel et plus en rapport avec la dignité de l'homme et sa destination, de *doter* son épouse plutôt que de se faire doter par elle, de la faire vivre de son propre bien, de ses propres ressources plutôt que de vivre à ses dépens??

S'il y avait en France des meetings feminins, des académies ou instituts de mamans de demoiselles à marier ou même de demoiselles de vingt-cinq à trente ans, plus ou moins, à marier, je ferais bien certainement une agréable, une anodine, etc. ouverture, ou proposition sur cet intéressant sujet. Il faut, en vérité, que je prépare, que j'élabore un travail, un rapport sérieux, consciencieux, raisonné, détaillé et fortement motivé sur le susdit sujet d'un intérêt palpitant, ou palpitant d'intérêt, général et de détail, d'économie publique et privée et, surtout, d'une inépuisable et heureuse fécondité à.... à.... l'Institut des sciences morales et politiques, en demandant un brevet de membre correspondant ou même un brevet d'invention.... matrimoniale, ou au moins de perfectionnement, renouvelé des...., et, s'il est meilleur, en son genre, que celui que n'obtiendra pas M. le comte Randon, pour sa campagne dans la grrrrande Kabylie ; au moins ne coûtera-t-il pas si cher : ni d'argent, ni de sang, ni de bois, *etc.*, à brûler. Je l'adresserai donc à l'Institut des sciences morales et politiques.

En résumé, l'application aux Kabyles de mon système juridico-administratif aurait pour résultat et avantages immédiats de remplir, de combler, même au-delà, de profondes et déplorables lacunes actuelles, et de servir, pour le présent et pour l'avenir, je ne saurais trop le répéter, de trait-d'union entre le vainqueur civilisé et généreux, et le vaincu encore fier et au caractère encore indompté, et de double voie de communication facilitant l'introduction, d'une part, de l'élément indigène, hommes et institutions, honorés, relevés, moralisés, dans les sphères élevées de notre société, et de l'autre, de l'élément français, hommes et institutions, éclairant, moralisant et à nouveau civilisant, dans le sein de la société kabyle et jusque dans les détails de sa vie privée.

Ces combinaisons auraient encore un autre résultat politique actuel, assez important. Les marabouts sont à peu près, maintenant, dans la plupart des tribus, les seuls hommes lettrés, et, pour ce motif, c'est aussi, à peu près, à eux seuls, que pourraient être confiés les emplois de cadis, de greffiers, de secrétaires, etc. Ainsi nous les laisserions à la tête de la société kabyle, en transformant toutefois, au profit de la pacification, leur prestige, leur influence, leur esprit d'intrigue, actuels, déjà quelque peu usés, ébréchés, il est vrai, de pauvre et d'équivoque aloi, en une influence nouvelle, un prestige nouveau plus honorables, mieux fondés, avouables et plus lucratifs, plus certains, surtout pour l'avenir.

Il va sans dire que tout ce monde nouveau de fonctionnaires et de magistrats musulmans, recevrait un traitement fixe de l'Etat.

Le traitement fixe et annuel des cadis de tribunaux de première instance serait de huit cents à mille, ou au maximum, de mille à douze cents francs et celui des cadis des tribunaux medjelès de douze à quinze cents francs, et au maximum de quinze cents à deux mille francs. Ces traitements, en apparence modiques, représentent, cependant, la moyenne élevée, très-élevée, des revenus des Kabyles, réputés vivre dans l'aisance, même dans une grande aisance ; or, la plupart des marabouts et talebs (savants), sont pauvres et ne vivent actuellement que d'offrandes, ou du produit de la vente de copies manuscrites, par eux faites, du Coran, ou encore du produit de la vente de burnous, de haïks ou de thégelabinnes, que tissent leurs femmes, qui ont pour cela une certaine réputation d'habileté.

Si je parle des marabouts, c'est qu'ils composent exclusivement, chez les Arabes et les Kabyles, la classe des lettrés ; mais nous trouverions aussi parmi les jeunes maures des villes beaucoup de sujets très-propres, très-aptes à entrer dans la nouvelle ère administrative ; n'avons-nous pas déjà sous les yeux, M. Ismaël, des Domaines, fort estimé de ses collègues français ; le jeune Bonatero, et, dans la justice, MM. Boukandoura, Ben Turquia, Hamed ben Saïd, Mohammed ben Kodja, le jeune Mohammed ben Soliman, etc.

Tel est le cadre, toutes études ultérieures de détails réservées, tel est le cadre des institutions, qui doivent désormais et même le plutôt possible, être données aux Kabyles. Il est à la fois approprié à l'état de leur civilisation, de leurs besoins et de leurs intérêts moraux, sociaux et matériels, à la portée de leur intelligence sociale et de leurs bourses, et calqué sur celui des institutions de la métropole, dont il contient, en principe, en germe, ou plutôt en substance, tous les éléments.

Il est suffisant, plus que suffisant, pour le présent, et préparatoire pour l'avenir ; il est combiné de telle sorte qu'il puisse naturellement se développer, se compléter, s'augmenter, se perfectionner, s'agrandir à proportion du développement, de l'agrandissement, de la complication, de la progression croissante des intérêts moraux et matériels, et de la civilisation des Kabyles et des degrés progressifs de rapprochement du tout avec notre état de choses, et arriver enfin, un jour, à la hauteur de son similaire de France.

Cela n'est pas chimérique, seulement idéal et de pure spéculation métaphysique ; rien même n'en est intrinsèquement nouveau. C'est seulement une combinaison nouvelle, calculée sur des besoins nouveaux, des nécessités nouvelles de coordonner deux états de choses différents l'un de l'autre, ayant existé jusqu'à présent l'un sans l'autre, mais qui, aujourd'hui, ne peuvent plus vivre l'un sans l'autre, et cela dans l'intérêt de tous. Comprenez-vous ?

Ce n'est pas tout, me direz-vous, que de faire des projets, c'est même la moindre des choses. Qui n'en fait pas? Mais la pierre de touche? l'exécution, l'application, le comment? où sont, où trouver les moteurs, les hommes? Eh bien, voici :

Les bureaux arabes, dont la création a eu sa raison d'être résultant de la nécessité des choses, et qui ont, quoi qu'on en dise, rendu d'éminents et d'utiles services au pays en particulier, et à la civilisation en général, les bureaux arabes, dis-je, se sont recrutés d'une manière très-remarquable parmi les jeunes officiers de notre belle et bonne armée, modèle des armées, pépinière riche et inépuisable de toutes les grandes vertus, les grands mérites, mais dont la destination cependant, comme celle de toutes les armées, n'est pas de former des juges de paix, des administrateurs de l'ordre civil, etc. Eh bien, les choses changeant, la nouvelle administration ne trouverait-elle donc pas aussi, dans nos administrations civiles et dans notre magistrature, de jeunes hommes, missionnaires de notre puissance et de notre civilisation, préparés depuis longtemps par la spécialité de leurs études et de leur éducation, de leur destination, en un mot, disposés à entrer dans cette nouvelle sphère administrative et à s'y consacrer ; ne sont-ils pas fait, en définitive, du même bois que les autres ? Frappez et.... appelez et on accourra.

D'ailleurs, par mesure transitoire et aussi de toute utilité pour les choses et de toute justice pour les hommes, l'accès de la nouvelle administration ne devrait-il pas être ouvert aux officiers des bureaux arabes actuels, méritant par l'intégrité, l'habileté, la sagesse de leur administration, par le sacrifice des plus belles années de leur vie, passées, pour ainsi dire, en exil, au milieu des dangers, souvent obscurs, des fatigues, des privations de toutes sortes et loin des prestiges et des jouissances de la vie, de la société française? Ces messieurs, du reste, en échangeant le ceinturon militaire contre la ceinture civile, en laissant sous les drapeaux l'esprit militaire, dont ils sont animés, et l'habitude de tout *militariser* autour d'eux, toutes qualités utiles, nécessaires, indispensables et précieuses en leurs temps, lieux et circonstances, et sans lesquelles il n'y a pas de soldat, de vrai soldat, pour se pénétrer de l'esprit de paix et de l'esprit purement administratif, deviendraient d'excellents fonctionnaires de l'ordre civil. Ils auraient, en tout cas, l'immense avantage de connaître, par expérience, les hommes et les choses du pays. Quant à ceux qui voudraient persévérer dans la carrière militaire, ils trouveraient dans la gendarmerie algérienne, à organiser à nouveau, ou plutôt à créer en Kabylie et en pays arabe, de quoi entretenir et développer même leur activité, leur ardeur, leur capacité et vocation militaires; car la gendarmerie, mélangée en certaine proportion d'éléments militaires français et indigènes, aurait une part très-importante et très-active dans le système nouveau; elle en serait même l'instrument journalier d'exécution et d'application.

Ainsi, d'après ce nouvel ordre de choses, l'administration administrerait, le juge jugerait, le militaire militerait, et chacun, en faisant son métier, convergerait vers le but commun et unique : la gloire et l'utilité de la France, la propagation de la civilisation du christianisme.

Quant à mes bons amis les Kabyles, ils se trouveraient ainsi placés entre une barrière infranchissable, la force armée, et notre civilisation aux portes, toutes grandes, toutes larges ouvertes, et aux mains toutes pleines de bienfaits. Donnez-vous donc la peine d'entrer, s'il vous plaît, mes bons amis, à moins, cependant, que, fous ou aveugles, vous ne préfériez vous morfondre dehors ; or, mes bons amis les Kabyles ne sont ni fous ni aveugles, mais seulement tant soit peu, sinon beaucoup, de toutes choses nouvelles, ignorants, ou, pour parler plus poliment, rien d'elles ne connaissant, ne sachant, quant à présent, mais ils les apprendront, si on le veut, très-promptement et facilement ; en vérité, je vous le dis : *Amen, amen, dico vobis : Veritas veritatum et omnia veritas.*

Encore un mot, pendant que j'y suis, un mot qui est toujours le même, mais qui est bon, comme le mouton, toujours bon, selon Sidi-Tahar-Maheddine, un grand, ancien et magnifique seigneur arabe de l'Atlas. J'étais allé lui faire une visite le jour de la circoncision de l'un de ses neveux, jour de grande fantasia de famille, de gala, de présents de la part des amis, etc. Au souper, servi sur une table, avec nappe, serviettes, cuillères, fourchettes, etc., parurent successivement et disparurent, plus ou moins allégés, une douzaine de plats de mouton à autant de sauces différentes. C'était du mouton de l'Atlas, excellent, mais c'était toujours du mouton. « Il n'y a » rien de meilleur, ici, que le mouton, me dit » mon hôte, c'est pourquoi je t'en offre à toutes » les sauces. Alors je pris mon parti, et pour varier un peu, le Français aime la variété, je mangeai d'abord du mouton tout seul, puis du mouton avec de la sauce, et enfin de la sauce avec du mouton. Il faut savoir se contenter et même profiter de ce que l'on a, quand on est assez heureux pour avoir quelque chose, bien entendu. Il est vrai que j'avais chevauché une partie de la nuit et du jour par monts et par vaux, et quels monts et quels vaux, par la pluie, le froid et le grand vent. Mais mon mot, pour en finir, mon mot, le voici :

Je vous ai écrit et j'ai même fait imprimer, il y a cinq ou six ans, qu'on aurait dû envoyer depuis longtemps à Paris, pour y tenir garnison, un bataillon de très-jeunes soldats kabyles et un escadron de très-jeunes cavaliers arabes. Maintenant que je propose de nous installer chez eux, j'insiste plus que jamais, comme compensation et complément du système, que nous les installions, au moins partiellement, temporairement, chez nous. Il faudrait, pour cela, former un bataillon de tout jeunes Kabyles et un escadron de tout jeunes gens Arabes, composés, l'un d'autant de pelotons qu'il y a de régiments d'infanterie de la garde, l'autre d'autant de pelotons qu'il y a de régiments de cavalerie, aussi de la garde.

Ces pelotons seraient incorporés, un par régiment, à la garde, et mis, en quelque sorte, sous son patronage. Ils serviraient d'extrême avant-garde et d'éclaireurs. Ils auraient, de plus, un service particulier, surtout les cavaliers, ce serait, dans les grandes occasions, les grands cortéges, d'escorter, en *fantaziant* brillamment, Sa Majesté l'impératrice Eugénie.

L'escadron serait encore d'une autre utilité, toute militaire, à notre cavalerie légère; car il serait un escadron modèle sous le rapport de la rapidité, la promptitude, l'audace, la facilité et l'aisance des allures et des manœuvres, surtout du cavalier isolé. Sous ce rapport, les cavaliers arabes apprendraient aux nôtres ce dont ils ne se doutent pas.

Après trois ou quatre années de service, et quand ces militaires, néophytes de notre civilisation, sauraient parler français, chacun d'eux serait congédié sous sa tente ou sous son toit, avec un emploi de gendarme ou de chaouche, ou de caïd, cheik, etc., parfaitement dévoués et de plus éclairant les leurs sur notre puissance, nos ressources et leur montrant, par leur exemple, combien il leur serait plus utile et plus avantageux, sous tous les rapports, d'être avec nous plutôt que contre nous, quoi qu'il arrive.

Ils porteraient le costume national modifié selon les exigences du climat et du service militaire.

Les régiments entiers d'indigènes ont pour le présent plus d'un inconvénient :

D'abord, avec ce système il n'y a pas de contact et de fusion avec nos soldats, et puis, comme on ne veut pas donner les grades supéreurs aux indigènes, soit pour ne pas froisser la susceptibilité nationale de nos militaires, soit pour ne pas donner trop d'influence aux officiers indigènes, c'est risquer de décourager et de mécontenter, d'humilier même des hommes qui peuvent être d'un grand courage et d'un grand génie militaire.

Ces inconvéniens cependant, n'existeraient pas à l'égard des hautes positions administratives civiles à donner à des indigènes; parce que ces positions ne seraient données qu'en pays à population indigène et seraient, du reste, entourées d'éléments français.

Ceci n'empêcherait pas d'envoyer dans nos colléges, dans nos écoles d'agriculture et même d'arts-et-métiers des fils d'indigènes : la meilleure éducation pour eux étant celle qu'ils reçoivent en France, où ils échappent à la contagion de l'esprit punique, qui a survécu aux siècles et qu'on retrouve encore trop souvent partout dans nos contrées, même parmi les Français. Voilà mon mot. Je reprends.

Mon cher marabout, mon estimable marabout, je suis enchanté d'avoir fait votre connaissance et d'avoir causé avec vous; car si vous mangez bien, vous pensez et parlez bien. Mais il faut se coucher, car demain je compte partir de bon matin. Le Sidi fait sa prière avec autant de piété et d'onction que d'élasticité dans les articulations, ce qui prouve que chez lui l'appétit est un signe de vigueur et de santé; puis me fait le bruyant honneur de se coucher et de ronfler à mes côtés.

Le lendemain, dès le matin, j'ai la visite du cheik du village où on fait de la sparterie ; il vient m'engager à aller le voir. Il nous arrive pendant le déjeûner. Il fait ses salamalecs à Sidi-Bachir, qui le reçoit avec une dignité calme, mais d'un œil paterne et satisfait. Mon cheik est celui qui a des bœufs, des moutons, etc., et qui traite si bien. A sa vue, tous les visages s'épanouissent ; il y a là de bons et reconnaissants souvenirs d'estomacs. Sidi-Bachir m'insinue en coulant, ou plutôt me coule en insinuant un regard doux, calme, un peu chattemite, mais profond d'expression gastronomique. C'est comme s'il me disait : « On mange bien chez lui. » Mon sournois de Mamouche me dit à l'oreille que les marabouts aiment assez à.... à.... à.... paroisser, je ne trouve pas d'autre mot, et n'ai pas le temps d'en chercher, chez leurs... paroissiens, qui cuisinent bien. Je recommande au vieux cheik, qui a une figure joviale, quoiqu'un peu pointue, de faire une bonne, une forte provision de son bon miel, parce que dans quelques mois j'irai le visiter avec Sidi-Bachir.

Je repars.

Mohammed ou-Ali me donne son jeune frère

pour guide. Bientôt j'aperçois le bordj des Beni-Mansour, et à ses pieds, en amphithéâtre, un petit camp. Je rencontre quelques artilleurs sans armes, montés sur leurs gros chevaux d'attelage et allant sans doute à la corvée du bois. Je traverse un petit cours d'eau et passe de l'autre côté entre deux fantassins pêchant à la ligne.

— Ça mord-il ? — Pas fort. Petits barbeaux.

Il paraît que tout est fait ici, puisque nos soldats pêchent à la ligne ; tant mieux pour tout le monde.

Je laisse le camp à ma droite ; est-il gentil, ce petit camp ; il est formé en carré, avec tentes bien alignées, rues bien propres ; il semble y régner un ordre parfait. Je le dépasse ainsi que le bordj et vais au village même des Beni-Mansour. Le cheik n'y est pas, mais sa femme, à l'œil et aux allures vives, me procure un mulet et un guide. Le mulet est une vraie rosse et le guide me paraît ne guère valoir mieux, quoique jeune encore.

Nous traversons la Soumma, qui porte ici le nom d'Oued-Sahel, et nous remontons sur l'autre rive assez escarpée. Nous passons près de femmes et de jeunes gens, qui arrachent des fèves dans un champ, et nous sommes suivis pendant quelques instants par deux hommes, avec lesquels nous échangeons quelques politesses. Nous sommes au pied du pic de Lella-Khadidja.

Cette montagne, la plus élevée de la chaîne du Djerdjéra, est ou cultivée ou boisée jusqu'aux deux tiers du sommet. La montée n'est ni rude, ni pénible, et les aspects sont très-pittoresques et remplis de petits coins charmants. L'olivier greffé est de belle venue, jeune ; mais, en général, le vieux, le très-vieux, abonde. Nous suivons le bord d'un ravin, dont le fond est des plus agrestes. Nous laissons un village à gauche. Dans une partie boisée, nous passons près d'une source où deux jeunes filles puisent de l'eau. Le sol devient plus aride ; il est cependant couvert de semis de pins. Cette essence, si elle n'était pas incessamment exposée aux atteintes des incendies et au parcours des troupeaux, couvrirait bientôt les solitudes de la montagne et ferait de belles forêts. Je m'arrête un instant près du seul arbre antique de cette essence, aussi est-il marabout : c'est Sidi-Taïda-Lemsara. Je le mesure ; il a cinq mètres de pourtour à un mètre et plus du sol. A deux mètres, il se trifurque et forme, pour ainsi dire, trois arbres ; deux ont été brisés par quelque ouragan et sont là gisant sur le sol avec tous leurs débris intacts. Le troisième est assez élevé et d'une belle grosseur. Une de ses branches a dix mètres de long ; elle s'abaisse vers la terre, s'y appuie, puis se relève. Je laisse aux pieds du marabout un bâton que j'avais cassé, pour faire marcher ma bête. Je suis bien sûr de l'y retrouver dans quelques années, si je repasse par là. Je ne voudrais cependant pas faire cette épreuve avec ma bourse, à moins qu'elle ne soit vide. Plusieurs tombes sont autour et aux pieds de l'arbre-marabout : ce sont tout simplement de petites enceintes en pierres plantées en terre. Je continue mon chemin. Dans un pas un peu raide et mauvais, mon bât ou plutôt celui de ma bête, car j'ai la prétention de n'en pas porter, du moins de cette espèce, se désangle et descend sur la queue. Un Kabyle passant nous donne un coup de main.

— Reconnaissance.

— Le président....

— Ali-Hannekanfousse....

Nous ne nous embrassons pas ; si c'était sa fille, je ne dis pas non.

Une kyrielle d'ouach-halec commence.

— Va vite au village, me dit-il ; à ce soir !

Bon accueil, c'est de bon augure.

J'arrive au village des Beni-Hamed vers cinq

heures Je ne reconnais plus la maison de Sidi-Djoudi. Il y a fait des changements qui lui ont ôté sa simplicité et ont privé sa cour de sa belle vue. Je suis reçu par Fathma, la mère, Fathma la bru et une nouvelle venue, mademoiselle Sâada, fort jolie personne de quinze ans et fille de Fathma. Ce monde m'accueille comme le ferait une famille de fermiers, en France, pour un maître aimé, après plusieurs années d'absence. La pauvre Fathma a toujours de la race, mais elle a bien vieilli; en revanche, elle a une belle jeune fille dans mademoiselle Sâada. Quant à la jeune Fathma, femme de Micheto, elle me fait une foule de politesses à sa manière, dont la première est de m'apporter sa fillette de.... de dix-huit.... mois, toute petite, toute grillée par le soleil, mais éveillée et drôle comme une petite chatte. Le vieux Hamouche a aussi bien baissé; à son tour, le petit Hamouche a grandi. Micheto est toujours le même.

Je reçois bientôt successivement la visite de plusieurs femmes, d'anciennes connaissances. Elles m'apportent des œufs frais; elles n'ont pas autre chose à m'offrir. Dans la soirée, je vais faire un tour sur la petite place. Je retrouve là les hommes et les ouach-halek recommencent. Mon vieux El-

Hadj, celui qui voulait me convertir à la foi musulmane, est là, son chapelet autour du cou, appuyé sur un long bâton, qu'il tient de ses deux mains sous le menton.

La nuit venue je rentre. Je propose à Micheto de me conduire le lendemain à Iril-bou-Amès. Il n'ose pas; il me dit qu'il y a du danger, des manefguis, etc. J'insiste ; alors il consent à aller le lendemain matin en reconnaissance. Je m'installe dans une petite maison nouvellement bâtie, qui a un premier étage, où l'on monte comme on peut, comme les chats, par une espèce de chattière. Il y a un lit de camp et.... un grand matelas. Il est vrai qu'il n'est pas fameux ; mais enfin c'est un matelas ; l'unique du pays.

Il n'y a pas de draps, mais avec mes chemises kachchebia, je puis rigoureusement m'en passer. La kachchebia est une espèce de blouse en laine, à capuchon et à manches portée par ceux qui vont à pied, surtout au Maroc, et dans laquelle on est tellement, et si bien engainé, que les cavaliers arabes ne manquent pas de dire, en cas de rencontre, qu'on ne sait comment y entrer, puis comment en sortir.

Or, j'ai eu la bonne idée, je n'en ai que de

bonnes, de faire faire sur le modèle de la chose des chemises de nuit et de voyage, fort longues et fort amples, dans lesquelles je m'engaine complètement de la tête aux pieds et qui me servent en même temps de draps de lit, en voyage. J'en enverrai certainement une à la prochaine exposition universelle, comme utile à l'humanité, au sommeil de l'humanité civile et militaire ; chemise-drap de lit, chemise de camp de paix et de guerre, chemise de ville, de campagne, et au besoin vêtement très-décent.

Ma chemise préserve des piqûres des moustics, des maux d'yeux, de tête, etc. Elle est très-bonne pour les pays chauds, les pays froids et même les pays tempérés. Je ne lui connais qu'un défaut, c'est de se relever, quand on dort les jambes en l'air ; mais il y a remède : des dessous de pieds. Si ce n'était les cent francs, je déposerais l'objet à la préfecture avec son similaire en forte laine, robe de chambre-couverture-matelas et je demanderais un brevet d'invention, aux ministères de la guerre et de l'intérieur.

J'ai, pour monter la garde à ma porte, plusieurs bœufs, qui viennent s'y coucher et que j'entends ruminer. Pendant la nuit, ils me donnent même des alertes de toute nature !!! Le lendemain, mademoiselle Sàada s'est fait belle, elle a l'activité de sa mère ; elle va et vient, puis s'assied à terre et moud du blé avec deux petites meules juxta-posées l'une sur l'autre entre ses jambes ; celle de dessous, munie d'une petite tige en fer fixée au milieu verticalement, reste immobile, tandis que l'autre, percée verticalement au milieu d'un petit trou, recevant la tige en fer, tourne mue par la petite main de la gentille meunière, en écrasant le blé, que son autre main verse pour ainsi dire, grain à grain. Puis vient le tamisage de la farine. Jugez que de travail, de patience, pour arriver à manger ou faire manger une cuillerée de kouskoussou, ou une croûte de galette.

La farine moulue, mademoiselle Sàada la tamise dans un tamis d'alfa, d'où la fine farine tombe ; celle-là sert à faire le kouskoussou ; la seconde sert à faire la galette ; quelquefois, ou plutôt, presque toujours, la seconde farine n'est pas séparée du son et sert, telle quelle, à faire la galette. La farine ainsi moulue et tamisée ou blutée, pour me servir d'un terme de métier, mademoiselle Sàada remet tout en place et apporte une immense sébile en bois, ouvrage d'un tourneur kabyle, des Beni Menguelettes ou des

Beni Idjers, y met une partie de sa farine ; puis, assise à terre, humecte un doigt dans une autre petite sébile contenant de l'eau, et d'un très-petit et rapide mouvement de rotation avec le doigt, elle réunit trois ou quatre grains de farine et en fait une petite boulette, grosse comme un gros grain de semoule ; ainsi de suite, jusqu'à ce qu'elle ait préparé une certaine quantité ; alors elle l'étend au soleil sur un haïk, pour la faire sécher. Tout ceci ne l'empêche pas, bien entendu, de jaser, de surveiller les marmots, et aussi de jouer un petit peu de sa grande prunelle ; enfin, de faire les petites coquetteries d'une jeune fille.

Mais une douce voix, venant du dehors, se faufile à travers la muraille, appelant Sâada, en modulant toutes les syllabes du joli nom lentement, affectueusement, musicalement. Ces appels de fillettes à fillettes kabyles, sur un ton doux et chantant, sont d'une charmante originalité. Souvent elles n'osent entrer dans la maison, parce qu'il faudrait passer par le porche, ordinairement occupé par les hommes ; puis on peut avoir des choses très-importantes et secrètes à se confier ! c'est surtout le cri d'appel des petites filles à leurs mères qui me touche. C'est seulement deux mots : *O imma*, ô mère! mais elles les lancent d'un ton si plaintif, si suppliant, toujours en modulant, que la voix semble plutôt sortir du cœur que du gosier ; aussi, quelle que soit la distance, quelquefois d'une montagne à l'autre, on entend bientôt une voix lointaine, la voix inquiète de la mère, répondre :

— *Ahh nâam*, qu'est-ce ?

Mlle Sâada répond d'un mot, elle ramasse et range son kouskoussou : elle va et vient quelques instants dans la cour, puis sans faire semblant de rien, décroche une outre et sort pour aller.... à l'eau.

Quant à moi, je vais avec Soliman et Ali Hamickan, tous mes anciens compagnons d'assension au pic de Lella-Kadidja, chez leur oncle, forgeron.

Il forge une faucille. Sa fabrication n'est pas brillante. Il est vrai qu'il a un bien misérable outillage. Ces faucilles kabyles ne sont pas arrondies comme les nôtres, mais forment un coude aigu. La partie supérieure est en scie. Mon forgeron fait sa faucille avec un morceau de petite barre de fer de Suède, gros comme le doigt. Si notre industrie s'occupait un peu de la Kabylie, elle pourrait fabriquer pour elle un certain nombre d'ustensiles coupant et taillant semblables aux leurs ; objets qu'elle livrerait meilleurs et meilleur marché. Les forgerons kabyles ne pourraient pas supporter la concurrence ; mais ils n'y perdraient rien, cependant, en devenant marchands de nos produits. Je nourris, sous ce rapport, depuis bien longtemps une idée, idée que l'insuffisance de mes *économies* négatives, je n'en fais plus, ne m'a pas permis jusqu'à présent de réaliser. Je voudrais choisir un ou deux Kabyles par chaque village, en réputation pour une spécialité quelconque de métier, et m'en aller avec tout mon monde faire un tour de France, m'arrêtant dans toutes les villes ou lieux de grande industrie et y faisant fabriquer, suivant aussi la spécialité et la nature de chacune, des modèles ou échantillons d'objets kabyles, ustensiles de ménage, outils, etc., tissus, etc. Je crois que le résultat d'un pareil voyage profiterait à tout le monde ; à notre industrie en lui créant des débouchés nouveaux, et aux Kabyles en leur donnant à meilleur marché et de meilleure qualité une foule d'objets. Mais on ne peut pas économiser sur son revenu plus que le revenu lui-même, et on n'a pas toujours une Dame Blanche ou même d'une autre couleur dans sa manche.

Or, de quatre mille francs, quant on a extrait la retenue de cinq pour cent, le prix du boire, du manger, de location, des vêtements, coiffure et chaussures comprises, etc., des *Excursions en Kabylie*, il ne reste pas de quoi voyager comme sire Jean de Paris. Quoi qu'en dise Auguste, je suis très-économe et la preuve : c'est qu'à mon dernier voyage en France, étant resté une quinzaine de jours à Paris, j'ai économisé au moins deux livres de sucre sur mes déjeûners au café au lait, chez madame Baudoin, au café Cardinal, et je lui ai même envoyé le doux fruit sucré de mes économies ; est-ce vrai ?

En rentrant, je trouve Sàada occupée à écosser des fèves ; « c'est-est pour toi que je.... » mais qu'est-il arrivé ? les insoumis auraient-ils envahi le village ? serions-nous menacés? Voilà Sàada qui accourt près de sa mère, tout éplorée, les larmes aux yeux ; elle lui raconte avec émotion quelque chose en me regardant. Le mot de Fathma sort de sa bouche. Il y a certainement un événement tragique dans l'air. Je me retourne et vois Fathma, la jeune, à l'autre bout de la cour ; un poulet, un jeune coq, qui promettait beaucoup, est à ses pieds, se tordant dans les dernières convulsions de l'agonie. Le mystère est expliqué, Fathma, l'ancienne, avait tué un coq ou une poule à mon intention ; Sàada l'avait plumé, et en avait mis de côté le cœur ; le sacrifice à l'hospitalité avait eu lieu, à huis clos, entre la mère et la fille. Or, ma folle de Fathma, la jeune, avait soupçonné quelque chose ; du soupçon elle était bientôt arrivée à la certitude. Ah ! vous avez tué un coq en l'honneur du président, sans moi, et aussitôt, faisant un coup d'État parmi la volaille ; elle avait empoigné, sans trop regarder, mais d'une main terrible, le premier volatile venu et lui avait plongé le couteau dans la gorge, c'est-à-dire, lui avait coupé le cou. Elle est superbe de fierté et d'exaltation ; elle semble défier l'univers ; on dirait une grande-prêtresse païenne offrant à son dieu une victime chérie, après lui avoir plongé le sacré couteau dans le sein. Que faire ?.... Ce soir nous arrangerons la chose en famille, en dînant et avec les dents. En tous cas, mon dîner est assuré pour aujourd'hui, et mon déjeûner pour demain. Que l'estomac est matérialiste et égoïste !!!

Le soir venu, comme ma petite maison est fort maussade, je vais dans celle de la famille. Je la trouve en cercle autour du feu flambant, au milieu de la chambre ou plutôt de la maison. C'est Fathma, l'ancienne ; à sa gauche, et presque en face, Sâada, encore émue et regardant en-dessous Fathma, la jeune, et puis Thessadite, jeune femme à la figure douce ; après une très-vieille femme ; puis un jeune homme, un des fils, un peu maladif, de Fathma ; Fathma, la jeune, avec sa petite souris de fille. Elle a encore son air tragique et résolu à faire de grandes choses ; décidément ces dames sont en délicatesse ; et puis le petit Hamouche ; quant au vieux, il est juché sur le plafond de l'écurie.

La maison est éclairée par la lumière incertaine et vacillante des flammes du foyer. Sâada prépare le kouskoussou. C'est le repas substantiel et sérieux de la journée. Il est, pour le Kabyle, ce que la soupe et le pain sont pour le Lorrain. Sâada, qui est infatigable, met de l'eau dans une marmite en terre cuite, large au fond, étroite d'orifice, et un poulet dans l'eau ; pardessus elle pose un vase en terre, sans doute de sa façon, comme l'autre ; car en Kabylie, il n'y a que les femmes qui font la poterie ; ce vase de la forme d'une passoire, au fond arrondi et percé de petits trous, et s'adaptant à l'orifice de l'autre ; il est rempli de kouskoussou. Elle place le tout au-dessus du feu, sur trois grosses pierres faisant trépied. Quand le kouskoussou a cuit pendant un certain temps à la vapeur de l'eau en ébullition, Sâada prend le vase supérieur et renverse le kouskoussou dans un grand plat, puis avec les doigts l'asperge d'eau fraîche, pour le rafermir et l'empêcher de s'amonceler comme de la pâte : après cela elle le replace, comme avant, jusqu'à entière cuisson.

Pendant que la marmite va son train, contemplée instinctivement par tous en général et par chacun en particulier, Sâada met, en me lançant un regard à la dérobée, met sur des charbons ardents devant moi quelque chose, c'est le cœur de son poulet ; Fathma, toujours concentrée, en fait autant, il y a quelque mystère là-dessous.

Enfin voilà Micheto, qui revient ; sa figure ne me présage rien de bon. Assieds-toi. Les cœurs sont grillés à point. Chacune m'offre le sien ; j'en mange un et je passe l'autre, sans trop faire attention et sans penser à malice, à Micheto ; bon, j'ai fait un beau coup.... il paraît que j'ai mangé le cœur de Fathma, c'est-à-dire de son poulet, et j'ai passé celui de Sâada.... La pauvre fille change de figure, elle pousse des soupirs à se démonter, à se décrocher les poumons ; elle a l'air désolée. Micheto est inquiet. Ma chère Fathma, vous êtes folle, une autre fois vous garderez le cœur de vos volatiles et autre pour votre mari. Ce que c'est, cependant, que de ne pas être un ventre égoïste, qui garde tout pour lui.... si j'avais mangé les deux cœurs et bien.... je n'en fais pas d'autres ; je puis être certain que pour le moment, il ne m'en coûtera pas grand'chose pour être vertueux. Voilà Sâada qui fait la coquette avec un grand écervelé qui vient d'entrer, un beau du voisinage.

Pendant le dîner deux petits pots de lében m'arrivent, l'un d'eux m'est apporté par un petit bonhomme, auquel je me rappelle avoir donné un petit couteau de cinq sous, il y a cinq ans.

Enfin Micheto desserre les dents ; je n'irai pas à Iril bou-Ammès ; il y a quelque petite intrigue là-dessous. Les Djoudi ne veulent pas absolument me voir ailleurs que chez eux et ils ne veulent pas me laisser aller de l'avant. Je vais me coucher fort mécontent ; pas la moindre compensation, brouillé avec Sâada.

Je me lève de bon matin. Je fais prix avec Ramdan ben Habec, le beau de Mlle Sâada. Il me conduira à Borjd Bouira pour dix francs, une grande demi-journée de marche. Pendant qu'il va chercher son mulet, je fais quelques présents à ces dames et demoiselles. Je donne à Sâada entre autres choses une jolie petite glace et une espèce de haïk de coton, dont je me servais comme de serviette. Mademoiselle sourit et me remercie par un petit claquement de langue. C'est un petit détail que j'avais oublié ; c'est que les jeunes femmes et les jeunes filles kabyles expriment leur satisfaction intime, quand par exemple, on leur dit des douceurs ou qu'on leur offre de petits présents, et même de grands, par un petit claquement de langue fort drôle. Nous sommes racommodés. Ah bon, voilà le diable de poulet ; je ne veux cependant pas, en partant, garder rancune à personne. Sâada, une aile, une cuisse; Sâada, du blanc ; tiens : il n'y a plus rien. Le pauvre innocent, ce n'était pas de sa faute ; car il n'est pas mauvais, si ce n'est un peu dur.

Adieu Fathma l'ancienne, adieu Fathma la jeune, adieu Thessaditte, adieu vieux et jeune Hamouche, adieu Sâada. Une autre fois je mangerai ton cœur ; rien que ton cœur, s'il en reste ; si tu m'en gardes un peu, ah garde-moi bien ton cœur... Aussi *que bestia*, comment n'avais-je pas deviné, combien il y avait de bonheur ou d'espoir de bonheur dans le cœur d'un poulet grillé et offert par la main d'une jeune beauté kabyle. Quelle manière naïvement adroite, délicatement friande de faire connaître que.... Où se pend-on? Quand je repasserai, je lui ferai griller un cœur d'autruche, dussé-je aller au fin fond du désert l'attraper à la course.

Micheto me reconduit jusqu'au bout du village. Le chemin descend à travers des semis de pins; je vais à pied pendant un quart d'heure; puis, au moment de monter sur ma mule, je m'aperçois que les deux petits couteaux de Sidi-Bachir, qui étaient attachés à ma boutonnière par une petite courroie, n'y sont plus; bon, je les ai oubliés.

Ramdan, j'ai oublié mes petits couteaux ; va me les chercher; je t'attends. Ramdan part. Il paraît passablement dégourdi, et les quelques mots de français qu'il écorche n'annoncent pas qu'il ait fréquenté une société choisie ou du moins bien choisie; quel air crâne; voyons. Le voilà qui revient avec mes petits couteaux dans leur unique gaîne ; ils sont très-jolis, mes petits couteaux de fabrique des Beni-Abbès.

Ramdan, je ne vais plus au bordj Boueïra, mais je vais à Thélenthassarte ; ça t'étonne ; c'est comme cela et tu vas m'y conduire, ou j'irai tout seul. Il hésite. Je te donnerai quelque chose, un burnous ou de quoi acheter de la laine pour t'en faire fabriquer un par ta femme ou ta mère.

— Donne-moi de plus de quoi acheter un chechia et des souliers.

— Soit. Marché conclu.

Et au lieu de descendre à gauche nous prenons à droite, dans une petite vallée: Nous nous arrêtons quelques instants près d'un groupe de gourbis. Il me quitte et revient bientôt avec un long fusil et un pistolet. Les petites filles m'apportent du miel; je leur donne quelques bagatelles. Nous entrons dans une des gorges du Djerdjéra. C'est une vallée qui monte; elle est très-pittoresque. Nous traversons des vergers de figuiers, garnis de plus de blé, d'orge et de fèves, arrosés par de petits cours d'eau ou de grosses sources. Je donne à mon grand chenapan, car il en a un peu l'air, de la poudre pour recharger ses ferrailles de fusil ou de pistolet. Il les bourre avec de la mousse et les charge avec trois grosses chevrotines. Chacun de nos fantassins chargerait dix fois son arme pendant celui-ci une. Est-ce une précaution nécessaire; est-ce pour se donner de l'importance? Peut-être pourrions-nous rencontrer quelques maraudeurs. Nous montons raide. Au lieu de tourner le pic de Lella-Kedidja par le sud, nous le tournons par le nord. A une certaine hauteur, il n'y a plus de champ. C'est une herbe fine. Nous traversons un bois de chênes à glands doux; plus haut, sur des pentes à pic, sont des cèdres. Je passe sur des bandes profondes de neige tassée dans d'étroits ravins. Je suis séparé des Zouaouas par une série de pics accessibles, cependant, et franchissables par plusieurs cols, Tizi (col), Nat-el-Hadj, Beni-bou-Acaches, Tizi-Bousoul, Beni-Secca, Taporte (porte), Tarmelette, Beni-bou-Acaches, Taborte-bou-Esguer, idem, Tizi-en-Couilel, Beni-Boudrer, Tizi-Takaroute, Terga ou Roumi.

Ramdan m'assure qu'il y a près de celui-ci des restes de construction romaine, comme, d'ailleurs, l'indiquerait son nom; nous verrons cela. Nous rencontrons deux ou trois individus qui cueillent des artichauts sauvages; ils pourraient bien être des vedettes. Ramdan, dans un certain endroit, chante à tue-tête une chanson kabyle, où revient à chaque instant le nom de Fathma. Que dites-vous de la jeunesse kabyle, qui court combattre non pour l'honneur et le profit d'une épaulette, grosse ou petite, d'un petit ou grand cordon, du gros petit bâton, et de ses revenant-bons, mais pour l'amour d'une femme ou seulement même de son nom? et qui a pour cri de guerre : Fathma! C'est ici, je crois, un mot de passe et de ralliement. Il prétend qu'il y a des védettes kabyles sur le haut des crêtes pour épier les mouvements du camp des Beni-Mansour. Il m'apporte deux sortes d'herbes, légèrement amères, mais d'un très-bon goût et faisant une bonne bouche. Je lui recommande, l'automne venue, de me recueillir de la semence ; j'en ferai présent à un jardinier pour en faire une nouvelle espèce de salade.

Toutes ces pentes du Djerdjéra seraient bien facilement transformables en forêts, ce qui serait d'une immense importance pour l'avenir. Ce reboisement, tout en empêchant l'éboulement des terres, en diminuant la force des torrents, augmenterait le volume des eaux des sources, qui vont du Djerdjéra féconder toutes les terres au loin. Il n'y aurait qu'à empêcher la vaine pâture pendant l'été et l'automne à quelques troupeaux de chèvres, ce qu'on pourrait obtenir sans violence, en donnant à quelques tribus des terres dans les vallées et surtout en les intéressant à la conservation des bois.

Ramdan me signale une vedette au col par où

nous allons passer. Avec ce coup-d'œil exercé et perçant à de grandes distances, propre aux montagnards, il reconnaît Kassi, un des fils de Hamiche, un ami. Nous le rejoignons bientôt et la kyrielle des ouach-haleks commence.

Les Hamiches ont su que j'étais dans le pays, et, se doutant bien que je ne leur brûlerais pas la politesse, ils ont envoyé au-devant de moi un des leurs. Micheto m'a trompé. Pourquoi? Nous cassons une croûte près d'une source, et je fais le café. Puis nous continuons. Nous arrivons vers quatre heures de l'après-midi au fameux col d'où, à mon premier voyage, Sidi-Djoudi me fit voir tout le territoire des Zouaouas; nous nous y arrêtons quelques instants.

—Vois, regarde El-Mhalla, le camp, me dit Kassi.

En effet, j'aperçois un camp français; les tentes brillent toutes blanches au soleil. Il occupe un long plateau ou plutôt une longue crête, au sommet d'une montagne; un petit camp est placé en avant, un autre en arrière. Cette position est, militairement, très-bien choisie pour la défense; il faudrait même une armée organisée assez osée pour monter y attaquer des Français; mais pour l'attaque, à moins que ce ne soit contre des nuages, je ne sais trop, perchés si haut, quels ennemis nos soldats trouveront. A vol d'oiseau, il est à quatre ou cinq lieues. Les montagnes de Beni-Enni se trouvent entre lui et le Djerdjéra proprement dit ; il a, à peu près devant lui, à deux lieues environ, aussi à vol d'oiseau, les villages haut nichés des Beni-Menguelettes, éloignés de moi de la même distance, aussi, de par le ciel. Je n'y connais personne, chez les Beni-Menguelettes.

Voilà donc une belle et bonne armée, composée de trente mille hommes, et quels hommes ! en trois divisions commandées par trois généraux élevés et formés aux vieilles, aux grandes guerres d'Afrique, les Youssef, sang africain, mais français de cœur, hardi, mais prudent, prompt, rapide, brillant dans le combat ; les Renault, l'intrépide, surnommé l'arrière-garde, fer et feu ; les de Mac-Mahon, le chevalier sans peur et sans reproche ; et, de plus, l'une de nos plus belles gloires de Crimée, occupée à conquérir.... huit à dix lieues carrées ; à faire des siéges de clochers et de citadelles élevées et fagotées de tas de pierres entremêlés de vieux battants de portes vermoulus et cassés, et de toutes espèces de pièces d'artillerie entièrement dénuées, etc.; aussi à guerroyer contre quelle armée ? contre une armée, un peu partout ramassée et composée de pauvres fous ignorants, d'esprit d'indépendance aveuglés, entraînés, exaspérés, hallucinés, mais parfaitement mal armés, n'ayant ni gros, ni petits canons, n'ayant pas de bataillons, pas d'escadrons, pas de pelotons, encore moins de gros ou petits caissons.

N'aurait-elle donc pu, cette belle et bonne et forte armée, employer ses loisirs d'une manière plus grandement, plus glorieusement utile, profitable et opportune pour l'Algérie, pour l'Afrique et pour la France? N'aurait-elle donc pu, après avoir été grande par ses travaux de guerre d'autrefois, quand ils étaient nécessaires, n'aurait-elle donc pu, aujourd'hui, continuer à être aussi grande, et plus grande encore, par les travaux de la paix. Trente mille soldats, aux bras vigoureux et infatigables, aux grandes intelligences, aux talents, aux capacités de toute nature et sous toutes les formes variées, n'auraient-ils pas commencé et terminé, en quelques mois, une partie du chemin de fer, par l'empereur Napoléon III décrété, soit d'Alger à Blidah, et, par ce prodige, résolvant le problème, entraîné la colonisation et l'absolue pacification de l'Algérie entière, y compris la Kabylie, et commencé la conquête du Sud.

C'était l'espoir de tous, quand, naguère, un arc

de triomphe attendait M. le comte Randon, puisque comte il y a, maréchal, gouverneur, sénateur, etc., etc., revenant de Paris, en glissant sur le chemin de fer, à l'état de décret; arc de triomphe tellement grand que de prime-abord et de loin, on se demandait ce que pour l'Empereur lui-même on ferait. Mais c'était à la paix qu'on l'élevait. Par un hasard étrange ou autrement, ce fameux monument, vu de près, n'était plus, il est vrai, qu'un *ridicule et inconvenant* échafaudage, assemblage de quelques poutres et de quelques planches, peints à la détrempe, architecture de tréteaux, monument de saltimbanques.

M. le comte Randon, maréchal, etc., passa dessous sans baisser la tête et en recevant les ovations de l'agriculture, de l'industrie et du commerce.

Mais, aussitôt passé, aussitôt le dos tourné, il fait faire des cartouches avec........; réunit, à grands frais, une armée, trouve de l'argent, introuvable pour les grands travaux de colonisation, puis, tout étant prêt, un beau matin, s'en va.... en guerre, pour où...? contre qui...?

Partout le calme et la tranquillité. De belles et riches moissons, lauriers de la paix, couvrent placidement et heureusement toute la surface de l'Algérie. Les Kabyles, voire même les terribles, les barbares Zouaouas, sont dans leurs montagnes, occupés à semer, à cultiver, à planter, à greffer ; ou bien à commercer sur tous nos marchés, ou en chemin pour venir dans nos campagnes travailler, de leurs bras nos colons aider, de leurs bras, à *bon marché*, nos colons aider, les fortifications de nos villes élever, dans nos prairies nos foins ramasser et en pyramides les élever pour les chevaux de notre cavalerie alimenter.

Va-t-il, comme un juge en vacances, planter sa tente sur le tamgout de Lella-Kadidja, avec cette différence, cependant, que le juge n'exposait que sa peau, si tant est qu'il l'exposât, mais pas du tout celle des autres ; tandis que M. le comte Randon, M. le maréchal expose celle des autres et pas du tout la sienne. Non.

M. le comte Randon s'en va avec trente mille hommes conquérir la grande Kabylie : huit à dix lieues carrées, plus ou moins ; il s'en va faire des siéges de clochers et de citadelles élevées, fagotées de pierres accumulées et entremêlées de vieux battants de portes cassées et de poutres vermoulues, de toits défoncés ; de gros ou petits canons, et de toutes espèces de pièces ou d'engins d'artillerie, totalement dépourvues et dénuées; enfoncer les portes ouvertes de villages entièrement abandonnés par leurs habitants envolés, ou ensuite les enlever, s'en emparer pour les brûler ou les raser.

Il s'en va guerroyer contre quelle armée? contre une armée, un peu partout ramassée et formée de pauvres fous d'esprit d'indépendance ignoramment entêtés, aveuglément entraînés, exaspérés, hallucinés, et en tout cas parfaitement mal armés; contre une armée n'ayant pas de gros ni de petits canons, pas de bataillons, pas d'escadrons, pas même de pelotons, encore moins de gros ou petits caissons; pas de chirurgiens, pas d'ambulances, aucuns secours, si ce n'est la mort pour ses blessés, etc.

Mais, il est vrai, par un fameux général joliment animés, entraînés, enflammés, endiablés, sinon commandés, par la grosse Lella-Fathma, l'éveillée, chez les Kabyles, marabouta très-renommée par ses bons tours et sa volumineuse beauté. Aussi très-forte citadelle, de copieux, abondants, vigoureux, beaux et bons gros ouvrages plus ou moins avancés, confortablement et puissamment flanquée et ornée.

Bon gros morceau à pincer, ou plutôt à faire

pincer; car M. le comte Randon, maréchal, etc., est déjà marié, et, au surplus, un peu trop suranné pour mêler à ses très-maigres et très-pâles lauriers, et un peu les relever, les colorer, un si gros bouquet de fleurs d'oranger.

Nous sommes rejoints par un autre fils de Hamiche, équipé et armé fort pittoresquement. Ils s'amusent à regarder le camp avec ma longue-vue. Nous descendons à Thélentassarthe (source des figues) par le même chemin que lors de mon premier voyage, en mil huit cent cinquante-trois, et nous y arrivons vers cinq ou six heures du soir. En approchant du village, je trouve Saïd, le fabricant de bougies, venant au-devant de moi ; il veut me faire coucher dans sa maison. Je lui promets d'aller déjeûner demain chez lui et il consent à me lâcher.

Pour faire mon entrée au village, je mets sur mes épaules un beau burnous de Tunis. En passant, je salue un groupe d'une douzaine d'hommes de tout âge ; ils me répondent :

— Approche. Sois le bien-venu !

Tous, bonne figure.

Je suis la longue rue et j'entre chez Hamiche. Fatima, sa femme, me reçoit, avec deux de ses belles-filles. J'entre dans la petite chambre, où j'ai déjà passé une nuit. Tous les hommes de la famille y arrivent pour me voir. Le vieux Hamiche est à Dra-el-Mizan. Le soir, grand kouskoussou au poulet. Cette fois, j'en mange sans aucune inquiétude. Après le dîner, je régale tout le monde, femmes et hommes, de café, et puis, après avoir jasé, je me couche et m'endors dans la plus grande sécurité, ayant les fils de Hamiche à mes côtés et à mes pieds.

Le matin venu, je fais un présent à Fatima ; elle a une figure agréable et distinguée ; c'est la sœur de Saïd, le fabricant de bougies. Je lui donne une tebenicte, coiffure en soie, fond rouge avec dessins jaunes, fabriquée par les Maures d'Alger, et à ses deux brus, chacune un joli petit miroir, le précieux petit hemri, pendu à l'une des boucles ou épingles du haïk, un peigne et une petite brique de savon parfumé. Mais on réclame : Fatima montre son troisième fils et me demande quelque chose pour sa femme.

— Où est-elle ? Pas de carottes ! Expression algérienne, qui n'est pas reçue, du moins en ce sens, dans le Dictionnaire de l'Académie, ni même dans aucun autre.

— Elle n'y est pas ; elle est sortie, etc.

— Tant pis ; je n'offre qu'aux dames et ne

donne pas de miroirs aux hommes; des hommes se mirer! ils sont trop laids pour cela. Les femmes : à la bonne heure !

Je suis sûr que l'épouse n'est pas loin. En effet, elle montre bientôt son visage, à la porte, à côté de celui de Fatima. Elle est jeune et très-jolie; des yeux magnifiques; une bouche fraîche et souriante; les joues rondes et gaies. Elle porte au haut du front, épinglé à la coiffe, avec une coquetterie superbement enfantine et féminine, ce qui n'est pas tout-à-fait la même chose, le bijou tant désiré de la femme kabyle et qui lui est si cher, le signe glorieux de sa forte fécondité : le fameux Tavezimte, proclamant hautement à tous qu'elle est mère d'un fils !!!

Que dites-vous de cette leçon d'orgueil donnée à l'enfant dans le ventre de sa mère ? Le tavezimte est une plaque en cuivre ou en argent, de la forme d'une cocarde, et de la grosseur d'une pièce de cinq francs à celle d'une très-grosse médaille, avec un trou au milieu, traversé par un ardillon. Le tavezimte, en argent, est orné de dessins en relief, mêlés de couleurs verte, bleue et jaune ou émail et d'incrustations de corail. Quatre ou cinq espèces de petits grelots mobiles pendillent sur le front de sa partie inférieure.

On s'explique par cette décoration l'exubérance de la population des Zouaouas. Elle excite, stimule, aiguillonne et entretient activement, incessamment une émulation entre les femmes kabyles des plus vivaces, des plus chaudes, ardentes, frénétiques, un feu, un mouvement perpétuel d'émulation. C'est à qui d'entre elles aura un petit sidi, héritier présomptif du sidi de la maison ; celle qui n'en a pas, va jusqu'à ce qu'elle en ait un, ou extinction ; celle qui en a un, ne veut pas rester en reste avec sa rivale ; *indè iræ*.

Le Français comprendra cet amour de la gloire, de la décoration, lui, qui pour un bout de ruban n'hésite pas à s'exposer à la mort. Or, la la femme kabyle, pour atteindre à la gloire maternelle, ne court pas tout à fait les mêmes risques, du moins préalablement ; comme disait un soir ou plutôt une nuit, mon ex-présidente, Madame.... à une jeune mariée du jour, au moment, où tous les gens des noces s'en étaient allés : « Bonne nuit ma belle enfant, mais ne tremblez donc comme cela : on n'en meurt pas. »

La femme kabyle qui est mère de fille mais qui n'a pas de fils, porte sa tavezimte sur le haut de la poitrine, au milieu des seins, place plus tendre, sinon aussi ambitieuse, aussi orgueilleuse.

Le tavezimte irait superbement à une tête couronnée.

Ah! sournois de jaloux, je comprends pourquoi tu dissimulais ton épouse. Quant à la belle *Hammama*, pigeon, trouvez-vous le nom gentil pour une épouse ? Mon pigeon !... Elle est démariée depuis deux ans d'avec El-Hadj Hamiche. Il était un peu vieux pour elle, ou elle un peu trop jeune pour lui ; puis Madame, comme beaucoup de femmes kabyles, kabyles seulement, avait, comme on dit vulgairement, sa tête ; elle supportait difficilement la domination de l'ancienne et les piqûres de sa nichée ; aussi un beau matin, après un vif démêlé, elle s'en alla et se retira dans sa famille, à Beni Ali ou Arzouun, grand, très-grand village, que je vois à une demie lieue d'ici, et tout fut dit.

Saïd vient me chercher pour déjeûner. Je retraverse le village et partout, de la part des hommes et des femmes, bons visages et échanges de politesse.

On m'attendait chez Saïd. Tout est propre et rangé dans la maison. Les femmes sont à la porte qui me sourient. J'en trouve une, jeune mariée, sa fille, à son poste, derrière un métier à tisser. Mais ce n'est que pour la forme, car elle n'y reste que quelques instants.

Nous déjeûnons. Mon vieux bonhomme me montre un moule à bougies, que je lui ai envoyé il y a déjà deux ou trois ans. Il avait vu, je ne sais où, un cirier fondre et mouler de la cire dans des moules pour faire des bougies, et il m'avait fait dire de lui en envoyer de semblables. Je lui en fis faire trois d'échantillons différents en plomb et les lui envoyai. Quelque temps après il m'envoya, à son tour, trois échantillons de bougies de couleur, très-bien faites et très-bonnes. Il a usé les moules et en voudrait d'autres. Un armurier d'un village voisin, qui dit-on, est fort adroit, Ali ben Sid Haoum, de Dernha, lui en a fondu d'autres; mais ils ne sont pas aussi commodes que ceux faits à Alger. Je lui en ferai faire de nouveaux. On ne saurait trop propager les lumières; d'ailleurs, les habituer à ces lumières, c'est préparer pour l'avenir une ouverture de débouchés à cette spécialité de notre industrie. Il me charge aussi de lui acheter un cadenas ou une serrure de fabrication française pour remplacer celle qui ferme son bahut, œuvre kabyle, machine énorme et incommode. Tous les objets de notre industrie à portée des besoins des Kabyles leur font envie. Avis donc à notre industrie. Il voudrait m'envoyer son jeune fils, à

Alger, pour apprendre à parler français; mais où le mettrais-je? rien n'est préparé. Je lui dis d'attendre.

Saïd me reconduit jusque chez les Hamiche, et je me dispose à aller à Iril bou Ammès. Je pars avec l'aîné, Mohammed. Je suis reçu comme à Thélenthassarthe; à la porte du village, les hommes me disent : Approche, sois le bienvenu. Bons visages partout. Sidi Djoudi et Hamed étant près du gouverneur, je vais chez Ali, à l'extrémité et un peu en dehors de l'autre porte du village. Je trouve Ali. Il croit que je désire aller à la colonne. Qu'irais-je y faire? Je voudrais revenir à Dra el-Mizan par les Beni Ouassifs. Mais sidi Djoudi a là des ennemis dont le chef est mon ami. Impossible. Les Djoudi depuis longtemps, m'empêchent d'aller où je veux. Le fils de Hamiche n'ose pas les braver. C'est un vieil entêté que Sidi : s'il faisait ce que je lui dis, il n'aurait pas tant d'ennemis qu'il en a, même dans son village.

Je vais voir la famille de Saïd, notre vieille connaissance; celui qui m'a accompagné dans mon premier voyage. Il a fait son chemin; il est maintenant attaché au bureau indigène d'Alger, aux appointements de douze cents francs. Il parle français. Il accompagne en ce moment le gouverneur. Il est brouillé avec Sidi Djoudi ; aussi Ali est-il contrarié et ne vient-il pas avec moi. Cela m'est égal ; je n'aime pas à être ainsi gêné par des volontés égoïstes. Je trouve le frère de Saïd. On se rassemble autour de moi ; c'est à qui m'offrira quelque chose : du lait, des figues ; le second frère de Saïd m'apporte des roses, qui ont une odeur exquise. Comme la foule s'amasse, le frère de Saïd ferme la porte d'entrée.

Je retourne chez Ali ; depuis le devant de sa porte nous regardons avec et sans ma longue-vue le camp français. Un des hommes de la famille m'apporte un binocle en nacre. C'est un binocle que Sidi Djoudi m'a escamoté, un soir au théâtre, où je l'avais conduit, et que je lui ai laissé. Les jeunes femmes d'Hamed et d'Ali, m'envoient leurs enfants ; c'est Yamina, espiègle, au petit nez retroussé et à chevelure ébouriffée et peu peignée ; Yasminne, jeune pousse de beauté Yacoute, fine petite fleur d'aristocratie ; c'est Sidi Lakdar, enfant délicat et doux ; c'est Annefa, pauvre petit bouton étiolé ; c'est la petite Hasna, toute petite graine de beauté, et toute de vif argent coulée. Elles emportent chacune pour leur jeune maman, un flacon d'eau d'huile de jasmin et de roses françaises, noués avec de jolies faveurs violettes, de Favrot et Cie., parfumeurs à Paris, que j'ai achetés à Bougie. Décidément, ici, comme en tout pays connus, les femmes valent mieux que les hommes.

En rentrant dans la maison des hôtes, on m'y donne une sérénade ; mais cette fois elle m'agace : de la musique, quand on se bat! Je donne quelques pièces blanches aux artistes.

Ali, fais ce que je dis ; il ne s'agit pas de musique maintenant. Sidi Djoudi s'est laissé emporter par son amour-propre, son intérêt du moment, sans prévoir l'avenir ; il y a aussi de mauvaises passions sous jeu. Il est dans une fausse position, entre l'honneur national et.... c'est une faute dangereuse, que de mettre ainsi cet homme entre deux devoirs ; entre deux points d'honneur. Que fera-t-il ? Il avait pourtant un rôle très-beau et très-facile à jouer. Il ne veut pas le comprendre. Ali va dire à Sidi, ton père, de prêcher la paix aux siens.

Je me couche ; on veille à ma porte ; par honneur sans doute ; car les ennemis de Sidi ne sont pas les miens. Ali reste lui-même sur le petit plateau, qui précède sa maison, assis à la belle étoile avec Amar, un familier, garçon imberbe, d'environ vingt ans, d'un caractère très-doux. Je l'ai conduit, il y a un an, avec Ali, le musicien, au théâtre, voir les frères Braquet, artistes, équilibristes, très-forts en toutes sortes de tours d'adresse, et qui avaient avec eux un homme-mouche. Mes pauvres Kabyles, en voyant cet artiste-accroche-patte, comme nous disions, en riant, étant enfants, marcher au plafond la tête en bas, croyaient voir le diable, et n'étaient pas du tout rassurés; ils en restaient ébahis. Ils ne voyaient pas les ficelles, c'est-à-dire les crochets.

Je ne savais pas qu'Omar fût poète. Je l'entends qui débite à Ali des rimes improvisées. Je ne comprends pas ce qu'il dit, quoique cependant le mot président soit répété assez souvent dans son espèce de récitatif; mais, à l'oreille, sa poésie ne manque pas de mesure; elle est même rimée et cadencée avec une certaine justesse et harmonie. Le nom de Saïd y revient aussi; dans une satire, sans doute, car cela fait rire Ali. Je m'endors au murmure de ce récitatif. Du reste, ce n'est pas la première fois que j'entends ainsi réciter de la poésie improvisée. Dans un voyage que je fis, il y a quatre ans, Hamiche, qui m'accompagnait, et qui passe, d'ailleurs, pour un conteur gai et fécond, me régala pendant une bonne partie du chemin, plusieurs heures, de récitatifs mesurés et rimés, et Hamiche ne sait ni lire ni écrire. Il mêlait mon nom à ses vers.

Je pars de bon matin. Il n'y a pas moyen de faire changer Ali de résolution, il est butté. Cependant, il pourrait être utile, très-utile à toute la famille, s'il voulait m'écouter et surtout suivre mes avis. Lui et Mansour, fils du brave et honnête Mouffock, mort il y a deux ans, me reconduisent jusqu'au bout du village. Nous passons devant quelques hommes qui ne leur font pas bonne mine.

Je les quitte à l'autre extrémité du village, qui est très-long, et, à cette heure, presque désert. Une bonne partie des hommes sont au camp; est-ce pour nous ou contre nous? Il serait curieux que ce soit contre nous. Sous un rapport, cela prouverait de leur part une certaine énergie de vertu. Recevoir et bien traiter un Français, quand d'autres Français les attaquent et les tuent! Hier matin, plusieurs jeunes Kabyles causaient, réunis devant la maison d'Hamiche. Un d'eux avait un turban fait d'un long morceau de drap rouge-garance, fragment d'un pantalon militaire; un autre me montra une montre commune en argent, me disant l'avoir achetée d'un soldat. Ces objets sans valeur sont sans doute le pauvre butin pris sur un de nos malheureux fantassins, tué aux avant-postes. Moi, j'ai une montre et une chaîne en or, étalées à mon gilet, une grosse bague-cachet en or, brillant au soleil et que toutes les femmes regardent; on sait que j'ai de l'or et des douros dans mes poches; j'ai un beau burnous de Tunis, un autre des Beni-Abbès, un superbe et riche caban blanc couvert de soieries; j'ai de quoi, et apparemment, exciter, enflammer la tentation du plus vertueux Kabyle; les passions populaires sont en ébullition, la jeunesse est en feu; sous le masque des passions populaires, toutes les mauvaises passions, les mauvais, les méchants et pervers instincts aiguisent leur fureur cachée; le fanatisme de religion, le fanatisme d'indépendance naturel aux montagnards s'exaltent; la haine, l'antique haine contre l'étranger se réveille, s'anime, se relève pour frapper et mourir...

Je viens en ami.... « Approche, me dit-on, sois le bienvenu. »

En vérité, ce ne sont pas les Kabyles qu'il serait le plus difficile à pacifier...

Ont-ils bougé pendant la guerre de Crimée??? C'était l'occasion, cependant.

Qui est-ce donc? Qui veut donc absolument combattre ou plutôt faire semblant de combattre?

Nos soldats? — Non, car, s'ils sont toujours prêts pour les grandes choses, ils méprisent les petites; s'ils sont toujours prêts à s'élancer au-devant des boulets; à courir sus aux lignes serrées et profondes de baïonnettes, pour les briser et en joncher le champ des combats, ils dédaignent d'exercer leurs jarrets à courir après... pas d'ennemis... à employer leur indomptable, irrésistible et brillante valeur à... griller... tout vifs.... les o.... oliviers, les figuiers, etc. des pauvres Kabyles.

Comment donc M. le comte Randon n'accroche-t-il pas sous sa couronne de comte, comme trophées de ses victoires et conquêtes, et pour en consacrer et perpétuer la gloire, le glorieux souvenir, un bûcher, une torche et une scie, une hache, triomphalement ornés, à défaut de canons, des pendants d'oreille, des kalkals, des colliers de corail et de girofle de la pauvre grosse Fathma, son terrible antagoniste; le tout soutenu par deux gros et gras hercules, poussifs et bouffis, joufflus et ventrus, sans pantalons, sans le moindre, le plus léger caleçon, sans même la plus courte, deux gros.... tous nuds.... assommant des enfants, ou enlevant des chèvres, des moutons, des singes, des ânons, etc.? armoiries parlantes, comme, dans son cortége, en a le bœuf gras, le grand jour, le mardi gras.

Je repasse par Thélentassarte et salue en passant les Hamiche; je vais revoir la fameuse fontaine. Je suis bientôt rejoint par deux des fils de Hamiche, qui ont le fusil à l'épaule. La guerre a mis tout sens dessus dessous. A une portée de pistolet du village, j'entends qu'on m'appelle; c'est mon fabricant de bougies, qui court après moi. Il trouve, ce qui est vrai, que ma mule n'est pas bonne, et veut me donner la sienne et m'accompagner jusqu'aux Beni-Hamed; je l'attends, en regardant notre camp.

Une femme de quarante ans passe près de moi, avec ses deux filles. Elle me regarde d'un air de connaissance. C'est la femme du frère d'Hamiche, un vieux boiteux, fort drôle. Ses deux filles sont grandes et ont bonne tournure; elles sont bien de figure. Je leur donne à chacune une petite glace et un peigne; comme cela, quand elles se regarderont, elles ne pourront pas s'empêcher de se peigner. Elles me lancent un profond regard de satisfaction. Mon cirier arrive avec sa mule, qui est une belle et bonne bête, et nous partons.

Mais bientôt je vois accourir derrière moi, clopin clopant, le père de ces demoiselles un vieux bonhomme très-vert, à figure de polichinelle, très-gai et très-rieur. Le moindre mot, le moindre geste plaisants et le voilà parti. Il a reçu une balle dans la jambe, cause de sa boiterie ; il a un bâton d'une main et de l'autre il porte son fusil sur son épaule. Cela ne l'empêche pas de ramasser de temps en temps une pierre gênant le chemin et de la poser de côté. Ces pierres, ainsi ramassées par les passants, finissent par faire une espèce de parapet, de garde-fou. Quand nous sommes arrivés au fameux col, je le congédie. Nous regardons encore le camp français et continuons notre chemin.

En vérité, pour prouver d'une manière éclatante aux Kabyles que la France honore partout où elle les trouve les grandes, les fortes, les belles vertus populaires et individuelles, je voudrais ce décret : « Les hommes et les femmes Kabyles de l'Iri bou Ammès et les hommes et les femmes Kabyles de Thélentassarte ont donné l'hospitalité publiquement à un Français, en temps de guerre comme en temps de paix. Honneur aux hommes et aux femmes Kabyles d'Iril bou Ammès, honneur aux hommes et aux femmes Kabyles de Thélentassarte. Pendant dix ans, de ce jour, ils seront exemptés de tout impôt. » et, pour consacrer à perpétuité ostensiblement et d'une manière utile et agréable le souvenir de la chose, une fontaine monumentale et une petite maison de bon-secours seraient édifiées entre les deux villages. Mais, quelque chose de vraiment et grandement.... impérial, serait de porter à cinquante ans l'exemption d'impôt; privilège exceptionnel, très-exceptionnel, qu'ils tiendraient à grand honneur et profit, car si les républicains kabyles, comme du reste, tous les autres, ne veulent pas de priviléges pour les autres; en revanche, ils en veulent beaucoup pour eux. D'ailleurs, puisque les tribus sont rendues solidairement punissables des méfaits; pourquoi ne seraient-elles pas, par compensation, rendues solidairement rémunérables des bienfaits; ce serait de la politique et de la justice de haute équité.

Nous sommes rejoints par une douzaine de Kabyles de Iril bou Ammès, c'est-à-dire, le haut du milieu, et de Thélentassarte, montés sur des mulets. Ils vont faire le commerce sur les marchés, acheter de la laine, du blé, etc. Je trouve parmi eux plusieurs connaissances, le frère de Saïd, le frère de Dhammann, le fils de Moctar et d'autres, dont je ne me rappelle pas les noms. C'est à qui m'offrira sa mule et m'apportera des figues, dont chacun a une petite provision dans le capuchon de son burnous ; un grand nègre, lui, m'offre une boule de neige de sa main noire ; noire, sans reproche, le noir étant le propre du nègre.

Kassi est jaloux ; il est évidemment contrarié. Nous marchons tous ensemble pendant une heure ; puis Kassi me fait prendre un chemin de traverse et nous quittons la bande. Nous reprenons à peu près le même chemin, qu'il y a deux jours, avec cette petite différence, cependant, c'est qu'au lieu de monter, nous descendons. Je rends à Saïd sa mule, pour prendre à pied, un raccourci très-difficile, où elle ne pourrait marcher que très-lentement ; Saïd nous rejoindra.

Après avoir descendu à travers des bois de chênes à glands doux, d'aspect fort pittoresque, des azibs et des jardins, appartenant aux Beni Hamed, maintenant inhabités, nous nous arrêtons près d'une source pour attendre Saïd et déjeûner.

Il nous rejoint bientôt. Nous cassons une croûte de galette sur le pouce avec un morceau de viande salée de l'Aïd-kebir. L'Aïd-kebir est une fête en commémoration du sacrifice d'Abraham, à l'occasion de laquelle ou duquel il est tué en sacrifice un mouton par chaque tête dans la famille, ou par chaque famille, ou même par plusieurs familles réunies, selon le plus ou moins d'aisance de chacun. Pour les pauvres, c'est jour de bombance et de curée, car nulle part il ne leur est refusé à manger; aussi que de ventres sont-ils plénifiés. Le reste de la viande est salé, au soleil séché, et mis en pots pour provision du reste de l'année. Elle a une grande réputation de bonté, quoique cependant, fort souvent elle soit coriace, rance et affreusement salée ; mais c'est du mouton de l'Aïd vénéré, et c'est à qui s'en régalera ; tant est grande, même sur l'estomac, la force du préjugé. Les femmes d'Hamed et d'Ali en ont fait mettre dans mon bagage avec de la galette et quelques figues. Je fais le café. Nous sommes cinq : moi d'abord, Saïd, Kassi et deux autres, fort complaisants. Kassi, qui ne veut absolument pas que je sois rejoint par les autres, me presse de partir. Je fais mes adieux à Saïd, et pour le remercier de sa mule, je lui donne, pour sa femme, une petite glace et une tebeniette.

Mon bagage est chargé sur un petit âne, gros

comme un chien. Kassi prend mon fusil ; l'autre Kabyle mon sac à dos et le troisième ma djellaba. Nous irons coucher chez le caïd des Beni Ayssi. Encore une heure de marche, dit Kassi ; nous n'avons plus qu'à descendre.

Nous repassons près du gourbi de Ramdan ; son jeune frère vient me demander de la poudre ; je lui en avais promis, pour quand je repasserais ; mais je n'en ai plus ; j'en ai donné avant hier à son frère un peu, pour qu'il la lui remette Celui-ci l'a gardée pour lui ; qu'ils s'arrangent.

Nous suivons le cours de l'Assif-Abrikante, le ruisseau noir, très-mal nommé, car ses eaux rapides sont assez limpides et coulent entre et sur des gros et petits cailloux blancs. Toute la vallée est couverte de pins. Le sol n'est pas assez fertile pour produire bonnes récoltes, mais pourrait se couvrir bientôt d'une belle forêt de pins. Le ruisseau a en tout temps assez d'eau pour faire mouvoir des scieries et des moulins, des filatures et d'autres usines, qui occuperaient profitablement les bras jeunes et vieux des Kabyles de la contrée. Nous le traversons plusieurs fois ; de l'eau jusqu'au-dessus du genou, seulement.

Nous rencontrons deux Kabyles, qui nous disent que le caïd n'est pas au village, et nous engagent à aller coucher à son azib. Nous laissons donc le village, qui, du reste, n'est composé que de quelques maisons, à notre gauche, et descendons dans la vallée de l'Oued Sahel, près duquel est l'azib.

Nous arrivons vers six heures du soir. L'heure de Kassi est une heure kabyle, qui a duré au moins quatre des nôtres. Je ne sais trop si je vous ai dit ce que c'est qu'un azib ; c'est l'habitation d'été de quelques Kabyles ; quelquefois une petite maison ronde ou carrée en pierres sèches ; très-souvent un gourbi ; maison ou gourbi, presque toujours entouré d'une haie vive ou sèche, dans l'enceinte de laquelle les troupeaux sont réunis pendant la nuit.

Il y a dans les montagnes de ces azibs fort pittoresques ; toute la famille s'y installe. Les Kabyles choisissent pour fixer leurs azibs des endroits au milieu des vergers de figuiers, et, près desquels il y a des sources ; ceux qui ont des troupeaux, surtout près des prairies. Celui-ci est au milieu de la vallée, près de la rivière ; il est entouré de lentisques nains, aux buissons épais.

Un jeune homme nous dit que les hommes sont absents et qu'il n'y a que des femmes et des enfants. Nous nous arrêtons et nous nous reposons en attendant. Une femme de bonne mine, un peu forte, une franche commère, sort. Elle nous dit, en riant, que les hommes n'entrent pas, quand les femmes sont seules. Elle se perd quelques instants derrière les buissons. Je ne vois plus le jeune homme officieux. Une autre femme, jeune, s'accroupit près de l'entrée et façonne une poterie ; ennuyé d'attendre, je dis à Kassi de me suivre.

Nous approchons. La jeune femme s'est retirée ; j'appelle, elle reparaît ; c'est une belle grande jeune femme, aux traits fort distingués et aux mouvements faciles, élégants et gracieux. Elle a une belle petite fille dans les bras, ronde comme une pomme, éveillée comme une petite chatte. Oh, belle femme, tu as une bien jolie enfant ; c'est à toi, car elle te ressemble. Est-il aimable, le sapeur... on sourit. Kassi lui insinue que si elle m'offre du leben, je lui donnerai une petite glace. Elle appelle à son tour et la grosse commère reparaît. Quelle franche et ronde luronne, un peu mûre ; elle n'a pas ses yeux dans sa poche, ni le reste non plus ; il est vrai qu'elle a de bonnes raisons pour cela, n'ayant pas de poches ; elle porte rondement et haut le vent ses naturels ornements.

Elle me présente une petite cruche de forme étrusque, remplie de leben ; je porte la cruche à mes lèvres, et comme elle y reste assez long-temps, Kassi paraît inquiet ; c'est qu'il a soif aussi. *Sahhah*, me disent ces dames, après boire. *Sahhah* est littéralement intraduisible en français. Vous voyez-vous après plusieurs jours de marche dans le désert, à travers un sable brûlant, sous un soleil calcinant, le gosier ardent et ne trouvant pas à aspirer la moindre goutte, même de rosée perlée, tout-à-coup transporté dans un bocage frais et épais, au ruisseau murmurant, la bouche desséchée sous un filet d'eau glacée ? Ce serait alors, n'est-ce pas, l'extase suprême de toutes les essences de votre être. Eh bien, tout cela et encore autres choses sont dans ce souhait : Sahhah. On peut cependant le traduire très-prosaïquement, très-pauvrement, par notre prosaïque : à votre santé ; avec cette différence, cependant, qu'il est porté, après et non avant boire, à celui qui a bu et non par celui-ci. A ce souhait, toujours porté sérieusement, on répond sur le même ton : Allah Isselmec, c'est-à-dire, dans le langage ordinaire : « merci » mais littéralement : protection de Dieu. »

Je donne une petite glace à l'enfant et retourne

à ma place, à mon buisson, en promettant à ces dames de leur en donner à chacune une plus belle ; promesse diplomatico-gastronomico-intéressée. Nous aurons du bon kouskoussou ; Kassi sourit.

A la tombée de la nuit, le Sidi de l'azib arrive, monté à poil sur un mulet avec une charge d'herbes ; car ici tout est un peu et même beaucoup biblique, et le plus riche ne rougit pas d'empêcher ses bêtes de mourir de faim, faute d'avoir un domestique pour aller leur chercher à manger. Il fait, au besoin, si nou habituellement, la chose lui-même. Il vient à nous. C'est Saïd ou Moussa ben Ammerouche, le frère du caïd ; c'est un homme bien bâti et de bonne mine, Il nous conduit dans l'enceinte de l'azib, car le gourbi est trop petit pour nous contenir tous. Mon bagage est déposé tout contre.

Les troupeaux rentrent. Les troupeaux sont rentrés. Les chèvres, ici les principales bêtes à lait, sont aussi les bêtes favorites de la famille ; elles ont des connaissances et même des amis intimes parmi les enfants, les jeunes filles qui les ont vu naître, les ont élevées, soignées, ont joué sauté avec elles, quand elles n'étaient que cabris, ou chevreaux. Elles sont très-éveillées, très-vives, quoique très-familières. Dès le grand matin on envoie les chèvres nourrices chevroter et pâturer d'un côté et leurs nourrissons de l'autre ; ou, si ceux-ci sont trop petits, on les fait rester dans l'azib et même sous la tente, pour qu'ils ne tettent pas tout le lait de leur mère et qu'il en reste aussi pour les enfants ; puis, au retour du troupeau et quand les femmes ont prélevé la part des enfants, on laisse aller ; alors ce sont des chevrottements d'allégresse, de tendresse, d'inquiétudes, d'appel de mère à son petit, de petit à sa mère ; c'est un pêle-mêle général de courses, de recherches, de frétillements fort pittoresques, qui durent quelques instants ; puis toutes ces émotions de nourrices à nourrissons, de nourrissons à nourrices, se taisent et se calment. C'est que chaque mère a trouvé son enfant ; chaque enfant sa mère, son affaire, et que chacun et chacune sont à leur affaire.

La belle Belkhrer fait l'inspection de son troupeau, de ses vassaux ; elle a l'air d'une dame châtelaine, du moyen-âge, ne dédaignant pas de compter elle-même et d'inspecter ses brebis, ses moutons, au retour des pâturages. Elle va de ses brebis à ses chèvres ; traire les unes, traire les autres. Tout son monde, son peuple bélant et chevrotant gaiement, lui obéit paisiblement et facilement. Elle a dans ses allées et venues, dans ses mouvements, ses attitudes, dans sa démarche, une distinction et une noblesse innées ; son beau visage, son charmant visage, à demi encadré par la coiffure élevée et presque en diadème des femmes des Beni Ala, respire une bienveillante et gracieuse dignité ; les ondulations de ses haïcks, et leurs mille plis et replis sont élégants, chatoyants, fascinants et cela sans les pompes, sans les fastes de la crinoline, sans ses bombes, sinon toujours gracieuses et élégantes, du moins toujours incendiaires et trop, beaucoup trop incendiantes. La belle châtelaine était née, sinon princesse, du moins pour le devenir, ce qui est bien plus rare et bien plus difficile. Oh, les beaux cheveux dorés et soyeux ; ni bruns, ni blonds, entre les deux ; d'une merveilleuse sultane favorite, enfin, merveilleuse couleur de cheveux.

Belkhrer doit valoir un haut prix, car elle est belle et bonne. Je ne parle pas de sa valeur, en elle-même, personnelle ; celle-là est inestimable, mais de son prix marchand ; car je crois vous avoir déjà dit qu'ici la femme, au lieu d'acheter son mari, a le bon esprit de se faire acheter par lui. La femme, chez les Kabyles, n'a aucun droit, légalement parlant seulement, bien entendu, ces Messieurs pensant, sans doute fort sagement, qu'elle en prend, de fait d'elle-même, bien suffisamment.

La femme ne possède aucuns biens ; elle n'hérite pas et, si ce n'est ses bijoux, en général de peu de valeur, et ses haïks, rien ne lui appartient. Elle est elle-même une propriété, un bien meuble-meublant bien gentillement, agréablement, chaudement.... ; oh...., doucement ! ! !... et des meilleurs assurément, transmissible lui-même par le mariage et l'hérédité. Ainsi, à la mort de son père, elle tombe dans les droits successoraux du fils, c'est-à-dire de son frère, et, à défaut du frère, du plus proche parent mâle. Devient-elle veuve, elle retourne, si elle n'a pas d'enfant, à son père ou à son frère, etc. Si elle a des enfants, elle reste avec eux dans la famille de son défunt, dont souvent elle épouse un membre. Ce qui, par parenthèse, est fort sage, puisque ses enfants retrouvent ainsi, dans leur oncle ou leur cousin, un père qui ne leur était pas antérieurement étranger. Les dots des filles servent à l'entretien du ménage et à élever ou plutôt nourrir les autres enfants.

Ainsi la femme kabyle est tout par elle-même

et n'emprunte rien aux accessoires, tels que dot, etc. Que dites-vous de mes barbares, ma chère Léonie ? ne vous semblent-ils pas, en ce qui regarde votre sexe enchanteur, du moins, plus civilisés que nous, puisqu'ils savent si bien apprécier, mieux que nous ne le faisons généralement, ce que vous valez.

Être ainsi achetée, c'est bien là, ou jamais, être aimée pour soi-même. Voilà la vraie, voilà la bonne manière. Mais qu'est-ce que je dis donc ; je calomnie le cœur frrrrrançais. En France, c'est mieux, bien mieux. En France, pour *une femme....* *un empire*, s'il vous plaît. Voilà ce qu'il en coûte, et encore n'est-ce pas payé ; mais il n'y a pas plus haut prix.

Voilà le beau côté de la médaille ; je crains bien que la pauvre chère médaille n'ait son revers, quelquefois son triste revers. Ainsi, que le mari soit peu tendre ou pas tendre du tout ; qu'il ait le cœur sec ou nul ou mauvais, ou soit, comme disent les Kabyles, un grand ventre, c'est-à-dire qu'il soit égoïste, avare, etc., non content d'user, n'abusera-t-il pas de son bon bien !

Pour mauvais traitements, privations, etc., la femme peut, il est vrai, recourir au divorce, mais le moyen est extrême et souvent difficile, parce qu'il se complique de questions d'argent, c'est-à-dire de restitution de dot à faire ou à ne pas faire au mari. Restent les moyens féminins ; alors à bon chat....

Je me laisse aller, aller, c'est qu'aussi le sujet est inépuisable, et, de plus, vous en conviendrez, n'est pas sans agréments. Mais comme disait le roi Dagobert à ses ministres, je veux dire, à ses petits chiens :

Il n'est pas de etc.

La nuit est venue. Le feu pétille et brille à travers les branchages et les roseaux mal joints du gourbi. Déjà des odeurs précurseurs, de marmite échappées, vous font frétiller le nez embaumé. Nous aurons du bon kouskoussou. Kassi paraît assez sensible à la chose, sans être cependant trop porté sur sa bouche. Que voulez-vous, on aime mieux en général un bon dîner qu'un mauvais ; il y a beaucoup de gens, même en France et ailleurs, qui ont cette préférence. Saïd Moussa, notre hôte, frère du caïd, nous apporte enfin, après au moins une heure d'attente, le fameux kouskoussou flairé, succulemment flairé. Il est très-bon. Il est d'une bonne école. Le poulet n'est pas trop dur et a de la saveur. Ce n'est pas comme les poulets d'Alger, qui sont généralement secs et sans goût. Il sont cependant, bien que petits, de bonne espèce ; mais leur éducation est très-négligée. Les indigènes les achètent sous les tentes ou dans les gourbis, où ils n'ont guère d'autre nourriture que celle qu'ils cherchent et qu'ils trouvent eux-mêmes ; ils les apportent tels quels, après un voyage quelquefois de vingt lieues, sur nos marchés ; là, nos restaurateurs les prennent aussi tels quels et tels quels leur coupent le cou, etc. J'ai appris cependant qu'un amateur du beau et du bon, un véritable amateur, frappé de cet état de choses, avait pris à cœur ou plutôt à estomac, l'élève du volatile et s'en occupait sérieusement, consciencieusement ; on dit même qu'il est déjà parvenu à former de très-beaux et bons sujets, mais je crois qu'il s'occupe surtout des races importées d'Espagne, race gigantesque. Où en suis-je : je vous disais donc que le poulet était assez bon, et le leben de bon crû. Après le repas, j'offre à mon tour du café, d'abord aux dames, puis ensuite à tout le monde et à indiscrétion. car mon voyage touche à sa fin et j'en ai encore cependant une ample provision.

J'entends des chuchottements dans l'azib entre ces dames ; ils ont même une certaine vivacité.

Qu'y a-t-il? Saïd nous quitte. Il revient bientôt; il est envoyé en mission diplomatique par ces dames. Le petit miroir que j'ai donné à la belle Belkhrer, est beaucoup plus beau que celui que j'ai donné à la grosse Touffa. *Casus belli!* C'est que les femmes kabyles ne plaisantent pas, quand il s'agit de leur amour-propre et des petits biens qu'elles peuvent posséder. Elles ont toutes deux fait le kouskoussou; je crois même que c'est la grosse qui y a le plus travaillé et je lui donne moins qu'à l'autre et pourquoi? Si elle était dans la..... algérienne, je lui répondrais : « *hakda,* parceque. » Réponse féminine, la meilleure de toutes. Et le nif, l'honneur, n'est-ce donc rien. Tu ne sais donc pas, ma chère grosse belle, que M. mon grand-oncle Hun, qui avait eu l'honneur de plaider et de gagner sa première cause devant le parlement de Nancy, était encore président du tribunal de Vic à quatrevingt-quatre ans, aux appointements de quinze cents francs, ce qui ne l'empêchait pas de porter la tête aussi haut, aussi dignement, qu'un premier président de cour, de France ou qu'un procureur général d'Alger, à vingt mille francs, plus ou moins, d'appointements, non compris le logement; autre temps, il est vrai, autres mœurs; le favoritisme (nouveau mot, chose ancienne), le favoritisme ici…. et puis les affamés, les creux de la veille, dits républicains, socialistes ou autres farceurs, le lendemain, ventrus, avaleurs, gorgés, enflés, gonflés, empafés de décorations, d'avancements, de concessions, etc., car tout leur est bon, mais jamais rassasiés. Comment ne surgit-il pas des actualités de nos jours un génie satirique qui flagelle ces Tartufes de politique comme jadis Molière a flagellé les Tartufes de religion.

Si je faisais à ces dames un petit discours ou au moins deux mots de morale; si je leur disais : Mesdames, vos droits sont, il est vrai, égaux, vis-à-vis de votre commun mari, indivis; aussi, si j'avais l'avantage de l'être, votre mari, l'agréable, le très-agréable avantage de l'être, votre mari chéri, avantage si agréable que, pour le moment, j'… non, je ne leur dirai pas cela; ça aurait l'air d'une insinuation pour arriver à des fins que…. des fins…. dont…. des fins qui…. il vaut mieux ne rien ne dire du tout. Le mari a l'air d'un bon enfant, c'est vrai, mais cependant, il pourrait croire des choses qui… des choses dont… des choses que… Le mari, pour tout arranger, m'insinue d'échanger le miroir de Touffa contre un pareil à celui de Belkhrer. L'idée est ingénieuse quoique simple, mais hélas, c'était mon dernier, mon tout dernier, mon brave hôte ; et je n'en ai plus. A mon premier voyage, quand je reviendrai, j'en rapporterai un superbe, *lali atasse*, très-beau, à ta grosse Touffa ; un dans lequel elle pourra se mirer et contempler ses charmes en long et en large, en gros et en détail. Pour la consoler et lui faire prendre patience, je lui donne une petite brique de savon parfumé.

Saïd étend mon tapis, dit de Mostaganem, sur un tapis de sparterie ; je m'introduis dans ma djellaba, tunique kabyle sans manches ; je m'enveloppe dans un burnous, le nez dans le capuchon, et bonsoir Mesdames et Messieurs ; dormez bien et moi aussi. On dira ce que l'on voudra, mais, quant à moi, on ne m'empêchera pas de trouver, et de le dire, qu'il est on ne peut plus abusif et vain, qu'un seul homme ait plusieurs épouses, quand ce ne serait même que deux, dans son lit, c'est-à-dire sur son tapis, à ses côtés ; tandis que d'autres n'en ont pas du tout. Je m'appuie la tête sur mon sac à dos, c'est bien sec, en guise d'oreiller, peu douillet, contre le gourbi trop garni.... si bien garni.... Un de mes Kabyles, Kassi, s'étend à ma droite ; l'autre, Lahoussine ben Ali, à ma gauche ; le troisième, Hamed ben ou Ali, à mes pieds, comme trois chiens de garde, et je m'endors à la belle étoile.

Je pars de grand matin, mais j'oubliais de vous dire, de vous prévenir, avant tout, que, détail, pendant la nuit, je n'ai pas eu la tête coupée, c'est-à-dire le cou coupé ; car ce n'est pas la tête que l'on coupe, mais le cou, locution impropre, que je n'ai donc pas eu le cou coupé ; ni même le cœur traversé de part en part, par aucune arme quelconque, du moins de la main d'un homme ; qu'enfin, pendant que mes dogues dormaient, eux, une oreille et un œil ouverts sur moi, j'ai dormi, moi, des deux oreilles, des deux yeux, en un mot, de tout mon individu, bien tranquillement. Ces Kabyles insoumis, car il paraît, sans que cela paraisse, que les Beni-Boudrers sont insoumis, ces Kabyles, donc, insoumis sont d'un sauvage, d'un barbare, d'un féroce, à un point, d'une manière, qu'on..... qu'on ne connaît pas... Poignées de mains générales, amicales et finales et en route, et vite en route, car elle sera longue aujourd'hui.

Je comble les vœux de Kassi en lui donnant un petit flacon d'eau de jasmin, français, de grâce, pour sa femme, et un couteau-rasoir, un similaire de mon invention, fait par Bailly, à Langres, pour lui. Il avait flairé, éventé ces objets dans mon bagage et il me tourmentait, depuis hier matin, par une foule d'insinuations plus ou moins ingénieuses, pour les avoir.

Saïd me fait monter sur sa mule pour me conduire, à une lieue, chez son frère, le caïd; lui m'accompagne à pied. Il est rempli d'attentions, de prévenances. Il me regarde avec complaisance, déférence, etc., comme s'il avait quelque chose à me demander. Je lui donne un couteau à poinçon, couteau de charretier, fort commode pour les Kabyles, qui ont toujours quelque chose à couper, rogner, trouer et rafistoler (je ne vous donne pas ce mot comme étant d'un purisme irréprochable), aux bâts ou aux brides de leurs bêtes. Ça lui fait plaisir. Mais il a autre chose en vue, dans la tête. Enfin, il s'approche tout près de moi et me demande, comme en confidence et en faisant un geste des plus expressivement et comiquement piteux, il me demande un remède. Cette fois, j'y suis, je comprends.

— Tu veux un philtre, mon pauvre homme?
— Hélas oui, oui, oui!

Mon pauvre hère, mon pauvre diable a deux épouses dans l'épanouissement, la force et le feu de l'âge et du sentiment, et n'a plus, lui, pour répondre aux feux roulants de leur amour alternant et même se croisant, incessamment, de femme de vingt à vingt-cinq et de femme de vingt-cinq à trente ans, et ce, malgré son air florissant, qu'un équivoque et mollissant amour de mari de quarante et quelques ans, et de plus frappé d'une..... morte indifférence pour le moment.

— Mon cher, mon pauvre Saïd, je vois ton affaire, je vois ton mal; il n'est peut-être pas absolument sans remède; mais écoute : *Persistant causæ, persistant effectus ;* — tu vois, mon cher Auguste, que j'ai profité de tes conversations médicales. — Or donc, *persistant causæ, persistant effectus*, ce qui veut dire : O mari trop chéri, que tu as beaucoup trop de deux épouses, sinon d'une, pour l'instant ; car il te faudrait premièrement, au lieu d'amour et de sentiments, si ce n'est ceux de tes enfants seulement, le calme et le repos plus absolument. Si, hier, cependant, tu m'avais dit un mot seulement nous aurions pu commencer un traitement, tout d'abord en supprimant de ta couche, incontinent, ta Belkhrer aux yeux charmants et pour toi trop absorbants. Il est trop tard, maintenant; nous verrons en repassant.

Nous arrivons chez son frère Mohad-Amzian, Mohammed le petit, au milieu d'un groupe de gourbis. J'aperçois plusieurs femmes. Ces femmes des Beni-Ala doivent avoir une fameuse et vive influence dans le foyer. Elles ont dans les traits, dans la physionomie, beaucoup de type, de race, pour me servir d'un terme un peu cavalier; elles ont du feu sacré dans tout leur être. En général grandes et élancées, elles ont de la tournure et de la distinction; elles portent la tête haute, mais gaiement; elles ont du regard, du provoquant, de l'engageant; et, comme elles, nulles autres ne dansent et ne chantent aussi agréablement, mais surtout passionnément et franchement et hardiment et... les jeunes filles laissent flotter leurs longues tresses de cheveux par derrière, comme les filles badoises; avec cette différence, cependant, qu'au lieu de deux il y en a cinq ou six, mêlées de cordons de laine noire noués à leurs extrémités. Mohad veut me donner un mulet gratis; mais je m'arrange avec un jeune homme, qui me conduira jusqu'à Dra el-Mizan.

Je suis le même chemin qu'autrefois avec Idir, en revenant de mon ascension au tamgout (pic) de Lalla-Khedidja, et cela sans incidents, si ce n'est la rencontre d'un sournois, d'un malintentionné de chacal, suivant de près et certainement avec de mauvais desseins, un troupeau de chevreaux;

je le mets en fuite; quel dommage pour son appétit! d'un petit berger, gardeur de chèvres, qui me trait du lait pour une petite pièce de quatre sous ; je lui donne par-dessus le marché une petite glace pour sa mère; comme cela, au lieu d'être battu, il sera bien reçu. Il montre aux autres, en criant, mon petit présent, de deux jeunes hommes des Beni-Ala, allant en guerre, allant rejoindre, avec armes et bagages, c'est-à-dire chacun un long fusil sur l'épaule, une chemise et un burnous sur le dos, la petite colonne des Beni-Mansour. J'aperçois trois jeunes filles au bord de l'eau. Je leur demande à boire : une frime, et je donne à chacune un petit miroir. Elles sont enchantées. Toutes rencontres dans un pays des plus déserts : mélange de broussailles, de pins, de ravins, de vallées, fréquentés par les lions et les panthères, etc. Je passe le long d'un petit village des Beni-Ala, récemment bâti sur la route. C'est une espèce de poste, surveillant ce pays, du reste assez désert et aride. J'aperçois un autre village des Beni-Ala, aussi de construction récente. Il est plus considérable. Ces créations sont d'une bonne administration. Les Beni-Ala n'avaient pas autrefois une très-bonne réputation ; on ne passait pas toujours dans leur pays, pour aller des Beni-Abbès, de Constantine et d'ailleurs, à Alger, sans être rançonné. En leur faisant construire des maisons et en leur donnant quelques terres autour, on leur insinue des habitudes de travail, et, en leur faisant surveiller les autres et leurs propres biens, on les moralise.

Je passe sous les murs du bordj Boueira, vers onze heures du matin. Il n'y a plus de garnison française; elle est devenue inutile; je crois cependant que le caïd Bouzid y a quelque monde. Son douar est à une portée de fusil de la route. C'est aussi une espèce de poste indigène avec femmes et enfants. Je m'y arrête un instant. Ma foi, j'arrive à temps, c'est-à-dire trop tard. Il y a eu, avant-hier, une grande chasse aux lions. Si j'étais arrivé plus tôt, on m'aurait, sans doute, invité à y prendre part; or, je ne suis pas chasseur, en général, et pas du tout de l'espèce, en particulier. Mais je n'aurais pas reculé : on est Frrrrançais.... noblesse oblige....

Quand je dis que je ne suis pas chasseur, c'est-à-dire que je ne suis pas sûr de tirer, à l'œil, une mouche à cinq cents pas et même à moins; cependant, au besoin, je suis sûr de mon coup; ainsi à quinze pas, je ne manque pas, je ne manque jamais une porte-cochère, quelque grande qu'elle soit ; aussi, s'il s'agissait d'une chasse à la grosse bête, aux éléphants, par exemple, oh alors…. mais des lions, c'est trop petit…. beaucoup trop petit…. puis il y a des considérations d'une autre nature. Ce n'est pas que je veuille dénigrer la chose. Je suis comme tout le monde, grand admirateur du fameux, du terrible Gérard, à nul autre semblable, qui a porté la gloire du chasseur à son apogée, car je ne pense pas qu'en aucune partie du monde et même ailleurs, depuis les temps les plus reculés jusqu'aux temps les plus modernes, on trouve un chasseur, à la gibecière garnie d'une vingtaine de lions et lionnes. C'est une gloire pour la France. Il faut qu'elle les ait toutes.

Nous avons Bonbonnel, son émule, franc chasseur de panthères, et qui doit être aussi très-près de sa douzaine, si même il ne l'a dépassée ; Bonbonnel, que rien, qu'aucun danger n'a le pouvoir d'arrêter. Un jour, c'est-à-dire une nuit, une panthère, qu'il venait de tirer et de blesser mortellement, l'ayant aperçu, bondit sur lui et, dans sa fureur ou dans son appétit furieux, lui engloutit la tête dans ses terribles mâchoires. L'intrépide chasseur ne la perdit pas cependant, la tête, bien qu'il la sentit craquer comme une noisette dans un casse-noisette, quelle jouissance, et lui porta un coup de poignard, qui la fit desserrer les dents et lâcher prise ; heureusement, car il était temps. Le moderne Nemrod revint à Alger, le *facies* un peu déchiré, mais le docteur Bodichon lui recolla et recousit la chose et aujourd'hui il n'y paraît plus, presque plus, bien qu'il ait laissé cependant cinq dents sur le champ de bataille. Notre chasseur n'en devint que plus acharné, plus ardent, et continue ses exploits. Il a à se venger. Il est cependant marié. Quelles angoisses pour une épouse, quand part l'époux pour la chasse. En reviendra-t-il, n'en reviendra-t-il pas ; comment en reviendra-t-il ? En entier ou en morceaux ? Or quelque profonds et vifs soient l'affection, l'amour d'une épouse pour un mari entier, en peut-il être de même pour ses morceaux, fussent-ils des meilleurs. Si le mari avait les qualités d'un nougat, encore, mais…. Nous avons aussi le bon gendarme Vermet, qui, pour s'entretenir la main, quand il n'a pas d'autres malfaiteurs dans ses signalements à pourchasser, s'en prend à cet autre voleur de nuit, voleur avec escalade, à mains, c'est-à-dire à pattes et à gueule armées. Mais tous deux sont venus après l'autre. Maintenant bonneur national à part, je trouve, pour mon compte particulier, je trouve qu'il n'est pas digne d'un homme, à moins de se commettre, de risquer sa vie, à deux de jeu, avec une bête quelconque et de s'exposer ainsi à être à son tour, soi-même par elle chassée et, en cas de défaite, de déconfiture, croqué, mâché, mangé, avalé et digéré, comme vile chair à pâté et dans ses boyaux passer.

Jonas fut, il est vrai, autrefois par une baleine avalé ; mais il ne fit qu'y passer ou peu de temps y séjourner et en sortit vivant, bien portant, présentable, pas du tout abîmé et même tout habillé, plus content en sortant qu'en entrant et même triomphant. C'est assez de l'antiquité. D'ailleurs cela est bien différent que de sortir honteusement, après avoir été des pieds à la tête dans le ventre d'une bête complètement trituré et digéré, de sortir honteusement de cette vie, de ce monde par une porte de derrière, par trop humblement et vilainement abimé, défiguré, déformé, rapetissé, laminé, humilié et pas du tout habillé.

En tous cas, c'est une mort de mauvais goût; qu'en pensez-vous ?

J'ai cependant, malgré cette répugnance bien

arrêtée et fondée, une fois en ma vie, été à la chasse aux lions. C'était près de la jolie petite ville de Bône, dans les montagnes de l'Édough, où la Faculté m'avait envoyé pour me guérir de la fièvre, car, pour cette chose maudite, un des grands moyens curatifs, en Algérie, est le changement d'air; je l'avais attrapée, la fièvre, en courant, avec le grand Galmiche, le hardi et habile explorateur forestier, par monts et par vaux, au-delà de Souk-Arras, Tagaste, la patrie de Saint-Augustin, chez les Beni-Saala, les Hanenchas, etc.

Un matin, un Arabe de la montagne vient mettre aux pieds de l'ami Brusseau, alors sous-inspecteur des forêts de l'endroit, une paire de cornes de bœuf, réclamant vengeance, car c'était tout ce qui restait du repas qu'avaient fait de la bête, la veille, un lion, sa douce compagne et leurs bons petits enfants. Il fut résolu qu'on irait à l'affût. C'était au temps des premiers hauts-faits de Gérard et il n'y avait pas un chasseur algérien qui ne rêvât, au moins dans son lit, à sa peau de lion, à son histoire de lion. Mon forestier était, de plus, lui, bon tireur et résolu. Le soir venu, il me proposa d'être de la partie. Tout d'abord je lui objectai que je ne tirais guère que sur des oiseaux, encore fallait-il qu'ils fussent posés. Il répondit à cela qu'on tirait toujours le lion posé, arrêté, et que, de plus, l'animal était beaucoup plus gros qu'un oiseau.... Le raisonnement était spécieux. Je partis, mais bien résolu à me mettre près d'un arbre élevé et de facile grimpée et, du reste, emporté par le profond présentiment que..... nous ne verrions rien arriver ; d'ailleurs je ne voulais pas laisser aller seul l'ami Brusseau.

Nous nous postâmes donc en bon lieu, au bord d'une clairière signalée et attendîmes le lever de la lune. Elle finit par se lever, mais tellement barbouillée, qu'on n'y voyait goutte au bout du fusil et que, la bête arrivant, il aurait fallu avec elle en venir aux mains, aux pattes, ce qui n'eût pas été pour moi sans quelques difficultés, ayant l'habitude de me couper les ongles et elle ayant l'habitude du contraire. Vous savez que d'une seule de ses égratignures la joue est emportée et même une ou plusieurs des côtes de l'individu. Silence et solitude et de près et de loin. Pas de craquements dans le feuillage, sur les feuilles et les herbes sèches, pas de sourds, mais puissants et terribles mugissements, qui font trembler et bondir de terreur toutes les autres bêtes.

Nous attendîmes longtemps ; voyant que rien ne venait, n'osait venir, je proposais résolument à mon compagnon, puisque le lion se faisait ainsi prier et attendre, d'aller, nous.... d'aller nous... coucher, remettant la continuation de nos exploits au lendemain. Nous revînmes donc, sinon avec la gloire d'avoir vaincu, du moins avec celle d'avoir attendu la terrible bête, et, de plus, avec l'avantage d'avoir chacun, au grand complet, toutes les pièces de notre individu. Mais ce haut-fait de chasse est, de ma part, une exception à ma règle, et s'il fallait absolument faire la guerre et combattre avec ces bêtes ou leurs pareilles, eh bien, je ne rougirais pas, au contraire, de me servir contre elles des plus perfides traquenards, des plus lâches guet-apens, des piéges les plus cachés, dissimulés, des trous, des fosses les plus profonds et les plus décevants, etc. ; le tout sans courir le moindre risque de la moindre écorchure.

Pour en revenir à sidi Bouzid, voici ce qui s'était passé :

Depuis quelque temps, un lion, d'un grand appétit, mangeait bœufs et moutons dans le pays. Les moutons, pour se mettre en appétit ; les bœufs, pour ses repas sérieux. Or, bien des bêtes, manquant journellement à l'appel, et les pertes commençant à devenir considérables, les plus hardis et habiles tireurs des tribus tributaires résolurent de se réunir pour tuer la bête. Jour donc fut choisi pour cette grande affaire. Le lion, bien connu, fut dépisté, traqué, tiré par une douzaine à la fois et tué, non sans avoir fait, cependant, plusieurs éclopés. Mais l'animal renversé, le combat ne fut pas terminé. Car, chacun prétendant reconnaître sa balle en celle qui avait mortellement l'animal frappé, réclamait de celui-ci la propriété. La querelle devint forcenée et de nouveaux coups de fusils furent tirés, qui firent de nouveaux blessés, sinon tués. Enfin, pour tout arranger, on finit par où on aurait dû commencer, c'est-à-dire par partager.

Je passe près d'un groupe de tentes, qui doit être un poste de spahis, et m'arrête un instant, pour acheter quelques œufs à une femme venue à l'appel de mon guide. Comme le pauvre diable est fatigué d'aller à pied, et il y a de quoi, je le laisse monter sur la mule et à mon tour vais *pedibus*. Il est bon de temps en temps, de mettre pied à terre, quand on voyage à mulet ; cela varie la fatigue d'une manière salutaire.

Les allures des mules et mulets sont monotones ; les mouvements et les frottements sont toujours les mêmes et agissent sur les mêmes parties, ce qui finit par occasionner une grande fatigue locale et même une irritation nerveuse insupportable. La marche rétablit l'équilibre. Les chevaux, s'ils en ont d'autres, n'ont pas cet inconvénient; avec eux on peut de temps en temps varier les allures, prendre le trot, le galop. Cela remet le cavalier et, je crois, la bête aussi; c'est du reste le mode des Arabes.

Je quitte la grande route, ouverte par nos troupes, et marche à travers les broussailles, sous un bois de chêne-liége et chênes-zènes, assez clairsemés, de bonne venue, quoique de médiocre hauteur. Après une bonne heure de marche, j'arrive par un raccourci, que je connais, à la source dont je vous ai parlé dans mon premier voyage. Mon muletier m'y rejoint bientôt.

Nous nous y arrêtons quelque temps pour laisser reposer la bête, faire cuire nos œufs et faire du café. Une tamtoutte; ce nom n'est pas harmonieux à l'oreille, mais aussi, comme il est vrai, s'il a, ce que je crois, et de même que beaucoup de mots kabyles, une origine latine, celle-ci : *tàm tota*. La pensée seule peut traduire ces deux mots. Si, cependant, traduction libre : elle. Une tamtoutte, donc, et sa jeune fillette nous apportent des fèves de marais. Ces fèves sont très-communes et viennent très-bien dans la contrée; les indigènes les mangent crues et en font aussi sécher beaucoup.

Mon guide est un jeune homme très-complaisant; d'une assez bonne figure; il est grêlé à fond. Je n'ai pas remarqué chez les Kabyles plus de gens que chez nous, gravés de la petite vérole. Cependant, ils ne connaissent pas la vaccine ou du moins ne la pratiquent pas : ce serait un bienfait à leur donner. La plupart des cécités proviennent des atteintes de la petite vérole.

Je me remets en route. Elle est encore plus longue que je ne croyais. Je suis pris par la nuit et n'arrive à Dra el-Mizan que passé neuf heures. Il fait clair de lune, cependant je ne m'y reconnais plus. Les approches sont couvertes de tout un quartier de baraquements pour les troupes. Que d'argent en provisoire. Il n'y a personne au fort. Le commandant Beauprêtre est en avant, chez les Beni Ouadia ou chez les Beni Mendès, avec ses goums, au milieu des tribus kabyles de son cercle, pour les voir, leur parler, les empêcher de faire quelques folies. J'espère bien qu'il réussira; qu'il sauvera ces malheureux d'eux-mêmes, et, par suite, de tous les maux de la guerre.

Allons chez M^me David, l'élégante cafetière; allons lui demander l'hospitalité. Ce n'est plus elle qui tient le café. Elle a fait fortune; elle est devenue, comme disent les troupiers, rentière.

Je trouve dans son café de nouveaux visages; deux époux d'un âge mûr, et... une demoiselle, leur fille. Il y a progrès dans la colonie. Une jeune fille dans une solitude, c'est comme dans une terre qu'on défriche, une jeune pousse qu'il n'y a plus qu'à greffer. On me donnera à dîner; très-bien; et aussi à coucher, mais sur ma table à manger, à la place du couvert et quand il sera ôté. Un matelas, des draps, on ne peut mieux; quel luxe! Pourvu, cependant, que je ne roule pas à bas de mon lit, c'est-à-dire de ma table — à coucher.

Tiens! je viens de trouver un nouveau meuble, ou du moins un nouveau nom de meuble.

Mais asseyons-nous, buvons et mangeons; car je meurs de faim et de soif, n'ayant mangé que quelques fèves crues et quatre œufs frais de toute la journée, et je suis, de plus, échiné, éreinté, ayant aussi beaucoup marché. Mon jeune Kabyle a son compte.

Diable! la demoiselle est courtisée; c'est que, certes, elle est jeune, jolie et gentille. Voilà deux jeunes amateurs et consommateurs, de liquide, s'entend, de café. car, pas de propos légers sur les demoiselles, bien assidus. On fait la partie de cartes; je ne sais trop quel bête de jeu, avec le papa et la demoiselle, qui gagne toujours. Prenez garde, jeunes gens, vous finirez, en jouant ainsi, par perdre tout-à-fait. A un autre table, deux militaires gradés, aux moustaches relevées en pointes, brûlent du punch, tout en lorgnant la belle; mais la flamme de leur punch n'est pas ce qu'ils ont de plus brûlant, de plus flambant. Je dis punch, punch des camps, c'est-à-dire un mélange d'eau et d'esprit d'asphodèle ou de sorgho de distillerie algérienne, car nous avons aussi cette industrie, née ici d'une plante parasite.

Autrefois, les prairies et même les champs arabes étaient remplis d'asphodèles à oignon. à fleur de terre, gros comme la tête. Un beau jour, un industriel vint les ramasser, les mit dans l'alambic et en fit de l'esprit-rhum, de l'esprit-eau-de-vie, ou plutôt de mort, etc. Puis apparut le sorgho. M$^e$ Bastide avait fait sortir des broussailles, près de l'Arba, une magnifique ferme. Ses terres vierges s'étaient couvertes d'une superbe forêt de sorgho. Qu'en faire? Emporté par la vocation, il monta une distillerie modèle, et, à l'aide de mes bons amis les Kabyles, il fit de l'alcool avec le jus du sorgho et du papier avec les tiges. Tous les goûts sont dans la nature. Jusqu'alors il avait distillé le plaideur, il continua avec le sorgho ; faisant ainsi profiter la colonie des profits de son intelligence et de ses travaux de vingt années. On ne saurait trop encourager de pareils exemples dans l'intérêt de la prospérité coloniale.

D'autres parlent bruyamment de guerres et de conquêtes. On s'est emparé de Souk el-Arba, marché du mercredi, et on y construit un fort. Un fort à la place d'un marché! Voilà une idée civilisatrice! Une idée de peureux rétrograde! car c'est le contraire qu'il eût fallu faire, oser. Un fort à la place d'un marché... En vérité, un pacha, un aga, un bachaga, un califa ou tout autre ga ou gars du dey d'Alger, n'aurait pas mieux fait, n'aurait même pas si bien fait pour ce puissant monarque, son maître, que M. le maréchal de France, comte Randon ne fait pour un Napoléon ; c'est une justice à lui rendre. Il est vrai que tous ces fameux guerriers, ces fameux capitaines n'ont jamais réuni et commandé qu'une poignée d'hommes sans, pour ainsi dire, matériel de guerre; tandis que M. le maréchal a une armée de trente mille hommes, et quels hommes! munie d'un matériel nombreux et complet. Mais cependant, en fait de murailles contre des Tartares, je veux dire des barbares, le premier Pékin et même Nankin ou même Tonkin venu, ou Pékinais ou Nankinais venu, mandarin de murailles, à grand ou même à petit bouton, ferait certainement bien mieux, beaucoup mieux, les choses pour l'empereur du céleste, plus ou moins céleste empire de Chine, que M. le comte Randon ne fait pour l'empereur des Français, avec sa petite maçonnerie, pour tous, vainqueurs et vaincus, monument-épouvantail d'impuissance, de défiance, sinon de crainte, de peur réciproques.

Avec de si puissants moyens ne pas trouver à édifier en Kabylie, au milieu des Kabyles, autre chose qu'un fort... un fort, mais cela était bon pour les Romains, qui ne pouvaient faire un pas dans ce pays, sans se couvrir de murailles; c'était bon pour les Turcs, qui n'y ont jamais été que campés, et qui ne savaient que piller et non civiliser; et les forts des uns et des autres, en définitive, ou ce qu'il en reste, ne sont-ils pas des témoignages de leur faiblesse et de leur impuissance, et ne prouvent-ils pas qu'ils étaient sans cesse sur la défensive, et n'ont jamais pu absorber les Kabyles dans leur civilisation, se les approprier et les fondre dans leur nationalité. Un fort de nos jours, mais c'est rétrograder, c'est reculer, car nos généraux, eux, qui n'ont jamais eu que des ressources isolées et minimes, des armées de quelques mille hommes, ont laissé, eux, comme monuments de prise de possession, de conquêtes, des maisons de commandement, garnies de quelques douzaines de soldats, qui n'ont jamais été sérieusement menacées, quand elles étaient bien commandées. Mais avec trente mille hommes.... un fort, c'est l'œuvre infime d'un César, homme de guerre de petite épée, homme d'État de petite portée, architecte de petites coudées ; que dit-on ? on donnera à ce fort le nom de Napoléon ! Si cela est vrai, cela est, je ne dirai pas *ridicule, inconvenant*, grotesque même, mais impolitique, anticivilisateur, mais antichrétien. C'est baptiser d'un grand nom un avorton de M. le comte Randon.

Est-ce enfermée dans une étroite guérite que brille et brillera longtemps aux yeux et aux imanations émerveillés de la vieille Egypte et de tout l'Orient la grande image de Napoléon Ier ?

Est-ce derrière une tour de croquemitaine

transi...., que doit apparaître aux yeux des Kabyles, hommes de cœur, d'imagination, de commerce, d'industrie, hommes de poudre, que doit apparaître, sous la forme d'un geôlier ou d'un caporal schlague, la grande image de Napoléon III !!!

De Napoléon III, qui a tant fait, en si peu de temps, pour la France, pour l'Europe, pour le monde ;

De Napoléon III, qui a été assez fort pour s'arrêter, à temps, au milieu du triomphe victorieusement entraînant des combats et en faire naître, grandir, épanouir une paix heureuse et, cette fois, aussi grande, aussi glorieuse pour tous que l'avait été la guerre ;

De Napoléon III, qui, par la force des armes et la grandeur, la profondeur, en un mot, la puissance de sa politique, a rétabli la France à sa place, au sommet des nations et saura l'y maintenir ;

De Napoléon III, qui, plus fort que tous les autres, après avoir dompté et réfréné la furie de l'esprit révolutionnaire, qui tourmentait la France, l'a transformée, régularisée, moralisée et même légitimée, en la lançant et la dirigeant dans toutes les grandes voies de tous progrès moraux, matériels, sociaux, et en ouvrant toutes les issues à toutes les intelligences, à toutes les forces, à tous les intérêts ;

De Napoléon III, le maître de la guerre et de la paix du monde, le sauveur de la civilisation, du monde !

Notre empire moderne, ce n'est pas précisément la paix, c'est le progrès, et le progrès c'est la prospérité.

Ce n'est pas un fort qu'il faut à la grandeur, à la gloire, à la puissance de Napoléon III et de la France ; mais des monuments d'où rayonnent en tous sens des routes allant porter et répandre partout la civilisation du christianisme avec son heureux, son fécond, son magnifique et splendide cortége, la paix, la justice, les sciences, les arts, l'industrie, le commerce, etc.

Voilà les monuments qu'il faut pour loger la gloire, la grandeur, la puissance de Napoléon III, de la France, et pour conquérir et absorber à toujours l'esprit, la nationalité, en un mot la vie, l'existence morale et physique des peuples kabyles et en faire des amis, par prévision de l'avenir, combattant avec nous contre l'étranger, au lieu d'ennemis combattant contre nous, par vengeance.

Mais avec l'argent que coûtera ce terrible fort, qui ne défend rien, si ce n'est son rocher, de même qu'un bonnet de coton mis sur une tête n'empêche pas les autres têtes, qui n'en ont pas, de bonnets de coton, de s'enrhumer, ce qui fait que M. le comte Randon, en bon bonnetier prévoyant, devrait coiffer chaque montagne, en Kabylie, d'un fort, lesdites montagnes se commandant, se dominant toutes mutuellement, à peu près également. Voilà, pour un pékin, de la haute science... ce me semble. Mais, dis-je, avec l'argent de ce fort aux hirondelles, on ferait une douzaine de maisons de commandement, ou plutôt d'administration et de justice, des halles sur les marchés, etc., avec de bons chemins reliant le tout au profit de tous.

Voilà que je me surprends encore à parler politique, je veux dire à penser politique; que voulez-vous, la fatigue et le soleil vous dardant toute une journée ses rayons incessants sur le crâne, donnent toujours dans ce pays un peu de fièvre, ce qui vous fait voir les choses comme elles sont, bien que sous des formes un peu saillantes, des couleurs un peu vives; mais quoi qu'il en soit, allons nous coucher, car c'est encore la meilleure manière de finir la journée, surtout quand on est éreinté.

Je ne me réveille qu'à neuf heures du matin, je voulais partir à cinq heures. D'une manière ou d'une autre, il me faut, en général, ma ration de sommeil. Je puis, au besoin, rester une quarantaine d'heures sans dormir, mais il faut que je me rattrappe après. Le commandant est au fort, il a su par son monde, ma présence chez les Beni-Boudrer. Il m'y avait même envoyé un de mes amis des Beni-Ouassifs, El-Hadji-Moctar, pour me ramener à son camp, en passant à travers les insoumis, dont beaucoup sont soumis, ou plutôt à travers des soumis, dont beaucoup sont insoumis, ou mieux à travers un mélange de soumis et d'insoumis. C'est qu'il n'est pas facile de s'y reconnaître : le soumis devenant souvent d'un moment à l'autre insoumis et l'insoumis soumis, puis le soumis insoumis, etc., etc., ce qui dépend beaucoup de la manière dont ils sont conseillés et surtout conduits. Les amis sont arrivés trop tard; j'étais parti. Toujours est-il que mon commandant a su et pu, jusqu'à présent, prévenir des prises d'armes dans son cercle; j'espère bien qu'il réussira ainsi jusqu'à la fin de la campagne, et que le sang de personne ne coulera, ni celui des Kabyles, encore moins celui de nos soldats.

Cela est très-bien ; mais n'oublions pas que je suis d'audience demain matin à huit heures et il va être midi. Vingt-cinq lieues en vingt heures, il n'y a pas de temps à perdre. Je laisse à la gentille demoiselle une de mes petites tasses mauresques bleues, en guise de pour boire ; c'est un commencement de ménage un peu fragile ; la gentille belle n'en sera que plus soigneuse. Je pars à midi, cette fois à cheval, avec un Kabyle, monté, lui, sur un mulet chargé de plus de mon bagage.

Je prends la traverse que vous connaissez déjà, et après sept heures de marche, d'un seul trait, au pas, je m'arrête un instant, près d'un gourbi, pour boire un coup d'excellent lében. Quel ivrogne j'aurais fait, si au lieu du leben, je m'étais adonné au vin.

La nuit tombe. Mon guide et moi hésitons sur le chemin à prendre. Nous descendons cependant sur l'Oued Djemma, rivière du Vendredi. Nous la traversons et arrivons enfin au col des Beni Aïcha.

Voici du nouveau ; autrefois, en mil huit cent cinquante-deux, il n'y avait absolument rien. L'année suivante, j'y trouvais un gourbi, servant de café, l'année d'après, une petite maison et un cantonnier indigène ; en mil huit cent cinquante-cinq, un petit café maure monumental, d'une construction fort originale, pittoresque et même élégante, l'œuvre de M. Augenbild [Hogenbild], lieutenant de chasseurs à pied, attaché alors au bureau arabe de Dra el-Mizan.

Ce jeune et brillant officier y remplissait les fonctions de maire, de notaire, de directeur des postes, de commandant de place, etc., il faisait même de fort bons petits sermons ; je le crois maintenant à Tiaret. Son monument est tout simplement une longue et étroite pièce, précédée d'un péristyle à colonnes, garnie des bancs en pierre, où on arrive par un escalier de trois à quatre marches ; ce petit édifice peut servir et sert même, je crois, en même temps de corps de garde.

Maintenant, auprès du monument, il y a une fontaine en pierres de taille, de forme française, avec son goulot et ses auges, où les bêtes peuvent venir s'abreuver. En face du tout, de l'autre côté et le long de la route, s'étale l'hôtel du Roulage, longue construction en bois, où l'on loge à pied, à cheval et en voiture ; c'est là que je m'arrête. Déjà un petit jardin est improvisé derrière la maison. Sans la graisse de porc qui domine dans tous les mets, le dîner qu'on me sert, serait assez bon. Le maître d'hôtel est un ancien militaire, médaillé d'une épouse fort agréable.

Si j'étais coureur de concessions; je n'admets pas que les fonctionnaires le soient, car alors ils ne sont plus libres, n'appartiennent plus entièrement à leurs fonctions, ou du moins, aux yeux du public, passent pour ne plus y appartenir et perdent par là leur prestige ; en effet, ou ils plantent, bâtissent, etc. : alors absorption complète par ces choses de leur intelligence, de leur esprit et de leurs ressources pécunières, ou ils vendent leur concessions : trafic incompatible avec le caractère de fonctionnaire, et qui a, de plus, pour très-grave abus, entre autres, celui de mêler le favoritisme à l'obtention des concessions et d'empêcher, souvent, que les vrais méritants, les soldats d'Afrique, après leur congé, les hommes de pioche et de charrue, n'obtiennent facilement, à première vue, de bons lots de concession.

Les concessions ne devraient être accordées qu'aux soldats en congé, ayant servi un certain temps en Afrique et étant, par conséquent, acclimatés ; aux officiers et aux fonctionnaires, dans des conditions analogues et sur le point d'avoir leur retraite ; à leurs veuves, aux cultivateurs, cultivant eux-mêmes.

Elles ne devraient jamais dépasser une contenance de cinquante hectares, au maximum ;

maximum déjà fort élevé. Le système, ou plutôt la faveur des grandes concessions est préjudiciable au bien public, et cela tout à la fois matériellement et moralement. Il ne profite qu'au favoritisme le plus parasite et le plus stérile, qui n'a rien fait avant, qui ne fait rien après. Il entrave la colonisation, en empêchant souvent la création de petits centres exploitant réellement par eux-mêmes, et pour eux-mêmes, ou en tous cas ne la fait pas marcher.

Ainsi, nous voyons, à peu près partout, sauf de très-rares exceptions, nous voyons les grands concessionnaires se contenter d'élever, pour la forme, de mesquines bâtisses, mais louer leurs terres, qui sont ordinairement des terres de choix, aux Arabes ou seulement y faire des foins naturels, sans rien rendre en travaux à la terre, de ce qu'elle leur a rapporté. Les grandes concessions ne sont donc, en réalité, que de riches, que d'opulentes aumônes, peu déguisées, faites par l'Etat à d'effrontés mendiants haut placés, il est vrai, mais qui n'ont pas d'autre mérite, en général, que de savoir solliciter et intriguer honteusement, sinon criminellement. Sous ce rapport donc, pas de faveur ; des droits ; une espèce de tarif.

Ceci soit dit d'une manière générale et avec exception à l'égard des industriels titrés, hautement et profitablement gradés ou non, bouchonniers-gentils-hommes, métallurgiques, minotiers et de tous autres généralement quelconques, pourvus des capitaux à avancer, spécialement nécessaires.

Si donc j'avais été, dis-je, un coureur de concessions, il y a longtemps que j'aurais demandé quelque chose, dans ce lieu très-bien situé et assez bien abreuvé.

Je m'étends sur un lit pendant deux heures et, à onze, je remonte à cheval. Je passe vers une heure du matin près de la fontaine Aïn Tégélabine, ma vieille connaisance. Il y a là encore une petite maison, où un cabaretier-restaurateur s'est établi, mais je ne crois pas qu'il loge à pied et à cheval, à moins, cependant, que ce ne soit devant sa porte, quand il fait beau temps ; c'est aussi un lieu de halte pour les indigènes allant au marché d'Alger, porter leurs volailles, leurs œufs, leurs raisins secs et frais, leurs figues fraîches et sèches, leurs pastèques, leurs grains mûrs, et en revenant. La plupart, voyageant la nuit, n'y restent qu'un instant, pour faire boire leurs bêtes et boire eux-mêmes le café.

La ferme de l'Oued Corso est enveloppée de ténèbres et dort d'un profond sommeil. Si, cependant, je n'étais pas si pressé, j'irais réveiller M. Sansionne et demander à sa cordiale, à sa bonne et restaurante hospitalité, pour déjeûner, un morceau de sanglier de ses ravins, une perdrix de ses broussailles, une soupe aux choux de ses jardins ; le tout assaisonné de bonne mine à toutes fins ; ce sera pour une autre fois et quand j'aurai le temps de voir tout ce qui a été fait dans ces lieux, il y a quelques années, solitudes. Il fait un léger clair de lune, qui me permet de voir le village de l'Alma, de nouvelle création ; il est bâti dans un entonnoir, le nez sur le Boudouaou. Dieu veuille qu'il prospère ! Gare la fièvre !

Je traverse le village de la Reghaïa ; on y dort encore. La situation générale de ce village est bien choisie. Cependant je ne comprends pas pourquoi on l'a bâti sur la rive gauche du ruisseau au lieu de le bâtir sur la rive droite. Celle-ci est élevée, est bien aérée et ventilée par la brise de la mer. La rive gauche, au contraire, plus basse, reçoit sans cesse les émanations du ruisseau, causes incessantes de fièvre pendant l'été et l'automne ; on a, de plus, remanié le lit du ruisseau, pour y faire un lavoir public. En France, ce serait très-utile ; ici, l'usage de ce lavoir sera funeste, mortel même ; l'eau est presque stagnante et ne coule que très-lentement sur un lit vaseux ; les femmes en y plongeant et en y lavant leur linge, agitent ces eaux et en font sortir, dégager des gaz méphytiques, qui empoisonnent et causent ces fièvres si cruellement désastreuses au moral et au physique.

Il faut bien prendre garde en Afrique à tout ce qui est fond de ravin, lieux bas et ruisseaux. Quand on veut profiter des eaux d'un ruisseau, pour établir un grand lavoir, un lavoir banal, il faut faire une prise d'eau, à distance, et amener l'eau par des conduits à ciel ouvert, en maçonnerie ou en poterie, dans un bassin en maçonnerie, curé tous les jours ; ainsi, seulement, les femmes et les enfants peuvent y barbotter tout à leur aise, sans inconvénient, sans danger pour leur santé.

Il y a, de mon avis, deux conditions essentielles, *sine quâ non*, où, sans le concours absolu desquelles, il ne devrait jamais être établi de village en Algérie : lieu élevé ou parfaitement aéré et ventilé et surtout éloigné de toute espèce de cours d'eau, petit ou grand ; voisinage de bonne source ou certitude de trouver de bonnes nappes d'eau, en creusant des puits. Cela devrait être pris comme axiome en fait d'administration coloniale africaine, axiome du reste sanctionné par l'expérience et la sagesse pratique des indigènes, dont tous les villages sont situés dans des conditions analogues. Il ne faut jamais négliger les indications locales dites routines.

Pour l'établissement des villages, on se préoccupe peut-être trop, comme condition de prospérité, du voisinage des grandes routes, et peut-être pas assez des conditions de prospérité intrinsèques inhérentes aux lieux, aux situations.

J'arrive à Rouiba avec le jour. Là les puits abondent, munis de norias ; ils suffisent souvent à la petite culture, telle que le tabac, etc.

Changement général de décorations à vue, mais insensiblement. Le phare d'Alger, qui projetait au loin et alternativement ses feux et sa vive lumière autour de lui, puis les réverbères du port et de la haute ville et leurs illuminations fantastiques, s'éteignent devant le jour qui vient, comme des tableaux fondants. Il y a un moment où tout est confus ; ni jour, ni nuit. Une belle, qui change.... de voile. Le crépuscule s'éclaircit petit à petit, puis s'évanouit et la belle Alger sourit toute blanche, épanouie au soleil qui luit. La belle et la brillante Alger ; toujours belle, toujours brillante, quoi qu'on fasse pour l'enlaidir et quoi qu'on ne fasse pour l'embellir. Je ne sais qui a les mains, qui a les yeux pour sa toilette, pour la parer, mais, en vérité, ce sont des mains aux doigts coupés, ce sont des yeux fermés. Le haut de la ville, qu'on devrait si précieusement conserver, comme cachet, vieux cachet des anciennes et curieuses choses du Maure, s'écroule. Il devrait être consolidé et parsemé de petites places avec bouquets d'arbres ; petits bassins pour ablutions des pieds et des mains : rien.

Quant à la ville du bord de la mer, rien n'y est grandiose, élégant ; rien n'y est de bon goût. Sa grande place, autrefois si pittoresque, pouvait et devait devenir une merveille. Les marchands, les traitants de mètres carrés à bâtir, y ont mis bon ordre.

Le promeneur avait à ses pieds le port et sa vaste et splendide rade, les navires, etc. ; en face, l'infini, l'immense, le profond horizon de la mer ; à droite les rivages de la Mitidja et le cap Matifou, où débarqua autrefois Charles-Quint, et sur lequel une grande partie de ses navires se brisèrent par une terrible tempête, et cela si bruyamment, avec un si affreux fracas, qu'on entendait du haut des montagnes, dit la tradition kabyle, les bruits, les craquements, les déchirement effroyables de ces vaisseaux, naguère si fiers, si formidables, si superbes, s'entre-choquant, se brisant et s'abîmant ; les divers plans accidentés de l'Atlas, si différemment, si variablement et pittoresquement d'instant à instant, selon les phases du soleil, éclairés, colorés, dominés hautement, dans un horizon lointain ou vague et vaporeux, ou clair et transparent, par les pics dentelés du Djerdjéra.

En se retournant, Alger lui présentait son brillant panorama, en éventail renversé, de blanches maisons, les unes au-dessus des autres, étagées.

Aussitôt l'implacable spéculateur, l'aveugle entrepreneur, le stupide gâcheur, de lui plaquer sur le nez deux ou trois masses de bâtisses de logeurs, et d'intercepter ainsi lourdement, platement la vue, l'air et la lumière. Il est resté cependant, fort heureusement, une échancrure, ou plutôt une brèche ; une véritable brèche, car on s'y bat très-chaudement. Chacun la veut ; c'est à qui l'aura ; c'est à qui l'emportera. Monseigneur la veut pour y faire, dit-on, mais je crois que non, un jardin ; M. Latruelle la veut pour y faire des bâtisses cellulaires, à fourrer et entasser locataires sur locataires à l'étroit et seulement à couvert. Or, pour couper court au différend, et cela très-chrétiennement, voir même catholiquement et aussi très-publiquement et pour tout le monde utilement, brillamment, voici comment, si j'étais gouvernement, ou même Alger, tant seulement, je ferais assurément, et surtout tout simplement : j'enlèverais sur-le-champ ladite brèche aux combattants ; je raserais, du même élan, l'hôtel imprudemment perchant et branlant et la tête du passant menaçant, de Monseigneur l'évêque, tout d'abord s'étonnant, sauf à lui donner incontinent l'assez gentil logement de M. le Gouverneur, du bon Dieu voisin étant, mais du restant pas beaucoup, très-peu même voisinant, de M. le Gouverneur, en protestant décampant. Puis, le tout nivelant, je ferais de l'emplacement, planté luxueusement, d'orangers odoriférants délicieusement et tout à la fois s'ornant de fleurs éclosant, de fleurs s'épanouissant et de fruits verts ou se dorant en mûrissant, un bois charmant, sous son éternel ombrage, conduisant aux pieds du grand escalier montant à la porte à deux batants de la cathédrale, longtemps après s'achevant, à moins que, par miracle éclatant, elle s'achève promptement, et sans argent, à moins, cependant, sans accident, qu'avant d'être achevée, elle ne tombe de vétusté.

Et le nouveau venu débarquant sous les minarets de blancheur brillants, éblouissants, de nos jours sonnant, de nos jours seulement, du superbe musulman vieux temple persistant, plus ou moins longtemps, verrait au moins à l'horizon naissant et pointant du sein de la ville des deys, du chrétien petits clochers tintant et lui rappelant ses chers et vieux foyers, éloignés.... Et voilà mon idée, des... renouvelée, et, si elle n'est pas usurpée, je demande, en toute humilité, des indulgences à Sa Sainteté, pour la priorité, et à Monseigneur d'Alger, en toute charité, un de ses petits sermons si courts et si bons, avec sa bénédiction.

Mais maintenant, pendant que j'y suis, soit dit d'une manière générale : on ne se préoccupe pas assez, ou même pas du tout, des petites ressources, des petites causes de prospérité, sans rien négliger des grandes, de notre belle cité. Alger est très-heureusement située. La mer l'évente incessamment ; aussi son climat est-il très-sain. Elle est environnée de montagnes et de ravins peuplés de jardins et d'arbres d'une belle végétation, de maisons de campagne très-pittoresques de forme, d'aspect. Pendant l'hiver, sa température est très-douce. Il ne neige jamais, ou la neige fond en tombant. Cette année, ma provision de bois m'a coûté cinq francs, plus cinquante centimes pour le porteur; cent kilog. La température du printemps est délicieuse. Vous n'avez pas d'idée de la douceur et du velouté de l'air pendant les soirées. Pas de rhumes, pas de rhumatismes; aussi je suis étonné que tous les enrhumés, les tousseurs, les grelottants et les porteurs de rhumatismes de toutes espèces, jeunes et vieux, du centre et du nord de l'Europe ne s'y donnent pas rendez-vous général; car toutes leurs affections y fondraient sous l'influence de son soleil ou de ses bains maures. Ce n'est pas que je veuille faire d'Alger une ville de valétudinaires, mais bien une ville de plaisance, entre autres choses. Rien donc ne devrait être négligé par l'administration, pour en rendre le séjour agréable, confortable, etc. Le voyage n'est plus rien, grâce aux chemins de fer et à la rapidité toujours croissante, à la bonne installation des magnifiques paquebots de la compagnie des Messageries-Impériales : le rapide et élégant *Sinaï*, le magnifique, mais un peu vieil *Alexandre*, le solide *Louqsor*, etc. Mais pourquoi cette compagnie, qui a des intérêts si algériens, n'a-t-elle pas encore baptisé quelques-uns de ses superbes nouveaux-nés des noms de *Alger*, de *Djerdjéra*, de *Lella-Khedidja?* La compagnie Touache, elle, a son *Kabyle*, son *Rhumel*, son *Atlas*, etc., elle est presque africaine. Mais quelle digression !

Le spectacle est prestidi.... comment donc....

La campagne se réveille et s'anime partout. Les faucheurs achèvent d'abattre les foins ; des Kabyles les fanent, les relèvent et les emmeulent. Des chariots attelés de bœufs les transportent un peu en tous sens, mais surtout dans les parcs du gouvernement. Les blés sont magnifiques et font espérer la plus abondante récolte. Des fermes ont surgi de tous les côtés. Autrefois, il y a trois ou quatre années seulement, tout ce qui m'environne, à perte de vue, était inculte ou couvert de broussailles ; l'œil cherchait la terre cultivée ; aujourd'hui il cherche la terre inculte. L'essor est donné ; l'heure de la prospérité agricole de l'Algérie a sonné. Je rejoins à chaque instant des groupes de grands Kabyles, aux chapeaux hauts et pointus, à larges bords, en palmier-nain, aux tabliers de peau de chèvre, tabliers de cloutiers, allant paisiblement louer leurs bras pour faire les moissons aux colons français et aux indigènes de la Mitidja. Autrefois, en temps de guerres sérieuses, pas un ne fût sorti de ses montagnes, tant était puissant aussi chez eux l'esprit de la guerre, mais aujourd'hui le souffle de la paix, l'esprit de la paix, l'ont enfin soufflé, dissipé, emporté, et, il faut bien l'espérer, éteint pour longtemps, sinon pour toujours, quoi qu'on en fasse pour ranimer, ressusciter son affreux et hideux cadavre.

Je laisse Aïn-Thaya à ma droite, c'est une heureuse création de M. le préfet Lautour-Mezeray ; ce village, quoique n'étant pas sur une grande route, est en bonne voie de prospérité et prospère même vigoureusement. Il est de même de celui du Fort-de-l'Eau, beaucoup plus ancien, il est vrai, et dû, je crois, à la courte administration de M. Lacroix. C'est un village de petite exploitation, ses habitants n'ayant pas plus de sept hectares de concession, mais c'est un modèle du genre. Les cultures en céréales et tabacs sont parfaitement faites et soignées ; quant aux maisons et à leur intérieur, je n'ai jamais rien vu en Afrique de plus propre et de mieux entendu sous tous les rapports, surtout celle de Bernard Siutès.

Les Mahonnais l'ont formé. La population est trop petite pour avoir un maître d'école. Il y en a cependant un improvisé spontanément. C'est le douanier Corson, qui utilise le temps, que lui laissent ses fonctions, en apprenant à lire et à écrire aux enfants, au grand contentement des parents. Certes, si les élèves deviennent contrebandiers, c'est qu'ils le voudront bien. Je le recommanderai à M. l'Inspecteur des douanes, l'ami de Leuglé, un Sédanais; en voilà un modèle de douanier, depuis vingt ans en Afrique; marin à toute épreuve; piéton infatigable; cavalier idem; homme de bureau, actif; solide; maritalement et paternellement très-heureusement orné. Mais, quant aux douaniers, ne ferait-on pas bien de les recruter, au moins pour la plupart, dans les régiments d'artillerie? Ainsi, on aurait partout, en Algérie, dans nos ports, et à tout instant, sous la main, des artilleurs toujours prêts à trouer, défoncer les côtes des quidams qui, par impossible, se permettraient de venir flairer de trop près les nôtres, nos côtes algériennes.

Et à propos de côtes, ne laisse-t-on pas un peu dans l'oubli celles du cap Matifou. Elles sont, depuis Alger et bien au-delà de sa pointe, dans la direction de Dellys, très-fréquentées par de nombreuses et utiles balancelles, par de bons bateaux pêcheurs, et caboteurs, et, cependant, elles n'ont pas un seul petit abri pour les cas si fréquents, si instantanés de changement de temps, de vent, de subite bourrasque, etc., j'en sais quelque chose. Un matin, j'ai pris un bateau à voile, monté par deux pêcheurs maures ; en une heure nous étions à cent pas du Fort du bord de l'eau ; mais la mer avait subitement grossi et il était devenu impossible de débarquer sur la plage, sans courir risque d'y être brisé ou ensablé et noyé ; il nous fallut regagner le large ; alors la mer devint furieuse, et faillit plusieurs fois retourner notre embarcation. Heureusement elle se contenta de nous tremper à fond ; il nous fallut six très-grandes heures pour retourner à Alger. Un tout petit port d'abri contre tous les vents serait bien utile pour tous, vers la pointe du cap.

L'église est petite, mais bien fréquentée. Ces Mahonnais sont d'excellents petits colons. Ils ont l'esprit et les habitudes religieux ; ils ont une bonne conduite ; sont rangés, économes, laborieux et leurs filles sont jolies et gentilles.

Je laisse à ma gauche la ferme, toute fraîchement sortie des broussailles, de MM. Maison et Cordier. M. Maison est l'activité coloniale en personne ; rien n'échappe à son coup-d'œil intelligent et exercé, expérimenté. C'est lui et M. Cordier, son inséparable, qui ont inventé l'artichaut algérien, qui n'est pas une carotte, distinguons et ne prenons pas un légume, car légume est du masculin, l'un pour l'autre, je veux dire l'artichaut transméditerranéen, l'artichaut qui est exporté en toute saison et va se faire croquer ou manger cru ou cuit, en plein janvier, par les gourmets de Paris.

Au risque d'y laisser leur vie, ils parvinrent, il y a déjà quelques années, à défricher, à assainir et à convertir en jardins les marais du bord de l'Harrache sous la Maison-Carrée, où poussent maintenant, se renouvellent sans cesse, ces myriades d'artichauts, que nos paquebots emportent en France. Ils ont créé ainsi une branche de commerce, si on peut appeler cela une branche, mais bien plutôt un jardin de commerce pour la banlieue d'Alger. Bientôt les petits pois ont suivi les artichauts, etc. Maintenant ils s'occupent d'un produit alimentaire, gastronomique, un peu plus sérieux, plus solide, c'est-à-dire de l'élève des bœufs, de l'engrais des bœufs et des moutons. Ils ne sont pas les seuls, d'ailleurs, et fort heureusement. Aussi les biftecks algériens commencent-ils à se relever et à rougir de leur ancienne réputation de morceaux de semelle de savatte et peuvent-ils déjà figurer d'une manière assez succulente sur la table même des gastronomes. Quant aux moutons, la question est jugée depuis longtemps; ils ont beaucoup d'avenir et sont même, dès à présent, déjà très-goûtés et mangés ici et de l'autre côté de la Méditerranée, car M. Henri, le très-intelligent, très-actif et très-habile gérant, à Alger, de la compagnie Touache, et qui connaît si bien toutes les ressources et les besoins, en un mot, les intérêts de l'Algérie, en expédie par l'*Avenir*, le *Kabyle*, l'*Atlas* et autres bons et utiles vapeurs un millier et même jusqu'à quinze cents par semaine à Marseille. Le mouton kabyle ou élevé en Kabylie, car ce pays en produit très-peu et va chercher ses élèves sur les marchés arabes, sera un jour très-recherché; il sera à Alger ce qu'est le mouton de Présalé et des Ardennes à Paris. Si quelque chemin de fer poussait sa pointe d'Alger vers le Sud, nous verrions arriver des troupeaux entiers de ces bêtes. Les chameaux eux-mêmes, bien qu'un peu vexés, viendraient voir Alger par curiosité.

J'arrive à l'Harrache. Les jambes commencent à me rentrer dans l'estomac. Je suis sur une selle arabe. Un peu modifiée, cette selle serait très-commode pour les longs voyages; on y est comme dans un fauteuil; les deux bandes longitudinales, en bois, du siége sont, il est vrai, un peu dures ; je ne comprends même pas comment les Arabes ne sont pas entamés, tranchés à fond ; il faut, en vérité, qu'ils soient naturellement culottés beaucoup plus solidement que nous. J'obvie à ce défaut, en plaçant, en guise de coussin, sous le maroquin de la housse, mon burnous et mon tapis pliés.

Je laisse mon cheval à mon Kabyle, et je me repose quelques instants à la Maison-Carrée en attendant le départ d'un omnibus.

Oh ! rencontre ; il n'y a que les montagnes qui ne se rencontrent pas ; M. l'Inspecteur des Eaux-et-Forêts, Monnier, en tournée dans son inspection, et se rendant de ce pas à Djelfa, cent lieues, reconnaître des bois de pins. Il n'est plus aussi fringant, sous le rapport du sentiment, que lorsqu'il venait visiter notre père, alors inspecteur des Forêts à Vaucouleurs, mais il a toujours sa vigoureuse activité. Bon voyage ! La nuit, tenez-vous chaudement et à l'abri de l'humidité. Ne couchez pas près des ruisseaux, rivières et autres lieux aquatiques. Prenez du café le matin avant de partir et dans la journée, tant que vous voudrez ; mangez à peine, mais la journée terminée, mangez à votre faim et buvez à votre soif. Soyez sage. Au revoir ; jeune homme ; ci-devant.

La Maison-Carrée, autrefois espèce de caserne turque, de corps de garde, surveillant la Mitidja, et quelque tems la limite de notre conquête, a été transformée récemment en maison centrale de détention pour les condamnés indigènes. Je ne sais qui a pu ou ce qui a pu donner l'idée d'un pareil établissement.

N'est-il pas, en effet, au moins bien imprudent, bien imprévoyant et même dangereux, de réunir ensemble cinq ou six cents vauriens, venus de tous les points de l'Algérie, et qui avant ne se connaissaient pas ; n'est-ce pas ainsi préparer pour leur sortie des sociétés, des affiliations secrètes de voleurs, de malfaiteurs, qui jusqu'à présent n'avaient pas existé en Algérie. Ne valait-il pas mieux, au moins en attendant mieux, si toutefois il y avait mieux, les diviser, les disperser dans chacune des maisons de France ?

Ne pouvait-on pas, non plus, à l'égard de ces repris de justice, essayé du système de M. le colonel Marengo, c'est-à-dire, les partager en escouades de travailleurs et les mettre à la disposition des administrations des Ponts-et-Chaussées, du Génie militaire, des Forêts, etc. et même au besoin, leur faire défricher les terres en les intéressants au défrichement. En France même, ne comprends pas que, dans notre siècle, il existe encore une seule maison centrale, grande et petite école de dépravation de toutes espèces. Elles auraient dû être toutes remplacées, depuis longtemps par un nouveau système pénitencier, celui par exemple, qui consisterait à créer dans chaque arrondissement et même dans chaque canton de petites maisons de détention, annexes des gendarmeries et sous leur surveillance.

Quant à la Maison-Carrée, elle a été choisie avec la plus grande imprévoyance de tout. La surveillance y est très-difficile, parce que la nature originaire de ses constructions la rend tout-à-fait impropre à être convertie en prison; parce qu'aussi les évadés indigènes, se trouvant de l'autre côté de ses murs en pays indigène, peuvent être, par cette circonstance, favorisés dans leur évasion. Elle coûte d'autant plus cher à l'État, que le mois de mai arrivé, le manque d'eau ne permet plus d'utiliser les bras des prisonniers à la culture des jardins, pour la consommation de la maison.

Du reste, c'est du neuf qu'il faut en Algérie, c'est au moins là, plus et mieux que partout ailleurs, qu'il est opportun d'en essayer.

Je monte à omnibus, et m'endors. Je ne vois même pas, en passant, le jardin de M. Parnet, les nopals et les cochenilles de M. Boyer, l'entrepôt des tabacs dirigé par M. André.

M. Parnet, colon célibataire, colonise les fleurs ; certes, c'est bien là évidemment une preuve florissante de la prospérité algérienne. L'hiver dernier, à une soirée chez M. le préfet Lautour-Mezerai, en sujet respectueux et galant, il avait entouré le buste de Sa Majesté l'Impératrice Eugénie d'une corbeille de roses des plus variées, des plus rares, des plus ravissantes ; c'était des toutes belles à qui serait la plus belle ; mais, les pauvres, hélas, à l'impossible nul n'est tenu : Sa Majesté l'impératrice Eugénie était là !

M. André est à la fois très-utile aux colons et à l'Administration des tabacs ; il achète les tabacs avec une appréciation, une connaissance de la chose telles, que ses prix sont de véritables et des meilleures primes de récompense et d'encouragement pour chaque variété et mérite de production de cette denrée et à la fois profitables aux tarifs administratifs. Aussi les tabacs algériens commencent-ils à prendre feu dans la consommation française et européenne et à y être même fort prisés. Les plus fins sont les tabacs des Sba, entre La Calle et Bône ; Sba veut dire lion.

Je n'ouvre même pas les yeux pour voir et saluer

le vieux camp des Chasseurs d'Afrique à Mustapha, où notre cousin Louis Hun, le valeureux capitaine de chasseurs d'Afrique, a passé tant d'années.

C'est une vaste enceinte carrée, contenant de longs pavillons en planches, sans étages, séparés les uns des autres par de longues et assez larges avenues converties par nos chasseurs, dans leurs moments de loisirs, en plantations de mûriers et en parterres. L'hôpital en a pris la moitié et y a installé ses malades. La disposition des lieux, due au hasard, devrait donner à nos administrateurs l'idée de plans nouveaux pour l'établissement et la construction des hôpitaux. Ainsi ensemble de pavillons de deux étages au plus, longs et étroits, à galeries vitrées ayant vue au dehors, séparés les unes des autres par des bandes de jardins et de plantations, ouvertes dans la direction des vents régnants. Tel : il y aurait pour le malade air sans cesse renouvelé et légèrement par les fleurs naturellement parfumé, et, comme distractions des tristesses de la maladie, la vue de la nature, le bruissement des feuilles, le chant des oiseaux, etc.

Il faut, comme dit M...., que je fasse un rapport là-dessus ; mais un rapport dont je n'aurais pas escamoté, filouté les motifs à personne;

un rapport qui ne soit pas sudorifique, soporifique, etc.... et.... je ne sais comment dire : ah ! qui ne soit pas à la graine de lin.

Je communiquerai mon idée à M. le Conseiller-supérieur, l'ami De Toustain, bonne tête administrative, expérimenté, vingt années d'Afrique, de décision et qui de plus, en fait de peuplement colonial algérien, prêche d'exemple, lui, neuf enfants..... et demi, et l'espérance dans l'avenir.

J'arrive sur la place Bresson d'un seul trait et d'un seul somme, juste à l'heure : huit heures moins cinq minutes ; mais je n'aurai pas le temps d'aller me changer, pas même de me débotter, et j'ai un peu trop l'air d'un routier d'aventures. La robe couvrira tout cela. La robe du juge, c'est très-important, non-seulement pour le public, mais aussi pour le juge lui-même. La robe du juge est au physique ce qu'est l'inamovibilité au moral ; elle impose des devoirs, des obligations extérieures de tenue, de maintien, de réserve, etc. Car, aux yeux du monde, il ne suffit pas d'être, il faut aussi paraître, il faut encore paraître.

Que diriez-vous, vous-même, si vous me voyiez monter sur le siége et siéger en chapeau blanc à grands rebords, le sac au dos, le fusil en bandoulière, en longues bottes à l'écuyère, etc., avec une figure de circonstance? Ma manière de juger serait cependant la même que si j'étais couvert d'une robe ; mais si vous perdiez votre procès, vous ne manqueriez pas de dire : j'ai été jugé par un juge qui n'est pas un juge (pas de calembour), je parle sérieusement ; ou bien encore, que diriez-vous si vous voyiez sur le siége, MM. les juges, vêtus : l'un en bazin, l'autre en nankin, le troisième comme.... vous voudrez, au choix, et coiffés, l'un d'un chapeau à la Robinson, l'autre d'un chapeau tromblon, M. le président, d'un tricorne avec ailes de pigeon et queue en pinceau, avec cravate, gilet, etc., analogues, M. le procureur impérial en incroyable, chignon, oreilles de chien, boucles d'oreilles, chapeau à claque, M. le substitut en muscadin, adorable, fashionable, lion, etc., habit écourté à queue de moineau, manches plus larges que le corps, la tête fendue ou plutôt le cuir chevelu, partagé, *œqualiter*, par une tranchée ou voie de grande communication, allant du front à la nuque, etc.

Vous ririez, et pourtant auriez-vous, peut-être, sans doute même, devant vous de fortes têtes, de profonds et savants jurisconsultes, des maîtres d'éloquence. Avec la robe, toutes les vulgarités de convention disparaissent ; sous la robe, pas de disparates de modes, de vêtements ; avec la robe, la tête seule paraît, et c'est quelquefois la plus ordinaire qui, se trouvant dégagée d'accessoires, se trouve être la plus belle ; avec la robe, parité, égalité, indépendance extérieure entre les juges.

Je passe donc une cravate blanche ; je mets un rabat, je préférerais l'ancienne cravate aux longs bouts retombant magistralement, à ce chiffon mesquin, qui a l'air d'une bavette ou d'une mouchette d'enfant ; j'endosse la robe et me coiffe du grave bonnet. La figure est bien un petit peu brûlée par le soleil et accentuée par la fatigue et les péripéties du voyage ; mais, outre que je ne puis pas en changer, comme de cravate, on ne verra rien ; il ne fait jamais clair dans notre tribunal. Le sanctuaire de la justice est ici une espèce de chenil, où il fait toujours nuit et qui sent le moisi ; un tribunal où l'on ne voit pas clair : cela ne peut-il pas donner lieu à de détestables et inutiles jeux de mots, surtout de la part des plaideurs malheureux ? Et si, par hasard, un hasard extraordinaire, quoique je n'aie pas fermé l'œil la nuit dernière, quelque terrible envie... me prenait, eh bien ! je saurais lutter et résister, en me rappelant que je n'en ai pas le droit ici, le droit d'oreiller n'étant pas conseiller.

Messieurs les défenseurs ont été charmants ; ils ont plaidé clairement, nettement, logiquement et brièvement ; ils connaissaient leurs dossiers. Les affaires étaient honnêtement présentables ; décidément il y a progrès, sous ce rapport ; les affaires, en Algérie, se moralisent ; ils n'ont pas été du tout endormants...., heureusement ; endormants ; j'entends crier au scandale : un juge qui dort ! Oh ! mais, après tout, à qui la faute ?

Me voici donc revenu ; me voici donc rentré dans mes quatre murs ; toujours les mêmes, rien dedans ; personne ne m'y attend. Ah ! si fait, voilà mes souliers, que j'ai laissés au milieu de ma chambre : ils n'ont pas bougé de place. Que diable, laissez-moi donc me reposer !

Mais qui frappe à ma porte ; mais, à peine rentré, qui frappe à ma porte.... Tiens, c'est mon grand Vulcain de Zerrha, mon grand Kabyle qui a une si jolie fille et une si mauvaise enclume ; ce qui fait, sans doute, que je préférerais l'une à l'autre, même pour forger. Il me présente ma propre adresse, comme passe-port, pour se faire reconnaître, mais je le reconnais bien. Mustapha, l'impassible, le muet chaouch du tribunal l'accompagne. Il a bien suivi mes indications.

L'enclume, me dit-il. Mais laisse-moi m'habiller, ou plutôt me déshabiller, me débarbouiller, etc. L'enclume? Il me casse la tête avec son enclume. Et ta maison, comment va-t-elle? — Très-bien; et la tienne? — Tu vois, c'est moi seul, qui suis ma maison; et ta femme? — Très-bien; et la tienne? — Tu m'ennuies; et ta fille? — Très-bien; mais, mon enclume, mon enclume? Il devient assourdissant. Je le conduis dans la maison de M$^{me}$ Herpin, une de nos grandes maisons de négoce; je raconte l'histoire. On lui vend quatre-vingts francs, que mon homme paie argent comptant, une enclume aux angles et arêtes tranchants, avec un angle même en corne finissant et tintant, frappée étant, comme une cloche d'argent, à son grand contentement.

Mais le Vulcain, qui n'est pas boîteux, est venu à pied, ce qui lui a été d'autant plus facile qu'il a des jambes sèches et grandes, grandes comme des échasses, comme des jambes de chameau; il est vrai qu'il est venu à vide, c'est-à-dire sans autre charge qu'une croûte de galette, affreuse galette, et une poignée de figues dans le capuchon de son burnous; le tout, y compris son bagage, il n'en a aucun, ne pesant pas deux onces. Or, une enclume pèse, quelque petite qu'elle soit, plus de deux onces, et, si petit poids pèse de loin, à plus forte raison gros poids.

Je vais frapper aux portes, qui s'ouvrent toujours aux demandes bienfaisantes, et le plus bienveillant et bienfaisant des secrétaires généraux de préfecture et le plus agréablement orné des chefs d'état-major de la marine et le plus hospitalier des seconds de commandant de bord m'envoient mon homme et ses objets à Bougie sans dépens ni frais. Si M. le procureur général se décide jamais à aller visiter les magistrats de son ressort, et qu'il passe par Zerrha, il y sera bien reçu.

Bien au loin, dans le pays, l'enclume fera grand bruit, sans d'aucuns casser le front, comme la poudre à canon; car de guerre n'est engin, mais seulement en la fin de forger petits chaînons de civilisation.

Je vous disais donc que me voici encore cette fois revenu, comme toujours, sans avoir eu le cou, ni quoi que ce soit, coupé, cassé, avarié; revenu avec toutes mes pièces, au grand complet et en bon état, comme je suis parti, sans qu'il me manque rien. Oh! si fait, cependant.... et mes maux de tête?... ma foi, guéris, évanouis, Dieu merci!

Adieu, je vous embrasse de tout cœur.

Tout à vous,

F<sup>x</sup> Hun.

Juge doyen au tribunal de première instance d'Alger.

Je n'ai pas le courage de me relire : aussi passe petit, passe gros, je me recommande au prône. Je ne suis pas académicien ; on le voit bien, me direz-vous. N'allez pas cependant, comme un supérieur hiérarchique, qui n'est pas non plus académicien, prendre au sérieux les inversions et les rimes en façon de style de complainte, dont j'ai pu parsemer mon narré ; car c'est un jeu, pas amusant, dites-vous. Non, ce n'est pas un jeu, c'est un tic, une rengaine dont je suis parfois affecté depuis que mon ami, le vieil Sidi el-Hadj-Hamiche, m'a régalé pendant plusieurs heures, en chemin, de vers kabyles improvisés à ma louange, et de sa façon. Aussi quand vous tomberez ou trébucherez ou vous cognerez le nez sur lesdits endroits, je vous autorise à faire toutes sortes de grimaces, comme lorsqu'une maudite, une gredine de mouche s'acharne au bout de votre nez, quand vous faites votre barbe en rase campagne, tenant la glace d'une main et le rasoir de l'autre, ou qu'un étourdi de cousin se précipite au fond de votre oreille en bourdonnant, et, même, à vous livrer aux imprécations les plus blessantes et les plus outrageantes pour l'auteur. Il serait cependant plus charitable de me donner un remède, moral, bien entendu; je crois vous avoir avoué mon peu de goût pour les consommations qu'on vous offre dans les pharmacies; pour me débarrasser de mon affection, qui menace de passer à l'état chronique, car je ne puis plus mettre deux mots ensemble sans les rimer. Pour en finir : or, c'en est fait, à l'avenir, je le promets, à tout jamais, quand j'écrirai, mon style : oh mais, j'astiquerai.

Oh! quelle panique me prend; si mes jugements...?

www.ingramcontent.com/pod-product-compliance
Lightning Source LLC
Chambersburg PA
CBHW060926230426
43665CB00015B/1850